AYYA KHEMA

Die Ewigkeit ist jetzt

Ayya Khema

Die Ewigkeit ist jetzt

Frieden und Freiheit durch die Lehre des Buddha

Aus dem Englischen
von Josefa Kayatz

JhanaVerlag

JhanaVerlag im Buddha-Haus
www.jhanaverlag.de oder www.buddha-haus.de
Wir senden Ihnen gerne unseren Katalog zu.

Die englische Originalausgabe erschien 1987 unter dem Titel:
Being Nobody, Going Nowhere
bei Wisdom Publications, Boston, USA

Bibliografische Information der Deutschen Bibliothek
Die Deutsche Bibliothek verzeichnet diese Publikation in der
Deutschen Nationalbibliografie;
detaillierte bibliografische Daten sind im Internet über
http://dnb.ddb.de abrufbar

Die deutsche Erstausgabe erschien 1998 bei O.W. Barth Verlag.

ISBN 978-3-931274-63-4

Titelfoto: Nomi Baumgartl
Cover, Layout und Satz: Claudia Wildgruber
Lektorat und Korrektorat: Bärbel Wildgruber
Druck: Druckerei Steinmeier GmbH, Deiningen

Inhalt

Vorwort 7

1 | Das Warum und Wie der Meditation 9

2 | Meditation beeinflusst unser Leben 23

3 | Ruhe und Einsicht 31

4 | Vier Freunde 45

5 | Die fünf Hindernisse 69

6 | *Karma* und Wiedergeburt 107

7 | Die Lehrrede über die Liebende Güte 121

8 | Vier Arten von Glück 143

9 | Die fünf Daseinsgruppen 157

10 | Die zehn Vollkommenheiten 171

11 | Die Vier Edlen Wahrheiten und der Edle Achtfache Pfad 193

12 | Ein neuer Anfang 229

Meditation der Liebenden Güte 236

Index und Glossar 239

Vorwort

Dies ist ein einfaches Buch für ganz gewöhnliche Menschen, die zu mehr Glück und Zufriedenheit finden wollen, indem sie einem spirituellen Weg folgen. Der Weg des Buddha ist einfach, und er ist für gewöhnliche Menschen gedacht. Wer über guten Willen und Entschlossenheit verfügt, kann diesen Weg zur Freiheit des Herzens und des Geistes beschreiten. Herz und Geist müssen an dieser Reise zur Befreiung vom Ich beteiligt sein. Der Geist versteht und kommt zu Schlussfolgerungen, verbindet und unterscheidet. Das Herz hingegen empfindet.

Sind unsere Empfindungen von emotionalen Reaktionen frei und voller Liebe und Mitgefühl, wird unser Geist für die großen Wahrheiten von universaler Bedeutung offen sein. Je mehr wir uns auf diese Wahrheiten beziehen, desto näher werden wir der spirituellen Befreiung kommen. Hoffentlich kann dieses Buch Ihnen einige Schritte weit den Weg gemäß der Lehre des Buddha weisen und damit die Reise erleichtern.

Ein zehntägiger Meditationskurs in Sri Lanka war Anlass für die hier veröffentlichten Ausführungen. Zwar erscheint das Buch unter meinem Namen. Doch ohne die Mithilfe vieler anderer hätte es niemals zustande kommen können. Den Teilnehmern dieses Kurses verdanke ich viele Anregungen, und zahlreiche Themen, die hier angesprochen werden, gehen auf ihre Fragen zurück. Stanley Wijegunawardena war der Organisator des Kurses, und ohne ihn wäre dieses Buch nicht möglich gewesen.

Barbara Raif übertrug die Bänder, und Schwester Sanghamittā

tippte die erste Version. Schwester Vayāmā las Korrektur. Katja und Amara kümmerten sich um mein physisches Wohlbefinden. Helga massierte mich und gab mir moralische Unterstützung.

Alle, die mich in Sri Lanka unterstützt haben, besonders Mr. Arthur de Silva, machten es mir möglich, mich in Ruhe und Frieden diesem Buch zu widmen.

Wie kann ich meine Dankbarkeit zeigen? Wenn dieses Buch nur einem einzigen Menschen den Weg zur Freiheit weist, so ist dies reicher Lohn für alle Mühe.

Ayya Khema,
im Oktober 1985 auf Parappuduwa Nuns Island,
Dodanduwa, Sri Lanka

1

Das Warum und Wie der Meditation

Warum ist Meditation so wichtig? *Dass* sie wichtig ist, habt ihr offenbar festgestellt, sonst wärt ihr nicht hier. Ich möchte betonen, dass Meditation nicht einfach eine weitere Freizeitbeschäftigung, sondern unverzichtbar für unser Wohlergehen ist. Zu den Absurditäten des menschlichen Daseins gehört, dass wir ständig über die Vergangenheit oder die Zukunft nachdenken. Junge Leute denken an die Zukunft, weil sie den Großteil ihres Lebens noch vor sich haben. Die Älteren denken mehr an die Vergangenheit, weil sie den größeren Teil des Lebens hinter sich haben. Um wirklich zu leben, müssen wir jedoch jeden Augenblick erleben. Das Leben findet nicht in der Vergangenheit statt – das ist Erinnerung. Wir leben auch nicht in der Zukunft. Das sind Pläne. Wir können nur in diesem Augenblick leben, und so absurd es scheinen mag – genau das müssen wir lernen. Als Menschen mit Lebensspannen von sechzig bis achtzig Jahren müssen wir lernen, tatsächlich in der Gegenwart zu leben. Wenn wir das lernen, haben wir ein Großteil unserer Probleme behoben.

So leicht es klingt, so schwer ist es. Jeder, der es versucht hat, weiß das. Wer es noch nicht probiert hat, wird es sicherlich noch feststellen. So eine einfache Aufgabe – und überhaupt nicht leicht zu lösen. Allein durch Meditation können wir lernen, in der Gegenwart zu leben. Sie hat aber auch noch weitere hilfreiche Aspekte.

Wir alle sind imstande, unseren Körper zu pflegen. Wir waschen uns mindestens einmal am Tag, wenn nicht öfter. Wir tragen saubere Kleidung. Nachts gönnen wir dem Körper Ruhe. Jeder besitzt ein Bett. Wir könnten den Belastungen des Alltags nicht standhalten, wenn wir uns nicht ausruhen würden. Wir haben ein Haus, um uns vor Regen, Wind, Sonne, Hitze und Kälte zu schützen. Sonst wäre mit uns nicht viel anzufangen. Wir geben dem Körper gesunde Nahrung – essen nicht einfach irgendetwas – und sorgen für Bewegung. Zumindest gehen wir. Täten wir das nicht, würden unsere Beine verkümmern, und wir könnten sie nicht mehr benutzen.

Genauso müssen wir für den Geist sorgen. Tatsächlich ist das noch viel wichtiger. Denn der Geist ist der Herr, der Körper hingegen nur der Diener. Der allerbeste Diener, mag er auch jung, energiegeladen und stark sein, kann nicht zufriedenstellend arbeiten, wenn er einen schwachen Herrn hat. Der Herr muss den Diener anleiten. Selbst wenn der Diener nicht allzu leistungsfähig und regsam ist, wird ein Haushalt mit einem gescheiten und fähigen Vorstand doch ordentlich funktionieren.

Geist und Körper sind unser Haushalt. Wenn jedoch dieser innere Haushalt nicht in Ordnung ist, wie kann es dann der äußere sein? In was für einem Haushalt wir leben und arbeiten, hängt davon ab, wie wir den inneren Haushalt in Ordnung gebracht haben. Der Herr, der die Verantwortung trägt, muss in bestmöglicher Verfassung sein.

Nichts im gesamten Universum ist mit dem Geist vergleichbar oder dazu imstande, seine Aufgaben zu übernehmen. Alles ist vom Geist geschaffen. Dennoch halten wir unseren Geist für ganz selbstverständlich. Das ist absurd. Niemand betrachtet den Körper als selbstverständliche Gegebenheit. Wird dieser Körper krank, dann rennen wir ganz schnell zum Arzt. Wird er hungrig, geben wir ihm Nahrung. Wird er müde, sorgen wir dafür, dass er sich ausruht. Wie ist das nun aber mit dem Geist? Nur der Meditierende trägt Sorge für den Geist.

Für den Geist Sorge zu tragen ist absolut notwendig, damit das Leben an Tiefe und Inspiration gewinnt. Sonst bleibt es zweidimensional. Die meisten Menschen verbringen ihr Leben in der Vergangenheit und in der Zukunft, zwischen «gut» und «schlecht», «ich mag» und «ich mag nicht», «ich will haben» und «ich will nicht haben», «das ist mein» und «das ist dein». Erst durch die Schulung des Geistes können wir weitere Dimensionen erfahren. Als Erstes kommt der «Hausputz»: Wir müssen den Geist reinigen und ihn sauber halten. Und das nicht nur ein- oder zweimal am Tag, wie wir es mit dem Körper zu tun gewohnt sind, sondern in jedem wachen Augenblick. Damit wir dies tun können, müssen wir erst lernen, wie es geht. Mit dem Körper ist es ganz einfach: Wir verwenden Wasser und Seife. Das haben wir schon als kleine Kinder so gelernt. Der Geist kann jedoch nur durch den Geist gereinigt werden. Was der Geist angenommen hat, kann er auch wieder hergeben. Eine Sekunde der meditativen Sammlung ist eine Sekunde der Reinigung, weil der Geist glücklicherweise nur jeweils eine Sache erledigen kann. Obwohl wir – wie der Buddha sagte – bei einem einzigen Wimpernschlag dreitausend Geistesblitze haben können, ist dies selten der Fall und vor allem haben wir sie nicht alle gleichzeitig. Geistesblitze können zwar schnell aufeinanderfolgen – aber immer einer nach dem anderen.

Wenn wir konzentriert sind, können die fünf Hindernisse (siehe Seite 69) nicht auftreten, weil der Geist immer nur eines nach dem anderen bewältigen kann. Wenn wir uns dann länger konzentrieren können, wird der Geist allmählich von seinen Verunreinigungen befreit.

Unser Geist, dem im gesamten Universum nichts gleichkommt, ist unser einziges Werkzeug. Normalerweise würden wir ein hochwertiges Werkzeug instand halten und pflegen. Wir würden es polieren und keinen Rost ansetzen lassen. Wir würden es schärfen, ölen und es von Zeit zu Zeit ruhen lassen.

Und nun verfügen wir über dieses wundervolle Werkzeug, mit dem man alles erreichen kann – bis hin zur Erleuchtung – und es liegt ganz allein an uns, dass wir lernen, pfleglich mit ihm umzugehen. Es würde sonst einfach nicht gut funktionieren.

Wir lernen in der Meditation, alles beiseite zu lassen, wovon der Geist frei sein soll, und ihn nur auf den Meditationsgegenstand zu richten. Mit wachsender Geschicklichkeit werden wir fähig, Entsprechendes auch im Alltag zu tun und alle Gedanken, die nicht heilsam sind, loszulassen. Auf diese Weise unterstützt uns die Meditation im Lebensalltag, und gleichzeitig vertieft sich unsere Meditation. Ein Mensch, der seine Gedanken meistert und nur noch das denkt, was er denken will, wird ein *Arahant*, ein Erleuchteter.

Wir dürfen nicht überrascht sein, dass wir es nicht immer schaffen, die Gedanken loszulassen. Sicher wird es aber von Zeit zu Zeit gelingen. Es ist eine ungeheure Erleichterung und Befreiung, wenn es uns gelingt – und sei es nur für einen kleinen Augenblick –, das zu denken, was wir wirklich denken wollen. Wir sind dann Herr unseres Geistes, statt von ihm beherrscht zu werden. In das ständige Hin und Her unserer Gedanken, seien diese nun gut oder übel, verwickelt zu sein – davon müssen wir loszukommen lernen, um uns auf einen einzigen Meditationsgegenstand konzentrieren zu können.

Der zweite Schritt ist die Übung des Geistes. Ein ungeübter Geist ist unstet und flatterhaft, hastet von einer Sache zur anderen, ohne verweilen zu können. Wahrscheinlich hat schon jeder die Erfahrung gemacht, beim Lesen eines Buches am Ende der Seite noch einmal von vorne beginnen zu müssen, um das Gelesene zu verstehen. Manchmal muss man den Geist dazu bringen, sich auf einen Punkt zu konzentrieren, als trainiere man Liegestütz oder Gewichtheben. Kraft wird durch ständige Übung erworben, und so muss auch der Geist dazu angehalten werden, genau das zu tun, was er tun soll, ruhig zu sein, wenn er ruhig sein soll.

Dies stärkt den Geist auch deshalb, weil es mit Entsagung, mit Loslassen zu tun hat. Wir alle, die wir keine *Arahants* sind, haben ein ziemlich großes Ego. Das «Ich-und-Mein-Syndrom» und die «Das-gehört-mir-und-nicht-dir-Haltung» ruft alle Probleme dieser Welt hervor. Bestätigung können wir unserem Ego nur dadurch geben, dass wir denken, reden, lesen, uns Filme ansehen, den Geist im Sinne des Ego einsetzen. Die große Entsagung, die durch Meditation herbeigeführt wird, ist das Loslassen aller Gedanken. Ohne Gedanken kann das Ego keine Bestätigung erhalten.

Anfangs werden wir nur kurzzeitig fähig sein, die Gedanken loszulassen, aber es ist ein Schritt in die richtige Richtung. Auf dem spirituellen Weg geht es allein um das Loslassen. Es gibt nichts zu erreichen oder zu gewinnen. Diese so oft gebrauchten Worte sind lediglich ein Ausdrucksmittel. In Wirklichkeit ist der spirituelle Weg ein Weg des Loslassens, des Aufgebens von all dem, was wir uns so mühsam aufgebaut haben. Das schließt Besitz ein, Ideen, Gewohnheiten, Glaubensmuster und Gedankenfolgen. Wir tun uns schwer, in der Meditation das Denken abzustellen, weil es Loslassen bedeutet und unser Ego reduziert. Wenn es zum ersten Mal geschieht, dann reagiert der Geist sogleich mit einem: «Oh, was war denn das?» Und schon denken wir wieder.

Durch die Möglichkeit, den Geist auf einen Punkt zu konzentrieren, entwickeln wir geistige Fähigkeiten, gewinnen Kraft und Stärke. Die Lehre des Buddha reicht außerordentlich tief, und nur der außerordentlich tiefgründige Geist kann ihre innere Bedeutung tatsächlich verstehen. Zu diesem Ziel muss die Schulung unseres Geistes hinführen.

Körperkraft erlaubt uns, körperliche Leistungen zu vollbringen. Die Kraft des Geistes ermöglicht uns das Gleiche auf geistigem Gebiet. Ein starker Geist leidet nicht unter Langeweile, Frustration, Depression oder Kummer – was er nicht will, das hat er loszulassen gelernt. Meditationspraxis verschafft uns die dazu nötigen Fähigkeiten.

Der Geist, das wertvollste Werkzeug des Universums, braucht aber hin und wieder Ruhe. Wir haben schon gedacht, als wir noch ganz kleine Kinder waren – und ungezählte Leben davor. Wir denken den ganzen Tag und träumen jede Nacht. Keinen Augenblick gibt es Ruhe. Wir mögen Urlaub machen – und was geschieht dann? Der Körper macht Urlaub. Er begibt sich an den Strand, in die Berge oder in ein anderes Land. Was aber ist mit dem Geist? Statt wie daheim an die Arbeit zu denken, denkt man jetzt an die Aussicht, an die Geräusche und Gerüche, die man an diesem neuen Ort vorfindet. Der Geist hat keinen Urlaub. Er beschäftigt sich lediglich mit etwas anderem.

Würden wir dem Körper keine Nachtruhe gönnen, dann würde er nicht mehr lange funktionieren. Auch unser Geist benötigt Ruhepausen. Der Schlaf verschafft sie ihm nicht. Erholen kann sich der Geist lediglich in der Zeit, da er zu denken aufhört und in bloßer Erfahrung verweilt. Eins der Sinnbilder für den Geist ist das der leeren Projektionswand, auf der pausenlos ein nicht endender Film abläuft. Da dieser Film – die Gedanken – dauernd läuft, vergisst man, dass eine Leinwand vorhanden sein muss, auf die er projiziert wird.

Stellen wir diesen Film in der Meditation für einen Augenblick ab, dann können wir die grundlegende Reinheit des Geistes erfahren. Das ist ein segensreicher Augenblick. Ein Moment, der jene Art von Glück schenkt, das nichts und niemand sonst uns vermitteln kann. Ein von äußeren Umständen völlig unabhängiges Glück – nicht unbedingt, sondern allein durch Konzentration bedingt. Es ist nicht abhängig von gutem Essen, angenehmem Wetter, Unterhaltung oder von anderen Menschen. All dies ist völlig unzuverlässig, und man kann nicht darauf vertrauen, weil es sich unablässig ändert. Innere Sammlung ist zuverlässig, sofern man sich ständig darin übt.

Wenn wir für einen Moment aufhören können, alles in Worte zu fassen, stellt sich ein Gefühl von Zufriedenheit ein. Der Geist hat schließlich nach Hause gefunden. Wir wären gar nicht glücklich, wenn wir für unseren Körper kein Zuhause besäßen. Genauso wenig können wir glücklich sein, wenn der Geist kein Zuhause hat. Dieser ruhige, friedvolle Raum ist das Zuhause des Geistes. Er kann heimgehen und sich ausruhen, genauso, wie wir es nach einem harten Arbeitstag tun, wenn wir den Körper in einem Sessel oder im Bett ruhen lassen. Jetzt kann auch der Geist entspannen. Er muss nicht unentwegt denken. Denken bedeutet leiden, ganz gleich, was man denkt. Denn es beinhaltet Bewegung, und diese erzeugt Reibung. Alles, was sich bewegt, ruft Reibung hervor.

In dem Augenblick, in dem wir den Geist entspannen und ihn zur Ruhe kommen lassen, gewinnt er neue Kraft und erlebt ein Glücksgefühl, weil er weiß, dass er jederzeit nach Hause zurückkehren kann. Das in der Meditation erfahrene Glück begleitet uns durch den Alltag, weil der Geist weiß, dass nichts ihn daran hindern kann, wieder nach Hause zurückzukehren, um dort Ruhe und Frieden zu finden.

Das sind die wichtigsten Gründe dafür, weshalb das Leben ohne Meditation keine Erfüllung bietet. Es mag äußere Bedingungen mit sich bringen, die erfreulich sind. Doch jene Erfüllung, die wir aus den uns innewohnenden Möglichkeiten gewinnen können, reicht viel weiter. Loslassen schenkt Einsicht: Insbesondere begreifen wir, dass das Ego dauernd Wünsche hat und darum auch immer denken will. Hat das Ego keine Wünsche mehr, dann hört auch das Denken auf. Darum sollten wir meditieren. Nun wollen wir uns das «Wie» der Meditation ansehen.

Wir wenden unsere Aufmerksamkeit dem Ein- und Ausatmen zu. Am besten können wir es an den Nasenflügeln wahrnehmen. Atem ist Wind, und wenn er die Nasenflügel streift, empfinden wir etwas. Diese Empfindung hilft uns, genau auf diesen Punkt zu achten. Anfangs fällt uns das schwer.

Atem bedeutet Leben, und so ist er aus verschiedenen Gründen ein idealer Meditationsgegenstand: Wir haben ihn immer bei uns und können ihn nicht einfach irgendwo liegenlassen. Außerdem halten wir ihn für selbstverständlich. Wir beachten ihn erst, wenn wir ihn kurz verlieren, weil wir uns verschluckt haben, weil wir zu ertrinken oder zu ersticken drohen. Dann wird der Atem auf einmal ganz wichtig. Solange wir frei über ihn verfügen, denken wir nicht weiter über ihn nach, obwohl er im wahrsten Sinne des Wortes Leben bedeutet. Und das ist uns doch das Teuerste überhaupt. Der Atem ist ganz eng mit dem Geist verbunden. Wenn jemand aufgeregt ist oder es eilig hat, dann geht der Atem schnell. Wird der Geist still und ruhig, dann wird es der Atem auch. Wird der Atem so leicht, dass wir ihn fast nicht mehr bemerken, dann treten wir in einen Zustand der Sammlung ein. Um uns darin zu schulen, machen wir den Atem zum Meditationsgegenstand. Der Atem ist die einzige Körperfunktion, die diesen Doppelcharakter hat: Er ist einerseits selbstregulierend, andererseits bewusst regulierbar. Wir können ihn vertiefen, verlängern, verkürzen und sogar für einige Zeit anhalten.

Es existieren noch viele andere Methoden, den Atem zu beobachten. Wir können dem Atem so weit nach innen und nach außen folgen, wie wir ihn wahrnehmen können. Macht nichts Besonderes aus eurem Atem, folgt ihm einfach. Das erweitert unsere Aufmerksamkeit, und wir brauchen uns nicht in dem Maß zu konzentrieren wie bei der Wahrnehmung des Atems an den Nasenflügeln.

Ihr könnt auch zusätzlich zum Atem noch ein Wort verwenden. «Buddho» zum Beispiel. Beim Einatmen «Bud», beim Ausatmen «dho». Den Ein- und Ausatem mit je einer Silbe verbinden, das ist für jene Menschen sehr hilfreich, denen der Ausdruck «Buddho» etwas bedeutet.

Ihr könnt auch zählen: Eins beim Einatmen, eins beim Ausatmen. Zwei beim Einatmen, zwei beim Ausatmen. Zählt mindestens bis fünf und höchstens bis zehn. Seid ihr bei zehn angelangt, dann beginnt wieder bei eins. Jedes Mal, wenn der Geist anfängt abzuschweifen, beginnt erneut bei eins. Es macht nichts, wenn ihr am Anfang über eins nicht hinauskommt.

Ein Geist gleicht dem anderen. Ihr müsst nicht denken: «Ich bin dazu besonders ungeeignet.» Wer ist denn dieses Ich? Es handelt sich hier um einen ungeübten Geist im Unterschied zu einem geübten. Jeder, der an einem Marathonlauf teilnimmt, kann gut und schnell laufen, wenn er eifrig trainiert. Anzunehmen, man könne ohne Übung ausdauernd und schnell laufen, wäre töricht.

Zählen, «Buddho», Beobachten des Ein- und Ausatmens – aus all diesen Möglichkeiten solltet ihr diejenige auswählen, die euch am besten liegt. Ihr solltet dann aber dabeibleiben. Bringt eure Beine in eine Position, die ihr eine Zeitlang beibehalten könnt. Der Rücken sollte gerade, aber entspannt sein. Schultern, Magen und Nacken sollten ebenfalls entspannt sein. Wenn ihr merkt, dass ihr nach vorne sinkt, dann richtet euch wieder auf. Das Gleiche gilt für den Kopf. Wird euch bewusst, dass der Kopf sich senkt, dann hebt ihn. Jedes Vornübersinken deutet auf Schläfrigkeit oder zumindest auf Trägheit hin – und somit auf das genaue Gegenteil von Meditation. Meditation verlangt totales Gewahrsein.

Wahrscheinlich wird euer Geist nicht beim Atem verweilen wollen, wie sehr ihr es auch versucht. Der Geist wird euch nicht gehorchen, solange ihr ihn nicht einige Jahre geübt habt. Der Film der Gedanken wird immer da sein. Ihr könnt so damit umgehen, dass ihr jeden Gedanken schnell etikettiert. Wenn euch das zu schwierig ist, benennt sie nur kurz: «Denken», «Verwirrung», «Erinnerung», «Planung», «Unsinn» – wie auch immer. In dem Augenblick, in dem ihr die Gedanken etikettiert, tretet ihr einen Schritt zurück und beobachtet. Gelingt euch das nicht, dann bleibt ihr der Denker und seid total abgelenkt. Ihr macht euch vielleicht Sorgen um die Katze, die im Schlafzimmer eingesperrt ist, oder um die Kinder, die ihr Abendbrot brauchen. Woran ihr auch denkt, ihr macht euch Sorgen, und euer Geist hat auch gleich die passende Erklärung, indem er sagt: «Aber daran muss ich doch denken.» Während der Meditation müssen wir an gar nichts denken. Das Leben geht weiter, auch wenn wir nicht daran denken.

Tauchen Gedanken auf, beobachtet und benennt sie. Ob das Etikett zutrifft oder nicht spielt keine Rolle. Jede Etikettierung während der Meditation bedeutet, dass wir den dazugehörigen Gedanken fallen lassen sollen. Habt ihr gelernt, in der Meditation zu etikettieren, dann könnt ihr auch im täglichen Leben die Gedanken als heilsam, nützlich, hilfreich oder dergleichen benennen. Ist ein Gedanke nicht hilfreich oder heilsam, dann könnt ihr ihn loslassen. Ihr lernt, das zu denken, was ihr denken wollt. Und wer das beherrscht, wird nie wieder unglücklich sein. Nur ein Narr wird freiwillig unglücklich sein.

Darin liegt der Nutzen des Benennens im Alltagsleben. Aber in der Meditation bedeutet Etikettieren, dass man achtsam geworden ist. Bei dieser Übung geht es einzig und allein um Achtsamkeit.

Der Buddha hat gesagt: «Der einzige Weg zur Läuterung von Wesen, zur Auflösung von Unzufriedenheit, zum Betreten des Edlen Achtfachen Pfades, zum Erreichen von Leidensfreiheit ist Achtsamkeit.» Zu wissen: ich denke; ich meditiere nicht; ich bin besorgt; ich bin beängstigt; ich träume von der Zukunft; ich hoffe; ich wünsche – das gilt es lediglich zu erkennen und dann zum Atem zurückzukehren. Habt ihr während der Meditation tausend Gedanken, dann verseht sie mit tausend Etiketten. Das ist der Weg zu wirklicher Achtsamkeit: Den Denkprozess ebenso zu kennen wie den Inhalt der Gedanken. Das sind die

Grundlagen für Achtsamkeit im Alltag – der *einzige* Weg zur Freiheit, wenn sie tatsächlich geübt werden.

Es werden auch Empfindungen des Unbehagens auftauchen, weil der Körper sich in einer ungewohnten Position befindet, hauptsächlich aber, weil wir den Körper ruhig zu halten versuchen. Der Körper mag es gar nicht, über einen längeren Zeitraum ruhig zu sein. Selbst wenn man eine ganz teure Matratze hat und gut schläft, bewegt sich der Körper viele Male im Laufe der Nacht. Er will nicht in ein und derselben Position verharren, sondern jegliches Unbehagen beheben. Der Körper fühlt sich unbehaglich, und darum bewegt er sich, obwohl der Geist im Schlaf nur vage bei Bewusstsein ist. Wenn wir sitzend meditieren, dann geschieht genau dasselbe. Statt sofort zu versuchen, die Position zu verändern, wie es nun mal die gewohnheitsmäßige, spontane und impulsive Reaktion auf eine unbequeme Position ist, solltet ihr die Situation prüfen. Werdet gewahr, worauf diese Empfindung beruht. Ihr steht in Kontakt mit dem Sitzkissen und dem Boden. Der Kontakt ruft die Empfindung hervor. Die Empfindung löst die Reaktion aus. Dies hält uns übrigens auch im Kreislauf von Geburt und Tod gefangen. Unsere Reaktionen auf unsere Empfindungen sind der Schlüssel zur Wiedergeburt.

Es gibt nur drei Arten von Empfindungen: angenehme, neutrale und unangenehme. «Das jetzt ist unangenehm», sagt uns der Geist. «Das ist ein unangenehmes Gefühl, (Schmerz). Ich mag das gar nicht und will es loswerden!» So leben wir jeden einzelnen Tag unseres Lebens. Vor allem, was sich unangenehm anfühlt, fliehen wir, wir unterdrücken es oder versuchen es zu ändern. Wir tun alles, um unsere Empfindungen von Unbehagen loszuwerden. Doch es gibt keinen Weg, ihnen zu entrinnen, solange wir nicht unseren Wünschen entronnen sind. Was wir auch mit unserem Körper tun, wie wir ihn bewegen, irgendwann wird er sich wieder unbehaglich fühlen, weil wir uns stets nach Behaglichkeit sehnen. Beobachtet die Abfolge von Berührung,

Empfindung, Reaktion: «Das ist Schmerz. Ich möchte ihn loswerden.» Statt den Schmerz zu verdrängen, solltet ihr eure volle Aufmerksamkeit auf die Stelle lenken, an der die Empfindung auftritt, und euch darüber klarwerden, dass sie der Veränderung unterliegt. Die Empfindung wird entweder ihre Intensität oder ihre Position verändern. Ihr könnt gewahr werden, dass Bewegung in ihr ist. Sie hat keinen festen Bestand.

Werdet gewahr, dass der Körper kein Leid hat, sondern Leid ist. Erst dann können wir damit beginnen, die Wirklichkeit des menschlichen Leids zu verstehen. Es ist nicht so, dass wir uns ab und zu unbehaglich fühlen, sondern dieser Körper besteht aus Leid. Er kann nicht stillsitzen oder -liegen, ohne Unbehagen zu empfinden. Erkennt die Unbeständigkeit. Erkennt, dass es für den Körper keine dauerhafte Befriedigung geben kann. Erkennt, dass Empfindungen unaufgefordert auftauchen. Warum sie also «meine» nennen? Zieht aus den unangenehmen Empfindungen eure Lehren, und bewegt euch dann, wenn es unbedingt nötig ist – aber bewegt euch nicht unüberlegt. Bewegt euch erst, nachdem ihr geprüft habt, warum ihr es tut. Bewegt euch so behutsam und achtsam, dass es weder euch selbst noch euren Nachbarn stört.

Wenn ihr die Zähne zusammenbeißt und denkt: «Ich bleibe sitzen, koste es, was es wolle», ruft das eine Abneigung gegen die Gesamtsituation – und somit gegen die Meditation – hervor. Diese Reaktion wäre genauso falsch wie das impulsive Bewegen. Im ersten Fall handelt es sich um Begierde nach Bequemlichkeit und im zweiten um Ablehnung des Unbehagens. Das sind die beiden Seiten derselben Medaille. Das einzig Sinnvolle ist Einsicht in uns selbst und in die eigenen Reaktionen – das bringt Resultate. Arbeitet mit den Gedanken und Empfindungen, so wie sie auftauchen. Achtet darauf, wie unbeständig beide sind. Sie tauchen auf und verschwinden. Warum nennt ihr sie dann eure? Habt ihr sie darum gebeten aufzutauchen? Sicher nicht.

Tatsächlich wolltet ihr doch meditieren. Und doch sind so viele Gedanken da. Gehören sie zu euch? Ist das kein Leid?

Vergänglichkeit, Unerfülltheit, Nicht-Selbst: Diese drei Daseinsmerkmale finden sich in allem, was existiert. Solange wir sie nicht in uns selbst erkennen, werden wir nie lernen, was der Buddha gelehrt hat. Meditation ist der Weg, das herauszufinden – alles andere sind bloß Worte. Das ist der springende Punkt.

2

Meditation beeinflusst unser Leben

Der Reinigungs- und Läuterungsprozess, von dem ich gesprochen habe, findet im Geist statt. Dennoch werdet ihr feststellen, dass ihr manch alten Unrat beseitigen müsst, der sich aufgrund von psychischen Reaktionen im Körper angesammelt hat.

Stellt euch einen Menschen vor, der die letzten zwanzig, dreißig Jahre in einem Zimmer gelebt und es nie für nötig befunden hat, es sauberzumachen. All die Speisereste und die schmutzige Kleidung – der angesammelte Unrat reicht bis zur Decke. In diesem Müll zu leben ist äußerst unangenehm. Der Mensch in dem Zimmer nimmt das gar nicht wahr, bis eines Tages ein Freund zu Besuch kommt und sagt: «Warum machst du nicht mal sauber?» Gemeinsam machen sie eine kleine Ecke sauber. Jetzt findet diese imaginäre Person heraus, dass es sich in dieser sauberen Ecke wesentlich angenehmer leben lässt. Daraufhin beginnen die beiden den ganzen Raum zu reinigen, bis man schließlich aus dem Fenster schauen und sich im Zimmer bewegen kann. Da er sich nun behaglicher fühlt, kann dieser Mensch ungehindert über seinen Geist verfügen, ohne sich mit körperlichen Unannehmlichkeiten abgeben zu müssen.

Das Haus, in dem wir leben, ist unser Körper. Es spielt keine Rolle, wohin wir uns begeben, unseren Körper nehmen wir überallhin mit, bis er zerfällt und zu Staub wird. In diesem Haus benötigen wir etwas mehr Platz und Behaglichkeit.

Bei unseren psychischen Hindernissen und Blockaden handelt es sich um Ablagerungen unserer emotionalen Reaktionen.

Der Geist hat sie angenommen, und darum kann der Geist sie auch wieder loslassen. Für unsere Meditationspraxis bedeutet das: Die Empfindung erkennen, nicht reagieren, dann loslassen!

Das zweite Merkmal unserer Meditationspraxis ist das Nicht-Reagieren: Ein überaus wichtiger Aspekt, wenn wir inneren Frieden und Harmonie erreichen wollen. Ohne dieses Nicht-Reagieren werden unsere Reaktionen uns in Wellenbewegungen mit sich reißen, und wir können den Weg nicht klar erkennen. Er wird uns schleierhaft bleiben. Wir mögen von ihm hören. Wir mögen sogar ahnen, was gemeint ist, aber wir werden ihn nie sehen, weil sehen hier Einsicht bedeutet, inneres Sehen also. Diese innere Sicht wird von unseren psychischen Reaktionen behindert.

Beobachten wir Gefühle und Empfindungen während der Meditation, dann ist es selten notwendig, darauf zu reagieren. Sich einer Reaktion zu enthalten ist also möglich: Genau daran arbeiten wir! Wir können dieses Nicht-Reagieren in unseren Alltag übernehmen, indem wir lernen, alle auftauchenden Gefühle als das zu betrachten, was sie sind: Emotionen, die zum Vorschein gekommen sind und wieder verschwinden. Wenn wir das in unserer Meditationspraxis lernen, so lernen wir etwas ganz Wertvolles über den Umgang mit uns selbst.

Zu den Absurditäten des menschlichen Daseins gehört das weitverbreitete Missverständnis, zu glauben, da wir Lebewesen sind, wüssten wir auch, wie man lebt. Das Leben zu leben ist eine Kunst, und die meisten Menschen erleben im Laufe ihres Daseins manchen Reinfall. Das nennen sie dann eine Tragödie oder ein individuelles Problem. Dabei haben sie lediglich die Kunst zu leben nicht vervollkommnet.

Der dritte, doch nicht minder wichtige Aspekt der Meditation ist die persönliche Erfahrung der Vergänglichkeit. Bevor wir nicht selbst diese Erfahrung gemacht haben, wird sie nur ein Wort bleiben. Worte können niemals befreiend wirken, dazu ist Erfahrung nötig. Den Weg des Buddha gehen heißt nach Befreiung streben, vollkommene und absolute Freiheit, und die kann man nur erfahren. In der Meditation ist die Erfahrung der Vergänglichkeit sehr direkt. Wenn ihr den eigenen Atem beobachtet, merkt ihr, dass der hereinfließende Atem nicht derselbe ist wie der ausströmende. Empfindungen kommen und gehen. Ein Schmerz im Bein: Man bewegt es, und schon ist er fort. Empfindungen kommen und gehen!

Mit ein bisschen mehr Übung in der Meditation ist die Vergänglichkeit der Gefühle und Empfindungen leicht zu erkennen. Gleichzeitig gewinnen wir aber auch Einsicht in die Vergänglichkeit unseres Körpers. Jeder weiß darüber Bescheid. Auf der ganzen Welt gibt es keinen einzigen Menschen, der nicht über die Vergänglichkeit des Körpers Bescheid weiß. Trotzdem leben wir alle so, als beträfe die Vergänglichkeit uns nicht und grämen uns um jene, deren Körper bereits dem gesetzmäßigen Walten der Natur ihren Tribut zollen musste, als ob das etwas ganz und gar Unerwartetes sei.

Offenkundig hegen wir da trügerische und wenig sinnvolle Vorstellungen. Das liegt daran, dass wir vor der Wirklichkeit unsere Augen schließen. Wir wollen nur sehen, was uns gefällt. Dass wir trotzdem unentwegt auch mit Unannehmlichkeiten konfrontiert werden, ist ein Umstand, für den wir ständig jemand anderem die Schuld zu geben versuchen. Viele Menschen gehen so weit, alle Schuld dem Teufel zuzuschieben. Es ist gleichgültig, wen man beschuldigt – den Nachbarn oder den Teufel. In Wirklichkeit ist das Leben totale Vergänglichkeit. Das müssen wir erfahren und akzeptieren. Dann können wir dementsprechend leben.

Wenn wir lernen, in tiefere Bereiche vorzudringen, werden wir feststellen, dass in jeder Zelle unseres Körpers ständig Bewegung herrscht. Dieses Naturgesetz haben wir alle in der Schule gelernt. Wir waren vielleicht elf oder zwölf Jahre alt, als man uns beigebracht hat, dass sich die Körperzellen alle sieben Jahre erneuern. Ich erinnere mich noch genau daran, dass ich überlegt habe, ob der Körper wohl all seine Zellen verliert und diese durch neue ersetzt werden. Da mir das unmöglich schien, gab ich auf. Ich konnte es mir einfach nicht vorstellen. Jetzt können wir verstehen, was wirklich geschieht: Im Verlauf von sieben Jahren haben sämtliche Körperzellen einen Verfallsprozess durchlaufen und sind erneuert worden – ständige Bewegung.

Es muss doch einen Weg geben, ein Bewusstsein dafür zu entwickeln. In meditativer Sammlung können wir uns die Bewegung auf der Haut und unter der Haut bewusst machen. Danach werden wir uns selbst und die Welt um uns herum mit anderen Augen betrachten, weil wir aus persönlicher Erfahrung wissen, dass es nichts Festes und Statisches gibt. Am allerwenigsten in unserem Körper.

Wissenschaftler haben nachgewiesen, dass es im ganzen Universum nicht einen einzigen stabilen Baustein gibt. Alles Existierende besteht aus Energiepartikeln. Sie bewegen sich mit solcher Geschwindigkeit – treffen aufeinander und entfernen sich wieder –, dass die Illusion von Stabilität entsteht. Ebendies sagte der Buddha, als er vor zweieinhalbtausend Jahren von solchen Partikeln sprach. Er benötigte allerdings kein Labor, um dies herauszufinden und zu beweisen. Er selbst machte diese Erfahrung. Daraus erwuchs seine Erleuchtung. Unsere Wissenschaftler wissen alles darüber. Dennoch kann man sie kaum als erleuchtet bezeichnen. Was ihnen fehlt, ist die persönliche Erfahrung.

Wir können selbst erkennen, dass es nirgendwo etwas Festes gibt. Sogar die verstandesmäßige Logik zeigt uns, dass es nichts Statisches geben kann, sonst wären wir keine menschlichen Wesen, sondern nur leblose Körper. Das verstandesmäßige Wissen genügt aber nicht, diese Tatsachen müssen erfahren werden. Erst wenn wir dies in der Meditation empfinden, wissen wir Bescheid. Was man aus persönlicher Erfahrung weiß, lässt sich nicht wegdiskutieren. Würde euch auch alle Welt von der Beständigkeit des Körpers zu überzeugen versuchen, ihr würdet euch nicht überzeugen lassen, denn ihr habt eure eigenen Erfahrungen gemacht. Als die Menschen über die Lehren des Buddha diskutierten, widersprach er niemals. Er hatte keinen Standpunkt zu verteidigen, denn er sprach über seine eigene Erfahrung.

Wenn wir uns besser sammeln und in tiefere Schichten vordringen können, werden wir diese unablässige Bewegung in uns erkennen. Für den Geist ist klar, dass diese Bewegung, wenn sie denn innen ständig vorhanden ist, auch außen stattfinden muss. Wo also ist etwas Festes zu finden? Der Geist mag fragen: «Wenn alles ständig in Bewegung ist, wo bleibt dann das Ich? Empfindungen ändern sich andauernd, von Augenblick zu Augenblick. Der Körper ist in Bewegung. An nichts kann ich mich halten. Die Gedanken sind unablässig in Bewegung. Wo also bin ich?» Um sich selbst «finden» zu können, ersinnen die Menschen etwas Imaginäres wie zum Beispiel ein höheres Selbst, einen festen Wesenskern oder eine Seele. Bei genauerer Nachforschung stellt sich allerdings heraus, dass es sich hierbei wiederum nur um Illusionen handelt. Vergänglichkeit muss erfahren werden.

Einen anderen Aspekt unserer Meditationspraxis hat der Buddha in den Lehrreden über die Grundlagen der Achtsamkeit erwähnt: Die Meditation über die vier Elemente – Erde, Wasser, Feuer und Luft. Die Empfindung von Festigkeit im Körper entspricht dem Erdelement. Ebenso die Festigkeit des Sitzkissens, das wir spüren. Das Erdelement ist überall gegenwärtig, auch im Wasser, sonst könnten wir nicht schwimmen; auch in der Luft, sonst könnten weder Vögel noch Flugzeuge fliegen.

Das Feuerelement ist gleichfalls überall gegenwärtig. Innerlich wird es für uns spürbar, wenn wir unsere Aufmerksamkeit darauf lenken. Normalerweise nehmen wir es nur wahr, wenn uns eiskalt oder glühend heiß ist oder wenn wir Fieber haben. Aber Temperatur (die Ausdrucksform des Feuerelements) ist stets und überall vorhanden – in allem, was lebt.

Das Wasserelement können wir in unserem Blut, im Speichel und im Urin wahrnehmen. Das Wasserelement ist die verbindende Kraft. Um einen Teig herzustellen, muss man dem Mehl etwas Wasser hinzufügen. Wasser ist das überall anzutreffende Verbindungselement. Ohne Wasser würden all die sich ständig bewegenden Zellen auseinanderfallen. Ohne die haltgebende Kraft dieses Verbindungselements würde niemand von uns hier sitzen.

Das alles klingt sehr interessant, hilft uns jedoch nicht weiter, solange wir es nicht selbst erfahren haben. Erst durch die persönliche Erfahrung entwickelt sich die Einsicht, wie die Dinge wirklich sind: Die Dinge so erkennen und sehen, «wie sie wirklich sind» – dieser Worte bedient sich der Buddha häufig.

Wir können als fünftes Element den Raum hinzufügen. In uns ist Raum im Sinne von Öffnungen vorhanden, Mund und Nase beispielsweise. Entsprechendes gilt für das Körperinnere. Das Universum ist Raum. Wenn wir uns dies klarmachen und uns mit der Tatsache anfreunden können, dass diese Elemente überall gleichermaßen zu finden sind, werden wir etwas von unserer Gewohnheit, alles zu trennen, aufgeben können – dieses: «Das bin ich – mag der Rest der Welt in Frieden leben, aber ich sorge zuerst mal für mich selbst. Die anderen sollen mir bloß nicht zu nahe kommen.»

Begreifen wir, dass wir lediglich aus Energiepartikel bestehen, die zusammentreffen und sich wieder trennen, nichts weiter als die fünf Elemente – was ist dann jenes «Ich», das wir so eifrig schützen? Und was ist der Rest der Welt, der so bedrohlich scheint?

Meditation bedeutet nach Einsicht streben. Einsicht ist das

Ziel der buddhistischen Meditation. Die Techniken dienen dabei als Werkzeug. Ihr nutzt sie, so gut ihr eben könnt. Jeder geht mit Werkzeug ein wenig anders um. Je geschickter wir damit umzugehen lernen, desto einfacher und schneller erzielen wir Resultate. Die volle Aufmerksamkeit muss jedoch auf das Werkzeug gerichtet sein und nicht auf das eventuelle Resultat. Erst dann können sich Geschicklichkeit und Leichtigkeit entwickeln.

3

Ruhe und Einsicht

Es gibt viele verschiedene Meditationstechniken. Im «Weg zur Reinheit» sind vierzig erwähnt. Diese Techniken richten sich aber nur auf zwei Ziele: Ruhe und Einsicht. Diese beiden gehen Hand in Hand. Wissen wir nicht, in welche Richtung wir gehen, ist es höchst unwahrscheinlich, dass wir unser Ziel erreichen. Wir müssen unseren Weg kennen, um ihn gehen zu können.

In beidem – Ruhe und Einsicht – müssen wir uns üben, um tatsächlich die Resultate zu erzielen, die in der Meditation möglich sind. Jeder sucht nach innerem Frieden, nach dieser Empfindung glücklicher Zufriedenheit. Wer in der Meditation auch nur ein Zipfelchen davon erhascht, fühlt sich richtig glücklich und will mehr davon haben. Mit einem hübschen Anteil daran wären die meisten schon zufrieden. Doch dazu ist die Meditation nicht da.

Die Ruhe, der innere Frieden, ist ein Hilfsmittel und dient einem Zweck: Ruhe ist das Mittel – Einsicht das Ziel. Hilfsmittel sind wichtig und notwendig, dürfen aber nie mit dem eigentlichen Ziel verwechselt werden. Weil es hier aber um eine so ganz und gar angenehme Erfahrung geht, erwächst daraus eine neue Anhaftung.

Unser ständiges Problem ist, dass wir festhalten wollen, was uns angenehm ist, und zurückweisen, was uns nicht gefällt. Weil wir das zu unserem Lebenszweck machen, hat unser Leben keinen wirklichen Zweck. Es ist unmöglich, alles Unangenehme auszuschalten und nur das Angenehme zu behalten. Solange wir das als Ziel betrachten, haben wir kein Ziel. Das Gleiche gilt für die Meditation.

Wie können wir also zu etwas Ruhe finden, und was haben wir davon? Halten wir unsere Aufmerksamkeit auf den Atem gerichtet, wird irgendwann Ruhe einkehren. Der Geist wird einen Moment aufhören zu denken und sich entspannen. Ein denkender Geist wird nie zur Ruhe kommen, weil der Denkprozess an sich Bewegung ist und Bewegung immer ablenkend wirkt. Dennoch kann für einen Augenblick Ruhe einkehren, und wir können ihn vielleicht sogar verlängern. Je länger wir üben, umso mehr sind wir dazu imstande. So schwer ist es gar nicht. Anfangs mag es schwierig scheinen, aber alles, was wir brauchen, ist Geduld und Entschlossenheit, ein wenig gutes *Karma*[*)] und einen ruhigen Platz.

Wir alle verfügen über ein wenig gutes *Karma*, sonst säßen wir nicht hier. Menschen, die viel schlechtes *Karma* geschaffen haben, kommen in der Regel nicht zu einem Meditationsseminar. Kommen sie trotzdem, dann bleiben sie nicht. So muss also das gute *Karma* bereits vorhanden sein.

Was die Geduld anbelangt – allein schon damit wir hierbleiben, müssen wir Geduld haben. Hinzu kommt ferner Entschlossenheit. Wenn ihr euch zum ersten Mal hinsetzt, fasst einen Entschluss: «Ich will wirklich bei meinem Atem bleiben, und jedes Mal, wenn ich abschweife, fange ich wieder von vorn an.» Das ist eine regelrechte Gratwanderung. Jedes Mal, wenn ihr abschweift, müsst ihr euch erneut dem Atem zuwenden. Dazu braucht man Entschlusskraft.

Tritt jenes ruhige und angenehme Empfinden ein, das der Buddha als wohltuendes Verweilen bezeichnet hat, so wird es wieder verschwinden, weil alles, was entsteht, keine Dauer hat. Unsere erste Reaktion darauf sollte der Gedanke an die

---

*) Näheres im Kapitel «Karma und Wiedergeburt», siehe ab Seite 107ff.

Vergänglichkeit sein. Wir sollten nicht denken: «Oje, jetzt ist es fort.» Oder: «Das war gut. Wie kann ich es bloß von neuem hervorrufen?» Denn dies entspräche dem gängigen Reaktionsmuster.

Dem *Dhamma* gemäß zu leben und die entsprechenden Erfahrungen zu machen ist ungewöhnlich. Es ist die Umkehrung dessen, was die große Mehrheit der Menschen tut und eine eigene Sicht der Dinge. Als der Buddha vor seiner Erleuchtung unter dem Bodhi-Baum saß, brachte Sujata ihm Milchreis in einer goldenen Schale, die sie ihm schenken wollte. Buddha warf die leere Schale hinter sich in den Fluss und erklärte, falls die Schale stromaufwärts schwimme, werde er erleuchtet werden. Natürlich schwamm die Schale stromaufwärts. Kann denn irgendetwas stromaufwärts schwimmen? Diese Geschichte besagt, dass wir gegen den Strom schwimmen müssen, unseren natürlichen Instinkten und Neigungen entgegengesetzt, wenn wir uns auf den Weg des *Dhamma* begeben. Wir müssen uns gegen das wenden, was so einfach und angenehm ist, dass jedermann es tut. Es ist viel schwieriger, gegen den Strom zu schwimmen, als sich von der Strömung treiben zu lassen.

Das wohltuende Verweilen, das angenehme Empfinden, das man zuerst im Körper und dann auch im Geist wahrnimmt und schließlich als ganz und gar friedvoll empfindet, muss ebenfalls vorübergehen. Wir müssen seine Vergänglichkeit anerkennen. Erst dann können wir es einem bestimmten Zweck nutzbar machen. Erkennen wir seine Vergänglichkeit nicht an, dann wollen wir es bloß zum eigenen Nutzen verwenden. Doch alles, was wir nur für uns allein besitzen, stärkt unser Ego, und wir lösen uns nicht von ihm, wie es den grundlegenden Lehren des Buddha entspräche.

Alles in den Lehren des Buddha ist darauf ausgerichtet, dieses Ego aufzugeben. Er hat gesagt: «Nur eins lehre ich: Das Vorhandensein von Leid und wie ihr ihm ein Ende setzen könnt.» Das heißt allerdings nicht, dass alles Leid auf der Welt ein Ende erreicht. Es bedeutet, wenn kein Ich da ist, das auf Leid reagiert, wird es kein Leid mehr geben. Wenn niemand ein Problem hat, wie können dann Probleme existieren? Setzen wir allerdings das wohltuende Verweilen als Mittel für das eigene Wohlbefinden ein, so ist dies der falsche Weg.

Kehren wir immer wieder zur Beobachtung des Atems zurück, so führt dies dazu, dass wir zur Ruhe kommen. Der achte Schritt auf dem Edlen Achtfachen Pfad – die Rechte Sammlung – bedeutet meditative Vertiefung. Der Versuch, beim Atem zu verweilen, weist in diese Richtung. Doch in diese meditative Vertiefung kann man nicht dadurch eintreten, dass man sich mit der Absicht, sie zu erreichen, ein- oder zweimal zum Meditieren hinsetzt. Das braucht Zeit. Alles das, was während der Konzentration auf den Atem auftaucht, sollte zur Einsicht genutzt werden. Gedanken, die in der Meditation auftauchen, sind weder ein Störfaktor noch ein Hinweis darauf, dass man nicht zum Meditieren taugt; oder dass es zu heiß oder zu kalt, zu unbequem, zu spät oder zu früh ist – nichts von alldem trifft zu. Gedanken wollen uns nicht stören. Sie sind Lehrer, die uns etwas beibringen wollen. Letzten Endes sind wir alle selbst unser Lehrer und unser Schüler, und das ist gut so. Wir müssen allerdings wissen, worauf wir zu achten haben, damit wir etwas lernen können.

Jeder Gedanke ist ein Lehrer. Zuallererst lernen wir etwas über die Unlenkbarkeit der Gedanken. Wir merken, dass unser Geist unzuverlässig ist. Gedanken tauchen auf, die wir überhaupt nicht denken wollen, weil wir viel lieber ruhig und gesammelt wären. Als Erstes können wir lernen, dass unser Geist nicht so wunderbar ist, wie wir immer angenommen haben – bloß weil wir etwas gelernt und ein Gedächtnis haben und bestimmte Fakten und Begriffe verstehen. In Wirklichkeit ist der Geist schwer in den Griff zu kriegen und unzuverlässig, weil er absolut nicht das tut, was wir von ihm erwarten.

Als Zweites müssen wir verstehen, dass wir unserem Geist nicht alles glauben sollten. Wir müssen nicht an alle Gedanken glauben, die da auftauchen. Sie sind ohne unser Zutun aufgetaucht, und so werden sie auch wieder verschwinden. Sie haben wenig Sinn – erst recht in der Meditation. Einige davon sind mehr als zwanzig Jahre alt. Einige sind reine Fantasie. Andere können ganz und gar unangenehm sein, und wieder andere sind Träume. Und manche sind so flüchtig, dass wir sie gar nicht richtig wahrnehmen. Aber alle tauchen so schnell auf, dass wir sie kaum etikettieren können. Warum also an all dies Zeug glauben, das uns gewöhnlich durch den Kopf geht?

In der Meditation haben wir Gelegenheit, den Geist – die dauernde gedankliche Aktivität – kennenzulernen, und vor allem können wir lernen, uns nicht mehr auf jeden Gedanken, der da kommt und geht, einzulassen. Entsprechendes gilt für unsere Gedanken im Alltag: Sollten wir all diesen Gedanken Glauben schenken und uns auf sie einlassen? Wir glauben unserem Geist, wenn er behauptet: «Dieser Mann ist entsetzlich.» – «Diese Frau lügt.» – «Davon bin ich so enttäuscht.» – «Das langweilt mich unendlich.» – «Das da muss ich unbedingt haben.» – «Da muss ich unbedingt dabei sein.» All das glauben wir einfach. Warum eigentlich? Um genau den gleichen Prozess handelt es sich bei der Meditation. Gedanken tauchen auf, verharren für kurze Zeit und verflüchtigen sich wieder – ohne Sinn und Verstand.

Haben wir dies erst einmal wirklich begriffen, so können wir diese ungebetenen Gedanken in solche umwandeln, die wir tatsächlich denken wollen. Genau das wird geschehen, wenn wir nicht mehr unbedarft alles glauben, was unser Geist uns weismachen will, sondern nur noch die Denkprozesse beobachten. Es ist genau das Gleiche mit der Luft um uns herum. Wir können sie uns nicht aneignen und behaupten, sie gehöre uns. Dennoch – gäbe es sie nicht, könnten wir nicht leben. Sie ist da. Genauso verhält es sich mit den Gedanken. Der Denkprozess ist für den Geist vollkommen natürlich, und er dauert an, solange wir leben. Aber er ist nicht zuverlässig und nicht glaubwürdig. Ganz im Gegenteil: Es wäre weit besser, den größten Teil der Gedanken aufzugeben.

Noch etwas können wir über den Geist lernen. Wenn sich in der Meditationssitzung keine Sammlung einstellt, sondern nur Gedanken, wenn wir uns träge fühlen und es an Aufmerksamkeit mangelt, dann könnten wir daraus lernen: Fehlt es dem Geist an Unterhaltung, dann schlafen wir ein. Der Geist will unterhalten werden. Er will lesen, fernsehen, arbeiten – irgendetwas tun, um beschäftigt zu sein und Unterhaltung zu haben. Ganz auf sich allein gestellt, ist er nicht glücklich und zufrieden: Eine interessante neue Einsicht, die sich einstellt, wenn wir meditieren.

Stellt euch vor, ihr wäret eine Woche lang in einem leeren Zimmer, ganz allein. Die Menschen halten das für eine furchtbare Zumutung – zu Recht, denn der Geist weiß damit nicht umzugehen. Genau wie der Körper verlangt er dauernd nach Nahrung. Er braucht Anregung, weil er sich selbst nicht genug ist. Das ist eine weitere Entdeckung, die wir in der Meditationssitzung machen können.

Gedanken sind unbeständig. Sie kommen und gehen. Sie bleiben nicht da – genau wie der Atem. Wenn ihr ganz aufmerksam seid, könnt ihr feststellen, wie sie auftauchen. Ihr könnt sicher ihr Verschwinden beobachten, denn das ist einfach. Das Auftauchen dagegen ist etwas schwerer zu erkennen. Aber ihr könnt keinen dieser Gedanken festhalten.

Unbeständigkeit und Besitzlosigkeit: Aber eigentlich wollt ihr all diese Gedanken gar nicht behalten, weil sie es nicht wert sind. Nur ganz wenige Gedanken sind etwas wert, weshalb soll man sie alle also festhalten? Warum soll man versuchen zu denken: «Das bin ich»? Warum nicht einsehen, dass es da nur ein natürliches Kommen und Gehen gibt? Und wie ist es mit dem Körper? Bin das wirklich ich? Zugrunde liegt ein natürliches Entstehen (durch Empfängnis) und ein natürliches Vergehen (durch den Tod). Ein Naturgesetz und eine universelle Tatsache, die unser Ego nicht wahrhaben will.

Ich-Bezogenheit oder Hochmut bedeutet nicht, dass wir allesamt eingebildete Menschen sind. Hochmut heißt lediglich, dass wir nicht erleuchtet sind. Nur *Arahants* sind frei von Ich-Bezogenheit. Wir betrachten uns selbst und die Welt von einem Ich-Standpunkt aus, und darum erscheinen andere Menschen und die Welt oft als so bedrohlich. Dieses Ich ist zerbrechlich und sehr verletzlich.

Alle jene Gedanken, die in unserer Meditation auftauchen, schenken uns Einsicht in uns selbst, in die Vergänglichkeit dieser Erscheinung von Körper und Geist. Wir sehen, dass wir nicht ihr Eigentümer sind. Wären wir wirklich die Besitzer unserer Gedanken, wären wir dann nicht lieber Besitzer von etwas Wertvollerem? Niemand legt Wert darauf, alten Krempel zu besitzen. Wir alle versuchen wertvolle Dinge zu besitzen. In der Meditation findet man heraus, dass Gedanken nichts Wertvolles sind.

Drittens können wir aus dieser Gedankenaktivität lernen, dass es sich hier um *Dukkha* handelt, um Unerfülltheit. *Dukkha* bedeutet nicht nur Leiden. *Dukkha* bedeutet auch Unbefriedigtsein, Unerfülltheit. Dieser viel umfassendere Begriff charakterisiert alles, was uns widerfahrt, sogar das Allerangenehmste – denn alles ist vergänglich. Das Unbefriedigende unseres Denkprozesses wird im Lauf der Meditation ganz deutlich, weil wir uns ja eigentlich sammeln wollen. Und dennoch sitzen wir da und denken.

Durch persönliche Erfahrung gewinnen wir Einsicht in die Vergänglichkeit, die Unerfülltheit und das Nicht-Selbst. Niemand kennt diese drei, solange er sie nicht selbst erfahren hat. Diese drei Wörter werden den meisten von euch geläufig sein. Doch wahrhaft begreifen könnt ihr sie nur durch direkte innere Erkenntnis. Obwohl wir sie in jedem einzelnen Moment erleben, schenken wir ihnen im Allgemeinen viel zu wenig Aufmerksamkeit.

Wir sterben ja auch in jedem Augenblick, aber wir merken auch das nicht. Dazu ist große Achtsamkeit erforderlich, die wir durch den Meditationsprozess erlernen können. Schaut genau hin und entdeckt, welche Qualität der Unzulänglichkeit dem Denkprozesses innewohnt.

Wir alle können die Realität erfahren – können erfahren, wie die Dinge wirklich sind –, wenn wir unsere Achtsamkeit bis zu dem Punkt ausweiten, an dem wir sie tatsächlich zu erkennen vermögen. Wir können genau das erfahren, worüber der Buddha gesprochen hat, aber wir müssen voll und ganz erfassen, was es bedeutet. Es bringt nichts, dazusitzen und zu denken: «Hätte ich doch bloß keine Gedanken.» Oder: «Wie gern wäre ich gesammelt.» Oder: «Wenn es doch nicht so schwer wäre.» Oder: «Wenn doch mein rechtes Bein nicht so schmerzen würde.» Das sind Träume und Hoffnungen. Wenn wir den Dingen auf den Grund gehen wollen, können wir es uns nicht leisten, zu wünschen und zu hoffen.

Der Buddha hat gesagt, wir alle seien krank und das *Dhamma* sei das Heilmittel. Manchmal wurde er als der «Große Arzt» bezeichnet. Wie bei jeder anderen Arznei genügt es allerdings nicht, von ihr zu wissen oder nur den Beipackzettel zu lesen. Letzteres haben die Menschen nun schon viele tausend Jahre lang getan. Jetzt müssen wir aufhören, nur die Aufschrift zu lesen, und die Pille zu schlucken. Das fällt gar nicht so schwer, sobald uns klar ist, welchen Unterschied dies macht.

Wenn das Sitzen in ein und derselben Position unangenehme Empfindungen hervorruft, wird der Geist sofort Widerstand dagegensetzen. Sogleich sagt er: «Das mag ich nicht. So etwas Unangenehmes. Das schaff ich keine zehn Tage. Ich brauche einen Stuhl.» Oder: «Wie töricht, so zu sitzen.» Oder: «Das ist es doch gar nicht wert. Die ganze Meditation kann doch diese Mühsal nicht aufwiegen.» Oder was auch immer sonst uns der Geist zu erzählen versucht. Er kann uns viel erzählen. Er kann uns von jedem erdenklichen Gegenstand erzählen und diesen von allen Seiten betrachten. Eine beliebte Technik beleuchtet zuerst die Vorzüge einer Sache und dann ihre Nachteile. Jeder Geist kann das. Unser Geist kann alles mögliche plappern.

Sitzt nicht da und denkt: «Ich mag das nicht, in meinem rechten Bein, meinem Rücken, meinem Nacken» – oder wo auch immer – «spüre ich solch ein Unbehagen.» *Nein.* Nutzt jede aufkommende Empfindung als Mittel zur Einsicht. Empfinden ist die Grundlage unseres Lebens. Die Art, wie wir reagieren, entsteht durch den Kontakt, den unsere Sinne herstellen. Wir sehen, hören, riechen, schmecken und berühren; und natürlich denken wir auch. Der Buddha hat das Denken als den sechsten Sinn bezeichnet, und auch wir reden manchmal bei bestimmten Gedanken vom sechsten Sinn. Wären wir etwa blind, würden wir die Welt auf eine andere Art erfahren. Wären wir taub, so wäre sie wiederum anders. Das Gleiche gilt für alle übrigen Sinne. Wenn aber all unsere Sinne in Ordnung sind, treten wir durch sie zur Welt in Kontakt, und daraus erwachsen Empfindungen. Daran ist nichts zu ändern. Diese Sinneskontakte finden unweigerlich statt. Auch ein *Arahant* hat Empfindungen, und zwar drei Arten: angenehme, unangenehme oder neutrale. Wir alle haben sie. Die neutralen werden uns nicht bewusst, weil wir nicht aufmerksam genug sind. Wir verfügen noch nicht über genügend Achtsamkeit. Ganz sicher nehmen wir aber die angenehmen Empfindungen und Gefühle wahr, schwelgen in ihnen und suchen nach Mitteln und Wegen, sie aufrechtzuerhalten. Die gesamte Weltwirtschaft ist darauf angelegt, angenehme Empfindungen zu wecken und die Menschen dahin zu bringen, dass sie mehr davon haben wollen. Würden alle dies ablehnen, wäre dies gleichbedeutend mit dem Zusammenbruch weiter

Teile der Wirtschaft. Angenehme Empfindungen werden durch warmes Wasser, Kühlschränke, Ventilatoren, verschiedenerlei Nahrungsmittel, bessere Matratzen und vieles mehr ausgelöst.

Jeder hat Empfindungen – angenehme, unangenehme und neutrale. Sie treten in rascher Folge auf. Die meisten Menschen versuchen ihr ganzes Leben lang, angenehme Empfindungen festzuhalten und die unangenehmen zu vermeiden. Sie kämpfen einen aussichtslosen Kampf. Niemand kann die angenehmen Gefühle festhalten. Niemand kann auf Dauer den unangenehmen entgehen. Mit fortschreitendem Alter nehmen die unangenehmen körperlichen Empfindungen zu, wie manche schon feststellen konnten. Niemand ist davon ausgenommen. Das ist ein Naturgesetz. Der Tod ist eine Gewissheit und sehr oft mit außerordentlich unangenehmen Empfindungen verknüpft. Aber diese unangenehmen Empfindungen beschränken sich keineswegs auf Alter und Tod. Selbst junge, kräftige Menschen haben unangenehme körperliche und emotionale Empfindungen.

Wenn es uns gelingt – und sei es auch nur für eine Meditationssitzung –, einmal stillzuhalten und hinzusehen, vor dem Unangenehmen nicht wegzulaufen und nicht nach dem Angenehmen zu trachten, werden wir sehr viel über uns selbst in Erfahrung bringen. Betrachten wir die unangenehmen Empfindungen, die bei den meisten Menschen während der Sitzungen auftreten, so ist dies eine Möglichkeit zu sehen, wie wir reagieren. Man möchte sich dieser unangenehmen Empfindungen entledigen. So kommt es zu einer spontanen, impulsiven Reaktion, und man bewegt sich, um sie möglichst schnell loszuwerden.

Im Alltag versuchen wir, uns solch unangenehmer Empfindungen dadurch zu entledigen, dass wir uns jene Menschen vom Leib halten, die sie in uns auslösen. Damit geben wir andern die Schuld, statt die Empfindung zu beobachten und uns zu sagen: «Nun ist sie also aufgetreten, sie wird kurz da sein und dann wieder verschwinden. Nichts bleibt, wie es war. Wenn ich sie genau genug beobachte, dann lasse ich Achtsamkeit walten, statt zu reagieren.»

Indem wir so reagieren, dass wir ständig das Angenehme aufrechtzuerhalten und das Unangenehme loszuwerden suchen, schaffen wir die Grundlage dafür, dass wir uns ständig zwischen Tod und Wiedergeburt bewegen. Denn uns fehlt die Richtung. Wir bewegen uns im Kreis – immer weiter. Es ist ein Karussell ohne Ausstieg. In einem nicht enden wollenden Kreislauf versuchen wir immer wieder, Angenehmes zu behalten und Unangenehmes loszuwerden. Dem können wir nur dadurch entrinnen, dass wir die Empfindungen beobachten, aber nicht reagieren. Wenn wir das in der Meditation lernen – und sei es auch nur für einen einzigen Augenblick –, dann können wir es im Alltag mit großem Gewinn wiederholen.

Jeder macht unangenehme Erfahrungen im Leben. Die Leute sagen Dinge, die wir nicht gerne hören. Manche tun auch Dinge, die uns nicht recht sind. Es gibt Menschen, die uns nicht schätzen, nicht mögen, nicht anerkennen. Andere verlassen uns, obwohl wir sie gerne bei uns hätten. Wieder andere bleiben, obwohl wir sie viel lieber los wären. Diese Dinge widerfahren jedem. Selbst der Buddha wurde geschmäht. Auch er hat Situationen erlebt, die unangenehme Empfindungen hervorriefen, aber nicht darauf reagiert.

Man gibt einfach nur auf die Empfindungen acht. Tritt also im Körper eine unangenehme Empfindung auf, weil wir ungewöhnlich lange stillsitzen, dann gebt nichts und niemandem die Schuld daran. Niemand ist schuld, dass Empfindungen auftreten. Es handelt sich schließlich nur um Empfindungen, die auftauchen und wieder verschwinden. Beobachtet und erkennt die Empfindung. Solange ihr nicht in der Lage seid, unangenehme Empfindungen mit Abstand zu betrachten werdet ihr überhaupt nichts ändern können. Irgendwann einmal müsst ihr das einfach fertigbringen. Im Idealfall weiß man, dass die unangenehmen Empfindungen lediglich Empfindungen sind, nichts weiter. Diese Empfindungen treten ungebeten auf, und deshalb brauchen wir sie nicht als die unsrigen zu betrachten. Wir haben nicht um sie gebeten. Warum meinen wir dann, dass sie zu uns gehören?

Solange wir nicht wirklich erkennen, was in unserem Geist vorgeht, wenn diese Empfindungen auftreten, werden wir immer wieder in unsere lange eingeschliffenen, gewohnheitsmäßigen Muster verfallen. Was wir fortwährend denken und worauf wir immer und immer wieder reagieren, das hinterlässt Prägungen im Geist. Im Geist geschieht das Gleiche, wie wenn auf einer verschlammten Straße ein vor und zurück fahrendes Auto immer tiefere Fahrrinnen verursacht. Die Rinnen werden tiefer und tiefer, bis sie schließlich so tief sind, dass das Herauskommen aus der Fahrrinne und ein weiteres Vorankommen unmöglich scheint.

Dies ist genau die richtige Situation, eine echte Gelegenheit, unsere Reaktion auf unangenehme Empfindungen zu beobachten. Bitte keine Rationalisierung: «Das ist schlecht für mich, für meinen Kreislauf, ich sollte das nicht tun, sagt mein Arzt immer.» Nichts dergleichen. Es kommt hier lediglich darauf an, den Geist bei seinen Reaktionen zu beobachten. Der Geist ist ein schlauer Manipulationskünstler. Er kann wirklich alles. Wir nennen ihn einen Magier, und das ist eine treffende Bezeichnung. Unser Geist kann aus jedem Hut ein Kaninchen ziehen. Er kann alles so hinstellen, als ob alle anderen unrecht hätten und nur wir die Gescheiten seien.

Das müssen wir durch die Meditation lernen: Man kann unmöglich immer recht haben. Meist verteidigen wir lediglich einen Standpunkt, der auf unserem Ego basiert. Aufgrund dieses Ego, dieser Ich-Täuschung, sind alle unsere Standpunkte, all unsere Meinungen, von diesem Ich beeinflusst, ja entstellt. Das kann gar nicht anders sein. Hat die Fensterscheibe einen rötlichen Farbton, dann sieht draußen alles rot aus.

Wenn wir unseren Geist und seine Reaktionen nach und nach durch den meditativen Prozess kennenlernen, können wir akzeptieren, dass, während wir etwas denken, vier Milliarden andere Menschen etwas anderes denken. Ist es dann möglich, dass ausgerechnet wir das Richtige denken und die vier Milliarden das Falsche? Wir verteidigen einen Gesichtspunkt, der manchmal gültig sein mag – aber nur dann, wenn es um uns geht. Als Einziger voll und ganz richtig denkt ein *Arahant*, weil er nicht die Illusion eines Ego hat.

Dies sind mögliche Schritte, um dann Einsicht zu gewinnen, wenn wir nicht beim Atem verweilen, sondern wenn der Geist auf Eindrücke und Empfindungen reagiert. Jeder Augenblick kann dazu dienen, Einsicht zu erlangen, und daraus erwächst Ruhe. Ein bisschen Einsicht schafft ein bisschen Ruhe. Sehen wir ein, dass wir unseren Gedanken keine Aufmerksamkeit zu schenken brauchen, wird es leichter, sie einfach loszulassen. Erkennen wir, dass wir auf Empfindungen nicht unbedingt reagieren müssen, können wir diese Reaktion viel leichter vermeiden. Ein wenig Ruhe schafft auch ein wenig Einsicht. Beides sollten wir nutzen.

Die Lehre des Buddha schwimmt nicht mit dem Strom unserer Instinkte und ist deshalb nicht leicht zu verstehen. Ein Geist, der sie begreifen kann, ist ein geschulter Geist. Der durchschnittliche Geist diskutiert lieber über sie. Das ist aber nur eine Art Zeitvertreib, ohne jedes Resultat. Um wirklich in uns zu erfahren, worüber der Buddha gesprochen hat, benötigen wir einen Geist, der überdurchschnittlich ruhig und gesammelt ist. Er muss erkannt haben, dass er nichts anderes ist als eine Erscheinung, die entsteht und vergeht.

All dies kann geschehen, während wir dasitzen und unseren Atem beobachten.

Ruhe und Einsicht. Einsicht ist das Ziel, Ruhe das Mittel dazu. Solange im Geist keine Ruhe eingekehrt ist, wird er durch

Wellen von Vorlieben und Abneigungen in Bewegung gehalten. Diese Wellen trüben unsere Sicht. In einem See, in dem Wellen emporsteigen, kann man sein Spiegelbild nicht erkennen. Dazu muss das Wasser ruhig und sanft sein. Ebenso muss auch der Geist ruhig sein, damit wir zu klarer und gründlicher Einsicht fähig sind.

Die Gehmeditation führt in die gleiche Richtung. Indem wir wirklich achtsam werden, kehrt Ruhe ein. Setzt der Denkprozess ein, so nutzen wir ihn, um in Erfahrung zu bringen, was in unserem Geist vorgeht.

Das Etikettieren ist ebenfalls eine Möglichkeit, zu erfahren, was der Geist tut. Sind wir dazu während der Meditation imstande, dann sind wir es auch im Alltag. Jeder gutwillige Mensch wird einen Gedanken, der das Etikett Gier oder Hass erhält, sofort fallen lassen. Das ist der Weg zur Läuterung. Die Geistesruhe ist auf diese Läuterung angewiesen. Zu Läuterung kommt es auch durch Einsicht, durch Selbsterkenntnis. Durch das Etikettieren wird deutlich, was im Geist vor sich geht. In der Meditation müssen wir alle Etiketten und Gedanken loslassen, im Alltag die nutzlosen und unzuträglichen Gedanken. Lernen wir das, kann die Läuterung vonstatten gehen. Der Weg der Läuterung führt zur Beendigung allen Leidens.

4

Vier Freunde

In unserem Herzen haben wir vier Freunde, die darauf warten, dass sie uns zu Diensten sein dürfen. Allerdings haben wir auch fünf Feinde, die darauf lauern, jeden Moment loszustürmen. Sie rasten nie*). Das Problem ist, dass wir nicht genügend Eifer aufbringen, die Feinde hinauszuwerfen und die Freunde zu bestärken. Die Freunde zu bestärken ist das natürliche und sinnvolle Verhalten. Leider fehlt es dem Geist der Menschen an der nötigen Klarheit, das zu erkennen.

Unsere Freunde sind die vier göttlichen Eigenschaften: Liebende Güte, Mitgefühl, Mitfreude und Gleichmut. Nach diesen Eigenschaften sollten wir in unserem Herzen suchen. Stellen wir fest, dass es uns daran mangelt, und erkennen wir den Schaden, den dieser Mangel anrichtet, dann unternehmen wir etwas, um diese Eigenschaften zu entwickeln.

Liebende Güte

Wörter sind gefährlich. Sie vermitteln uns die Illusion von Sicherheit. Wir werden mit Worten gefüttert, aber sie sind lediglich Gedanken, nicht die Wirklichkeit. Stellt euch einen Fluss vor: Das Wort «Fluss» kann die Tatsache, dass Wasser fließt, nicht zum Ausdruck bringen. Das Wort «Fluss» ist statisch. Die elementare

*) Hier sind die «Fünf Hindernisse» gemeint.

Eigenschaft eines Flusses ist das Dahinströmen. Liebende Güte kann nur dem Herzen entströmen. Bloß in ein Wort eingebettet, ist sie wertlos. Um diese Herzensgüte tatsächlich zu kennen, muss man sie erfahren. Eine Beschreibung genügt nicht. Nennt ihr einem kleinen Kind das Wort «Fluss», so wird es nicht wissen, was ihr meint. Legt ihr aber die Hand dieses Kindes in dahinströmendes Wasser, dann weiß es, was ein Fluss ist – ob es nun das Wort kennt oder nicht.

Das Gleiche gilt für die Liebende Güte. Der Ausdruck an sich ist bedeutungslos. Erst wenn ihr spürt, wie sie eurem Herzen entströmt, werdet ihr wissen, worüber der Buddha in so vielen Lehrreden sprach. Das Leben kann nur mit Herz und Geist voll und ganz gelebt werden. Wer nur mit dem Herzen lebt, wird sentimental, ein überaus verbreiteter Fehler, der nicht allein dem weiblichen Geschlecht vorbehalten, allerdings hier besonders stark vertreten ist. Sentimentalität bedeutet, jedem Impuls nachzugeben. Das geht nicht. Der Geist hat ebenfalls seine Berechtigung. Man muss auch begreifen, was geschieht. Das Begreifen allein kann dazu führen, dass man sich intellektuell sehr weit entwickelt, jedoch das Herz nicht mitspielt. Herz und Geist müssen sozusagen Hand in Hand gehen. Wir müssen auch unsere Emotionen verstehen und positiven Gebrauch von ihnen machen – von Emotionen, die Erfüllung bringen und dem Herzen ein Gefühl von Frieden und Harmonie vermitteln.

Liebende Güte oder Liebe – je nachdem, welches Wort euch mehr bedeutet – ist keine Emotion, die abhängig ist von der Gegenwart eines geliebten Menschen, eines Familienmitglieds etwa, oder von der Liebenswürdigkeit eines Menschen. Solche Denkweisen oder instinktiven Reaktionen haben mit dieser Art von Liebe nichts zu tun. So kann im Grunde jeder reagieren. Es ist nicht besonders schwierig, die eigenen Kinder zu lieben. Das schaffen die meisten Menschen. Die Eltern zu lieben ist ebenfalls nicht so schrecklich schwierig. Manche Menschen tun sich zwar selbst damit schwer, aber die meisten sind imstande, die Eltern zu lieben. Das ist jedoch nicht die Bedeutung von *Mettā* oder Liebender Güte.

Spricht der Buddha von Liebender Güte, dann spricht er über eine Eigenschaft des Herzens, die zwischen allen Lebewesen keinerlei Unterschied macht. Als höchstes Bestreben empfiehlt er in seiner Lehrrede über die Herzensgüte, alle Wesen so zu lieben, wie eine Mutter ihr Kind liebt. Wer von euch Kinder hat, kennt den Unterschied genau: Wie empfindet ihr – im Vergleich zu anderen Menschen – euren Kindern gegenüber? Darin besteht unsere Aufgabe: Solange wir nicht so weit geläutert sind, dass wir alle Wesen so betrachten, als seien sie unsere eigenen Kinder, haben wir nicht die Bedeutung von Liebender Güte begriffen.

Wenn ihr ein kleines Kind vom Fahrrad fallen und weinen seht, wird es euch ganz natürlich erscheinen, es hochzuheben und zu trösten. Das ist Herzensgüte, die uns nicht besonders schwer fällt. Die Schwierigkeit liegt darin, dieses Gefühl jedem entgegenzubringen, obwohl die meisten Menschen eigentlich nicht so furchtbar liebenswert sind. Niemand von uns ist absolut liebenswert. Nur ein *Arahant* ist es. Wenn wir jedoch selbst gar nicht so liebenswert sind, weshalb erwarten wir das dann von anderen? Warum nur machen wir so einen Unterschied zwischen denen, die wir zu lieben bereit sind, und den anderen? Wir bilden uns ein, dass wir jene, die sich nicht so verhalten, wie es uns richtig scheint, auch nicht zu lieben brauchen. Aber niemand handelt immer richtig. Davon sind wir selbst nicht ausgenommen. Wenn man nur einen Moment überlegt, muss man zugeben, dass wir alle Fehler machen. Zwar kenne ich euer Leben nicht, dennoch bin ich davon überzeugt, wenn ich mir nur mein eigenes Leben anschaue. Jeder macht Fehler. Warum also erwarten wir von anderen, dass sie vollkommen sind, wenn wir es selbst doch auch nicht sein können?

Es gibt sozusagen drei Stufen von Liebender Güte. Die erste

können wir Wohlwollen nennen. Wir verfügen über Wohlwollen füreinander. Es ist die Grundvoraussetzung für ein Zusammenleben. Hätten wir dieses Wohlwollen nicht, könnten wir nicht einmal miteinander meditieren. Wir würden aufstehen und umhergehen. Wir würden Krach machen, wenn alle ruhig sind. Kein Land könnte existieren, brächten seine Bewohner einander kein Wohlwollen entgegen. Habt ihr jemals bedacht, wie sehr wir alle aufeinander angewiesen sind? Wir sind auf den Milchmann angewiesen, den Gemüseverkäufer, den Reisbauern und auf unsere Gemeinde, die uns mit Wasser versorgt. Wir sind auf das Wohlwollen unserer Nachbarn angewiesen. Weil dieses Wohlwollen für unser Überleben unerlässlich ist, verfügen die meisten Menschen darüber. Ginge es in die Brüche, hätten wir Chaos.

Den nächsten Grad von Liebender Güte können wir als Freundschaft bezeichnen. Einer gewissen Gruppe von Menschen gegenüber hegen wir freundliche Gefühle. Das sind unsere Freunde, vielleicht die Nachbarn; jedenfalls handelt es sich um Menschen, die uns gefallen. Freundlichkeit ist zwar ein Schritt zu liebender Güte hin, wirkliche Herzensgüte ist dies jedoch noch nicht. Sie ist eine Herzlichkeit, durch die wir die Zuneigung anderer Menschen gewinnen. Aber in sich trägt sie den Intimfeind der Liebe, die Zuneigung. Zwar halten wir Zuneigung für etwas Positives, doch sie beinhaltet Anhaftung. Anhaftung an unsere Freunde und Gefährten, an diejenigen, die uns helfen und mit uns zusammenleben. Dieses Anhaften ruft Hass hervor. Nicht den Menschen gegenüber, an denen wir hängen, sondern dem Gedanken gegenüber, dass wir sie verlieren könnten. Angst kommt ins Spiel. Und wir haben nur Angst vor dem, was wir hassen. Darum geht der Liebe ihre Reinheit verloren. Anhaftung verunreinigt die Liebe und macht sie darum unbefriedigend. Sie kann so keine restlose Erfüllung bringen. Genau das geschieht innerhalb der Familien. Deshalb gibt es bei dieser Art von Liebe so viel Unzufriedenheit.

Die Liebe, die man für seine Familie empfindet, kann man als Grundlage für die Erfahrung von Liebender Güte nutzen. Dann kann man sie weiter entwickeln und wachsen lassen. Erst dadurch erhält die Liebe zur Familie ihren tieferen Sinn. Andernfalls kann sie – wie so häufig zu beobachten – zu einem Wechselbad der Gefühle werden, vergleichbar mit einem unter Druck stehenden Wasserkessel. Die Liebesempfindung für die Familie müssen wir nutzen, um jene wahre Herzensgüte zu entwickeln, die nicht auf solchen Voraussetzungen fußt wie: «Mein Mann, meine Frau, mein Sohn, meine Tochter, mein Onkel, meine Tante, meine Mutter, mein Vater». Hier geht es uns noch um «ich» und «mein». Bevor wir darüber nicht hinaus- und zu bedingungsloser Liebe hingelangen, hat die Liebe zur Familie ihren wahren Zweck nicht erfüllt. Sie hat dann lediglich zur Stärkung des Ego und zum Überleben gedient. Am Leben zu bleiben ist ein aussichtsloses Unterfangen, daher sollten wir keine Energie darauf verschwenden. Atombombe hin oder her: Überleben werden wir auf keinen Fall. Es gibt nur einen einzigen Ort, wo wir alle hingehen, wo wir uns alle wiedertreffen.

In unseren Freundschaften haben wir die gleichen Schwierigkeiten mit dem Anhaften. Wir hängen an unseren Freunden. Wir wollen sie nicht verlieren. Wir behandeln sie gut, damit sie unsere Freunde bleiben. Sind sie nicht ebenfalls nett zu uns, beginnen wir umgehend zu überlegen, ob wir mit ihnen befreundet bleiben sollten. Wir wollen, dass man uns die gleiche Freundschaft erwidert, die gleiche Rücksichtnahme und Fürsorge. Es wird zu einem Geschäft: Ich gebe etwas und will dafür einen guten Gegenwert haben. Die meisten Menschen machen dies mit solcher Selbstverständlichkeit, dass wir noch nicht einmal darüber nachdenken. So verfahren wir mit unseren Freunden, aber auch mit denen, die wir innig zu lieben glauben. Erwidern sie unsere Liebe nicht, fühlen wir uns verwaist, verzweifelt und deprimiert. Verlässt uns jemand, dann scheint die Liebe dahin zu sein. Ist es nicht widersinnig, dass Liebe auf eine, zwei oder drei Personen eingeschränkt sein soll?

Die Liebe kann nicht im menschlichen Körper stecken. Ein Mensch ist lediglich ein mit Haut überzogener Sack voll Knochen (siehe Seite 77). Wie kann die Liebe darin eingebettet sein? Und doch handeln alle großen Tragödien davon. *Romeo und Julia* und *Vom Winde verweht* sind Dramen, in denen man auseinandergeht oder durch den Tod getrennt wird. Menschen müssen zwangsläufig Abschied nehmen – sei es auf Grund eines Sinneswandels oder sich ändernder Gefühle oder sei es durch den Tod. Ob sie das tun sollten oder nicht, ist nicht die Frage. Diese lautet: Wie kann Liebe auf ein oder zwei derartige Personen eingeschränkt sein?

Liebe ist in eine Empfindung eingebettet. Hat man die Liebe zur Familie nicht genutzt, um dieses Empfinden zu erweitern, wird man zwangsläufig eine traumatische Erfahrung durchleben, wenn sich aus irgendeinem Grund diese Verbundenheit auflöst. Der eigentliche Sinn der Liebe zur Familie liegt darin, die Liebesempfindung kennenzulernen und dann mit ihr zu arbeiten.

Diese Arbeit beschränkt sich nicht auf einen zehntägigen Meditationskurs und auch nicht darauf, dass man die Lehrrede über die Liebende Güte rezitativ singt. Weder den Geist noch das Herz kann man an- und ausschalten wie einen Lichtschalter. Sie benötigen systematische Übung in Geduld und Entschlossenheit.

Das Herz muss geübt werden, weil es nicht über die natürliche Anlage verfügt, stets nur Güte zu empfinden. Von Natur aus ist Liebe wie auch Hass in ihm. Es trägt Widerwillen, Ablehnung, Groll und Angst in sich – und auch Liebesfähigkeit. Solange wir aber im Alltag nichts unternehmen, die Liebe zu mehren und den Hass zu vermindern, haben wir keine Chance, dieses friedvolle Gefühl der Liebenden Güte zu erfahren.

Wenn man Liebe im Herzen hat – bedingungslose Liebe für andere –, verleiht dies dem Herzen Sicherheit. Man weiß, wie man reagiert. Man kann sich auf sich selbst verlassen. Man ist absolut zuverlässig und hat keine Angst. Man weiß, dass man so geübt ist, dass keine Reaktion von Hass, Zorn und ähnlichem mehr den Frieden bedrohen kann. Das ist das hervorstechendste Resultat, wenn man Liebende Güte im Herzen entwickelt hat.

Besonders dann ist es wichtig, diese Liebe entwickelt zu haben, wenn wir jemandem gegenüberstehen, der überhaupt nicht liebenswert ist. Bei dieser Gelegenheit können wir wirklich an der Umwandlung von Herz und Geist arbeiten. Dann sind wir nämlich dazu gezwungen. Die meisten kennen jemanden, den zu lieben schwerfällt. Dafür sollten wir dankbar sein. Im Rückblick kann man leicht dankbar sein. Doch im Augenblick der Konfrontation kommen all die negativen Seiten empor: Abneigung, Hass, die Rechtfertigung für unsere Abneigung und unseren Hass, Rationalisierung und Zorn. Liebevoll sollten wir gerade dann sein, wenn all diese negativen Gefühle uns überkommen. Das ist der beste Augenblick dafür.

Es ist jammerschade, wenn man solch eine Gelegenheit hat und sie ungenutzt lässt. Habt ihr gerade jetzt niemanden, der nicht liebenswert ist, dann sucht euch jemanden. Jeder Mensch gibt euch Gelegenheit, liebevoll zu sein, egal, was er oder sie ist, tut oder glaubt. Dabei spielt es keine Rolle, was die Betreffenden sagen; ob sie euch gegenüber Interesse zeigen oder ob sie sich als liebenswert erweisen oder nicht. Das alles zählt nicht. Was allein zählt, ist das eigene Herz, und das sollte man stets im Sinn behalten. Wird mein Herz liebevoll und offen, kann ich bewirken, dass es keinen Zorn und keinen Groll hegt, dann bin ich auf dem Weg des *Dhamma* einen großen Schritt weitergekommen. Das *Dhamma* will verstanden, verdaut und gelebt werden.

Uns allen bietet sich die Gelegenheit, an unseren Reaktionen auf andere zu arbeiten. Jeder begegnet dauernd anderen Menschen, und immer wieder gibt es dabei unterschiedliche

Auffassungen. Wenn man seinen Mund hält und gar nichts sagt, so erwächst daraus keine Liebende Güte. Daraus erwachsen lediglich Groll, Verdrängung und Sorge. Oder es kann aus solchem Verhalten auch Gleichgültigkeit resultieren. Nichts davon ist hilfreich oder läutert uns. Der große Erfolg, dass wir zuverlässig sind und Selbstgewissheit haben, kann sich nur einstellen, wenn wir sicher sind, dass wir stets aus der ganzen Fülle unseres Herzens reagieren.

Der Buddha hat von elf Wohltaten gesprochen, die aus der Herzensgüte erwachsen. Die ersten drei sind: «Man schläft beglückt ein, hat keine schlimmen Träume und wacht beglückt auf.» Wenn jemand nur schwer einschlafen kann, ist das ein sicheres Zeichen für fehlende Herzensgüte. Schlaftabletten können da keine Abhilfe schaffen. Liebende Güte kann das. Dann wird das Unbewusste nicht länger unliebsam reagieren, und die schlimmen Träume und die Angstgefühle hören auf, und man erwacht mit demselben Gefühl, das man beim Einschlafen hatte – mit denselben liebevollen Gedanken an alle Wesen, die man auch schon am Vortag gehabt hat.

Es ist hilfreich, abends Bilanz zu ziehen. Das kann in Gedanken oder schriftlich, falls dies eurer Neigung entspricht, geschehen. Zieht Bilanz: «Wie oft war ich heute anderen Menschen gegenüber liebevoll?» Auf die andere Seite gehört: «Wie oft habe ich heute beim Zusammentreffen mit anderen Menschen Zorn, Verletztheit, Groll, Ablehnung, Furcht und Angst empfunden?» Dann zieht Vergleiche und nehmt euch vor, Änderungen vorzunehmen, wo ein Mangel herrscht. Jeder gute Ladenbesitzer zieht abends Bilanz, und falls sein Angebot bei den Kunden nicht gut ankommt, wird er es ändern.

Es handelt sich um eine Fertigkeit, die man erwerben kann, nicht um angeborenes Talent oder den Mangel daran. Die Fertigkeit besteht darin, sich so lange zu ändern, bis alle Verunreinigung beseitigt ist. Das besagt nicht, die anderen seien ganz und gar liebenswert. Sonst würden sie sich in den lichteren Gefilden aufhalten und wären nicht hier unten. Wir befinden uns auf der fünften Bewusstseinsebene von unten in einem Kosmos mit 31 Bewusstseinsebenen. Wenn wir uns auf der fünften Ebene aufhalten und es 31 Ebenen gibt – was kann man da erwarten?

Allerdings gibt es auf dieser Ebene viel zu lernen, und das ist ihr Daseinszweck. Sie ist eine Schule für Erwachsene, ohne Pause. Darin liegt die Bestimmung dieses menschlichen Daseins, nicht in Komfort, Reichtum, Wohlstand und Besitztümern; auch nicht in Ruhm oder in Weltverbesserung. Menschen haben vielerlei Vorstellungen. Doch das Leben ist die Schule für Erwachsene, und das Wichtigste, was wir dort lernen können, ist: Wir sollten unser Herz entfalten und es wachsen lassen. Es gibt nichts Wichtigeres zu lernen. Das ist so, als sei in einem Garten ein wunderschöner Rosenstrauch von Unkraut umwuchert. Dadurch werden ihm die Nährstoffe entzogen, und er kann nicht blühen. Niemand kann sich an seinen Blüten und seinem Duft erfreuen. Schließlich wird das Unkraut die Rosen ersticken. Das Gleiche geschieht in unserem Herzen. Der Rosenstrauch ist die Liebende Güte, die in ihm wächst. Schneiden wir das Unkraut nicht zurück, sondern lassen es weiterwuchern, wird die Herzensgüte völlig erstickt werden. Das Unkraut ist der Ärger und alle damit zusammenhängenden Emotionen.

Die meisten Menschen suchen jemanden, der sie liebt. Manche finden jemanden und sind sogar manchmal in der Lage, die Liebe zu erwidern. Aber einige haben kein Glück und finden niemanden. Sie werden verbittert und sind voller Groll. Tatsächlich funktioniert es jedoch genau andersherum: Sind wir liebevoll, so gibt es unzählige Menschen, die alle geliebt werden wollen. Wenn jemand uns liebt, bedeutet das nicht, dass wir auch lieben. Der andere empfindet Liebe. Wir empfinden sie nicht. Was wir empfinden, ist Dankbarkeit, dass uns jemand liebenswert findet. Dabei handelt es sich wieder um eine Ich-Bestärkung. Andere zu lieben verkleinert das Ego.

Je mehr Liebe wir zu geben vermögen, desto mehr Menschen können wir in sie einschließen und über desto mehr Liebe verfügen wir. Je mehr Liebe wir hervorbringen, desto mehr tragen wir in uns. Das ist eine ganz einfache Gleichung, doch nur wenige Menschen sehen das so. Alle suchen nur nach noch mehr Menschen, die ihnen Liebe schenken. Das ist widersinnig. Aber in unserem Leben gibt es so viele Absurditäten.

Das entspricht einer anderen der elf Wohltaten, von denen der Buddha gesprochen hat: «Man wird von menschlichen und nichtmenschlichen Wesen geliebt.» Dehnen wir unsere Liebe auf andere aus, fühlen sie sich von uns angezogen. Es herrscht kein Mangel an Menschen, die uns lieben. Wir lieben sie nicht deshalb, weil wir ihnen etwas geben wollen, nicht, weil sie es brauchen; nicht, weil sie es wert sind, sondern einzig und allein weil unser Herz geschult ist, nichts anderes zu tun. Nehmen wir an, ihr seid im Rechnen geübt. Gibt man euch eine Reihe von Zahlen vor, werdet ihr sie addieren können. Wie sonst könntet ihr das Resultat herausfinden? Euer Geist wurde dementsprechend geschult. Wurde das Herz geschult, dann wird es Liebe ausströmen, gleichgültig was passiert.

«Die *Devas* beschützen uns.» *Devas* sind Wesen von anderen Daseinsebenen, Schutzengel. Jemand, der seine Liebe auf andere ausdehnt, wird beschützt. Manch einer wird dagegenhalten: «Behandeln dich andere schlecht und du reagierst mit Liebender Güte, dann werden sie dich für einen Weichling halten und dich übervorteilen.» Tun sie das – und das ist wahrscheinlich, weil Menschen nun mal so veranlagt sind –, dann führt das zu schlechtem *Karma*. Aber ein gütiger Mensch kann niemals verlieren. Wie könntet ihr die Liebe verlieren, die ihr im Herzen tragt? Übervorteilt euch jemand, dann ist das wieder ein Augenblick, in dem sich erweist, was euer Herz gelernt hat. Empfindet ihr Groll, oder könnt ihr dem Betreffenden tatsächlich liebevoll und mit Herzensgüte begegnen? Wir können überprüfen, ob wir unsere Arbeit getan haben oder nicht. Natürlich schließt Liebe die Rücksichtnahme auf die Rechte der anderen ein. Einem Menschen, der andere übervorteilt, mangelt es an Liebe. Die Angst, Nachgiebigkeit zu zeigen, ist ein Trugschluss, weil Liebe Kraft gibt und nicht schwächt. Jemand, der von Liebender Güte erfüllt ist, fühlt sich sicher und beschützt, vollkommen unbeschwert, weil nichts und niemand ihn erschüttern kann. Liebe macht stark, nicht schwach. Ist sie jedoch mit Leidenschaft verknüpft – oft wird fälschlich angenommen, dies müsse der Fall sein –, dann schwächt sie, weil sie Abhängigkeit erzeugt. Nur wenn man sie im eigenen Herzen empfindet und sie dort entwickelt hat, wird sie ein Fels in der Brandung sein. Der Schutz, der einem dann zuteil wird, beruht auf der eigenen Lauterkeit.

«Der Geist ist schnell gesammelt.» Dies ist eine andere der elf Wohltaten, die durch Liebende Güte entstehen. Aus diesem Grund beginnen wir jede Meditationssitzung mit liebevollen Gedanken an uns selbst. Der Geist kann sich nicht sammeln, ohne die drei Grundlagen geschaffen zu haben: Gebefreudigkeit, ethisches Verhalten und Liebende Güte. Das sind die drei Säulen der Meditation, auf sie stützt sich die Meditationspraxis. Damit wir uns sammeln können, ist es absolut unverzichtbar, Herzensgüte zu empfinden. Denn sie ruft im Geist Ruhe und Frieden hervor. Mangelt es daran, so können uns zusätzliche Herzensgüte-Meditationen bei Beginn jeder Sitzung helfen, diese Liebende Güte zu entwickeln.

Liebt man sich nicht, kann man unmöglich andere lieben. Sich selbst zu lieben heißt aber nicht, sich zu verwöhnen. Es bedeutet nicht, dass man es ununterbrochen sehr bequem haben muss, keine Mücken duldet und immer nur das essen will, was man gewohnt ist. Das ist Verzärtelung und keine Liebe. Das ist Dummheit. Die Liebe, die eine Mutter für ihr Kind empfindet, ist von Weisheit durchdrungen. Verwöhnt sie das Kind, wird es später teuer dafür zahlen müssen und die Mutter ebenfalls. Eine wirklich liebende Mutter wird ihr Kind nicht verwöhnen. Sie wird es mit Liebe und Weisheit erziehen und – aus Liebe – verlangen, dass es sich an gewisse Verhaltensrichtlinien hält. So müssen wir auch mit uns verfahren. Wir müssen einige Verhaltensregeln beachten, weil wir uns selbst lieben. Zu einem Meditationskurs kommen und die Sitzungen bis zum Schluss mitmachen – das ist sich selbst lieben.

Die Sammlung, die jeder Meditierende erreichen möchte, beruht wirklich auf Liebender Güte. Ebenso beruht sie auf Übung. Wo es an Übung fehlt, kann stattdessen jedoch Herzensgüte diese Sammlung ermöglichen.

«Man hat ein strahlendes Aussehen.» Das bedeutet, man hat einen liebenswürdigen Gesichtsausdruck. Das bringt weit mehr für unser gutes Aussehen, als alle Kosmetik die man in der Drogerie kaufen kann. Wer sich wünscht, schön wiedergeboren zu werden, braucht diese Zutat. Ein junger Mensch kann gut aussehen, ohne dass viel Schönheit in ihm ist. Ist man aufmerksam, kann man jedoch oft auch die wirkliche Schönheit eines Menschen erkennen. Der Buddha hat auf manche Menschen so großen Eindruck gemacht, dass sie ihm gefolgt sind und seine Schüler wurden, nachdem er nur einmal an ihnen vorbeigegangen war. Rahula, des Buddhas Sohn, war einmal stolz darauf, dass er so schön wie sein Vater aussah. Sofort wies der Buddha ihn zurecht, indem er sagte: ‹Jegliche Erscheinungsform sollte man folgendermaßen betrachten: Das gehört nicht mir, das bin nicht ich, das hat keine Substanz.›

Eine andere der elf Wohltaten ist: «Feuer, Gift und Pfeile werden einen nicht verletzen.» Heutzutage benutzen die Menschen kaum noch Pfeile, statt dessen benutzen sie Pistolen oder Knüppel. Feuer und Gift finden aber immer noch Verwendung. Hier ist nicht unbedingt gemeint, dass man unüberwindlich wird, sondern dass Menschen mit viel Herzensgüte sich normalerweise nicht mehr in derartigen Situationen wiederfinden. Geschieht es dennoch, dann ist ihr Herz davon nicht betroffen. Vielleicht ihre Besitztümer, doch nicht ihr Herz. Im Herzen ist man unüberwindlich, weil man nicht mehr hassen kann.

«Man stirbt nicht in Verwirrung.» Wir alle werden sterben. Der Augenblick des Todes ist bedeutsam, weil er der Moment der Wiedergeburt ist. Eigentlich ist er unser Geburtstag. Alle reden vom Tod als von etwas Traurigem, das von Kummer erfüllt ist. Wird der Tod bewusst erfahren, mit Gewahrsein und voller Herzensgüte, dann ist er ein guter Geburtstag. So ist das, falls man kein *Arahant* ist. Unsere gewohnheitsmäßige Art zu denken und zu fühlen wird uns bis ans Lebensende, bis zum Augenblick des Todes begleiten. Das gewohnte Denkmuster kann nicht plötzlich verändert werden. War es von Liebender Güte geprägt, dann werden Gewahrsein, keine Angst, Frieden und Sicherheit im Herzen sein. Der Augenblick des Todes muss ein gewinnbringender Moment sein, weil er der Beginn eines ganz neuen Lebens ist.

Entwickeln wir diese Herzensgüte, dann ist das von großem Nutzen. Jemand hat mal – völlig zu Recht – gesagt: «Das ist ein Egotrip.» Stimmt. Solange wir über ein Ich verfügen, ist jeder Trip ein Egotrip. Zumindest führt dieser Trip aber in die richtige Richtung. Diese Reise bringt uns zum letztlichen Ziel – der Ego-Losigkeit. Denn je mehr Liebende Güte im Herzen ist, desto weniger Ich. Nimmt man andere Menschen in sein Herz auf, dann muss das Ich Platz machen. Natürlich profitieren die anderen davon, aber das ist eine sekundäre Überlegung. Der Einzige, den wir zur Befreiung führen können, sind wir selbst. Jeder muss diesen Weg allein gehen. Aber jeder, der mitgehen will, ist willkommen.

Mitgefühl

Unser zweiter Freund ist das Mitgefühl (*Karuna*). Dessen Widersacher ist die Grausamkeit. Sein naher Feind ist das Mitleid. Mitleid wird als naher Feind bezeichnet, weil es dem Mitgefühl so ähnlich zu sein scheint. Es kommt ihm sehr nahe, und dennoch ist Mitleid ein Feind. Mitleid empfinden wir *für* jemanden, Mitgefühl empfinden wir *mit* jemandem. Mitgefühl bezeichnet ein Sich-Einfühlen, mit einem anderen Wesen empfinden.

Mitgefühl entsteht, wenn wir das Leid, die Unzulänglichkeit in uns erkennen. Erst das befähigt uns, mit anderen zu fühlen. Andernfalls ist man noch immer der Illusion erlegen, mit einem selbst sei alles in Ordnung und nur den anderen Menschen ergehe es schlecht. Sieht man jedoch ganz klar all die Unzulänglichkeiten immer wieder bei sich selbst auftreten – Zu- und Abneigung, Bedauern und Groll, Angst und Sorgen, Spannungen –, dann weiß man, dass wir alle denselben Dingen ausgesetzt sind. Hat dann jemand eine schwere Zeit, kann man mitfühlen, weil man um die eigenen Probleme weiß.

Mitgefühl ist ein wunderbarer Ausgangspunkt für die Liebe. Können wir echtes Gefühl für einen anderen entwickeln und spüren, wie schwierig seine momentane Lage sein muss, dann ist es nicht mehr weit bis zur Herzensgüte.

Wiederum aber dürfen wir keinen Unterschied zwischen den Menschen machen, was wir zumeist tun. Normalerweise können wir für jene Menschen Mitgefühl aufbringen, denen wir uns durch Gemeinsamkeiten verbunden fühlen. Sie mögen zur gleichen Gruppe, zur gleichen Region, zum gleichen Land, zur gleichen Nachbarschaft oder zum gleichen Club gehören – etwas, woran uns gelegen ist, etwas, das wir «mein» nennen, das also unserer Wahl entspricht. Diese Wahl, die wir treffen, trennt uns voneinander, und wo immer wir hingehen, wird diese Trennung vorhanden sein. Das ruft all die Zwietracht zwischen den Menschen hervor.

Unser Getrenntsein voneinander beruht auf unserer Vorstellung von einem Ich. Das bin ich, und ich muss mich schützen und verteidigen. Das Ich fühlt sich so oft bedroht, dass man dieses Ich gar nicht richtig kennt. Wir wissen nicht, was dieses Ich eigentlich ist. Wir nehmen bloß seine Bedrohung und die damit verbundene Angst wahr. Wenn Angst da ist, gibt es kein Mitgefühl, denn Angst gründet auf Hass. Wir fürchten nur, was wir nicht mögen. Was wir lieben, das fürchten wir nicht. Je mehr Angst im Herzen ist, desto weniger Mitgefühl gibt es dort. Angst basiert immer auf der Vorstellung von einem Ich. Ein *Arahant* ist vollkommen frei von Angst. Ein Erleuchteter hat keine Angst. Es gibt nichts zu fürchten, weil es nichts zu gewinnen und nichts zu verlieren gibt. All dies wird bedeutungslos. Je größer das Ego, desto größer die Angst. Angst vor Dunkelheit, Angst vor Dieben, Angst vor schlechtem Wetter, Angst vor der Zukunft – jegliche Angst. Angst beruht stets darauf, dass wir dieses illusorische «Ich» zu schützen versuchen. Je mehr wir dieses Ich beschützen wollen, desto weniger Mitgefühl können wir empfinden.

Mitgefühl kann natürlich auch nur ein Lippenbekenntnis sein. Wir können so tun als ob, die meisten von uns sind darin sehr gut. Eines Tages kam Pessa, der Sohn eines Elefantenführers, zu dem Buddha und sagte zu ihm: «Ich habe kein Problem mit Elefanten. Sie tun genau das, was sie anscheinend tun wollen. Sie haben eine Absicht, die ich erkennen kann, und folgen dann dieser Absicht. Mit Menschen habe ich dagegen viele Probleme. Sie sagen das eine und tun dann etwas anderes.» Der Buddha antwortete: «Das stimmt. Der Elefant lebt im Dschungel, aber der Mensch lebt in einem geistigen Dschungel.» Menschen sagen etwas und meinen oder tun etwas anderes. Das Schlimmste daran ist, dass wir uns dessen noch nicht einmal bewusst werden. Wir denken, das müsse so sein. Für uns beruht dieses Verhalten auf Konventionen, Brauch oder Tradition, sodass wir unsere Gedanken, Worte und Handlungen nicht gründlich hinterfragen.

Nur wenn wir uns selbst mit schonungsloser Ehrlichkeit betrachten, werden wir je verstehen, was der Buddha gelehrt hat. Er hat über das gesprochen, was mit jedem von uns passiert. Oberflächlich gesehen scheinen sich die Menschen sehr voneinander zu unterscheiden, und doch verbindet alle eine Einheit. Wir haben alle den gleichen Ursprung, und wir suchen alle dasselbe und gehen in dieselbe Richtung. Die Unterschiede, die wir finden, sind beliebig. Sie alle beruhen auf dem Ich-Konzept.

Jeder denkende Mensch beklagt die Tatsache, dass es keinen Frieden zwischen den Nationen gibt. Wir alle würden gerne Frieden auf der Erde sehen. Offensichtlich gibt es diesen Frieden nicht. In unserem Jahrhundert herrschte fast die ganze Zeit über irgendwo Krieg. Jedes Land hat ein enormes Verteidigungssystem, wofür eine Menge an Energie, Geld und Arbeitskräften benötigt wird. In dem Moment, in dem jemand auch nur die geringste unfreundliche Bemerkung macht oder sich in Richtung einer territorialen Überschreitung bewegt, verwandelt sich dieses Verteidigungssystem in ein Angriffssystem. «Wir müssen unsere Landesgrenzen verteidigen, um die Bewohner zu schützen», lautet die Rationalisierung und Rechtfertigung. Abrüstung ist eine Hoffnung und ein Gebet, aber nicht die Wirklichkeit. Warum das so ist? Abrüstung muss im Herzen jedes einzelnen Menschen beginnen, sonst wird es im Großen nie zu einer Abrüstung kommen.

Angriff und Verteidigung finden nicht nur ständig im Großen statt, sondern auch unaufhörlich in uns. Wir verteidigen dauernd unser Selbstbild. Sobald uns jemand schief ansieht oder uns nicht genug Wertschätzung und Liebe entgegenbringt, wird diese Verteidigung zum Angriff. Wir begründen das damit, diese «Person», dieses «Land», das «Ich», verteidigen zu müssen, um den Bewohner, das «Selbst», zu schützen. Weil das fast jeder Mensch auf dieser Erde tut, verhalten sich auch sämtliche Nationen so. Dies wird sich niemals ändern, wenn sich nicht jeder einzelne

Mensch ändert. Also muss jeder einzelne von uns den Frieden in seinem Inneren erarbeiten. Dies kann geschehen, wenn das Ich etwas reduziert wird. Das Ich nimmt aber nur dann ab, wenn wir mit schonungsloser Klarheit sehen, was in uns vorgeht.

Wir können das beispielsweise tun, indem wir unseren Gedanken Etiketten geben. Dabei findet man endlich heraus, was für einen Gedankenmüll man produziert, und hat weniger großartige Vorstellungen von der eigenen Person und den eigenen gedanklichen Fähigkeiten. Dies ist ein Aspekt der Meditation.

Eine andere Gelegenheit, schonungslos ehrlich mit sich selbst zu sein, ist es, sich selbst zuzugestehen, dass man unangenehme Gefühle hat und damit nicht umgehen kann. Man erkennt, dass man ständig nach Befriedigung der sinnlichen Wünsche strebt. Diese klare Ehrlichkeit bewirkt, dass das Ich etwas reduziert wird. Wenn man das tut, wird Mitgefühl möglich – echtes Mitgefühl, statt des bloßen Wortes. Worte sind oberflächlich. Sie stehen jedem zur Verfügung, der sprechen kann. Kleine Kinder ab sechs Jahren sind beispielsweise in der Lage, die Lehrrede über die Liebende Güte zu wiederholen. Das klingt alles ganz hübsch, aber was bewirkt es? Die Wiederholung dieser Worte kann kein Gefühl erschaffen, und doch leben wir nach unseren Gefühlen. Deshalb ist es so wichtig, dass wir unsere Gefühle kennen. Wir glauben, dass wir gemäß unseren Gedanken leben, aber das stimmt nicht. Erst kommt das Gefühl, dann die Reaktion. Danach folgt der gedankliche Prozess, der die Reaktion rechtfertigt.

Es ist von allerhöchster Wichtigkeit, dass wir unsere Gefühle verstehen. Es ist wesentlich. Wie können wir jemals wissen, was es bedeutet, zu lieben oder Mitgefühl zu empfinden, wenn wir es nicht fühlen? Wir wissen vielleicht etwas davon, aber wie können wir es in die Tat umsetzen, wenn wir es nicht fühlen? Befreiung liegt nicht im «Wissen», sondern im «Fühlen». Jeder Mensch kennt seinen Namen, aber gleichzeitig fühlt auch jeder, dass der Name dieses besondere «Ich» beschreibt. Wir können das Selbst fühlen. Um das Nicht-Selbst zu erreichen, müssen wir auch das fühlen. Mitgefühl entspringt dem Herzen und erfordert keinen besonderen Grund, keine besondere Bedingung. Es kann ganz bedingungslos sein. Wir brauchen also nicht auf bestimmte Anlässe zu warten, etwa dass jemandem ein Unglück zustößt oder dass er oder sie krank wird. Müssten wir darauf warten, um Mitgefühl entwickeln zu können, so gliche das einem An- und Ausschalten – wahrscheinlich wären wir mehr aus- als eingeschaltet. So reagiert kein mitfühlendes Herz. Es empfindet jederzeit Mitgefühl in dem Bewusstsein, dass wirklich jeder leidet. Es ist in der ersten Edlen Wahrheit, die der Buddha gelehrt hat, enthalten: Niemand ist frei von Leid, denn Leben – Dasein – ist Leid. Das muss nicht unbedingt tragische Dimensionen annehmen. Es bedeutet einfach, dass alles, was geschieht, Schwierigkeit und Irritation beinhaltet, dass wir ständig den Wunsch haben, mehr von etwas zu bekommen oder dass es so bleibt, wie es ist; oder dass es anders wird. Außer den *Arahants* verfügt kein Mensch über Gleichmut. Darum ist Mitgefühl jederzeit notwendig, nicht nur wenn große Tragödien stattfinden.

Mit anderen mitfühlen können wir nur, wenn unser Ego kleiner wird. Die Wurzel der Schwierigkeiten, die wir Menschen miteinander haben, ist die Besorgnis um das Ich. Weil jeder damit beschäftigt ist, kann niemand sich wirklich in einen anderen Menschen einfühlen. Wer dies vermag, hebt sich deutlich von allen anderen ab. Dass sich dies so verhält, ist traurig und absurd, weil eben nur dieses Mitgefühl und diese Herzensgüte denjenigen, der sie hat, glücklich machen. Aber den meisten Menschen fehlt es daran. Wirkliches Glück findet man ganz selten irgendwo vor. Doch sind diese beiden Empfindungen im Herzen der Menschen ein Quell der Freude, weil sie das Ego verkleinern. Wer nur ichbezogen ist, findet wenig Freude. Denn daraus, dass man sich seine ichbezogenen Wünsche erfüllt, gewinnt man keine Zufriedenheit. Dies führt niemals zur Beendigung unserer Probleme, weil andauernd neue auftauchen. Wer aber loslässt und seine Aufmerksamkeit auf die allgegenwärtige Unerfülltheit richtet, der jedes Lebewesen unterliegt, kann nicht nur deren allumfassenden Charakter erkennen, sondern auch, dass dem eigenen Leid wirklich keinerlei Wichtigkeit zukommt. Es gehört zur Gesamtheit des Daseins. So entsteht Mitgefühl für uns selbst und für alle Wesen. Und die Entschlossenheit, allem Leid ein Ende zu bereiten, gewinnt die Kraft, die wir benötigen, um dies in die Tat umzusetzen.

Mitfreude

Der nächste unserer vier Freunde ist die Mitfreude (*Muditā*), das heißt die Freude über andere, die freudige Anteilnahme. Der Widersacher dieses Gefühls ist, wie leicht ersichtlich wird, der Neid. Sein naher Feind ist Heuchelei oder Scheinheiligkeit, wenn man das eine sagt und etwas ganz anderes meint. Wenn beispielsweise jemand Glück gehabt hat, fühlt man sich bemüßigt zu gratulieren, ohne Freude zu empfinden, oder, noch schlimmer, man sagt freundliche Worte und fühlt im Inneren Neid, indem man denkt: «Warum passiert mir nie so was – warum immer nur den anderen?»

Freude mit anderen zu empfinden ist das beste Gegenmittel bei Depression. Jedem, der unter Depressionen leidet, fehlt die Mitfreude, das Gefühl der freudigen Anteilnahme. Man kann nicht ständig Gelegenheit haben, sich am eigenen Leben zu erfreuen. Derjenige, dem es gelingt, die Freude anderer mitzuempfinden, findet stets ein Stück vom Glück – auch für sich selbst.

Man kann sich ebenso an den Fähigkeiten anderer erfreuen. Den meisten Menschen fällt es ungeheuer schwer zuzugeben, dass ein anderer vielleicht talentierter ist. Widerwillig wird eventuell zugestanden: «Na ja, das schafft der ja ganz ordentlich, aber ...», unmittelbar gefolgt von einer Herabsetzung. Dabei könnten wir Freude darüber empfinden, dass ein anderer etwas zustande bringt, das wir selbst nicht können. Es gibt so vieles, was andere besser können als wir selbst. Manche können singen, andere malen, wieder andere tanzen wunderbar. Dann gibt es Menschen, die Sprachen beherrschen, andere, die es zu Geld bringen, und wieder andere, die es schaffen, ganz ohne Geld glücklich zu sein. Jeder hat Fähigkeiten. Das gibt uns unzählige Anlässe, uns daran zu erfreuen.

Die Freude mit anderen zu empfinden ist auch eine Möglichkeit, sich selbst gutes *Karma* zu schaffen. Ich war einmal in einem Dorf, in welchem es eine besondere Glocke vor dem Tempel gab. Wer immer in diesem Dorf ein bisschen Glück hatte, ging hin und ließ diese Glocke erklingen. Wenn beispielsweise eine gute Ernte eingebracht wurde, wenn die Tochter heiratete, wenn jemand geheilt aus dem Krankenhaus heimkam oder ein gutes Geschäft abgeschlossen worden war, wenn das Dach neu gedeckt war: Alles, was Freude bereitete, wurde mittels der Glocke dem ganzen Dorf verkündet. Und wann immer diese Glocke erklang, eilten die Menschen herbei, freuten sich für den Betreffenden und sagten: «Gut gemacht!» Und derjenige, der die Glocke geläutet hatte, schuf sich selbst gutes *Karma*, indem er alle an seiner Freude teilhaben ließ. Und die anderen erzeugten gutes *Karma*, indem sie sich selbstlos mit dem Glücklichen freuten.

Leider haben die meisten Dörfer und Städte keine solchen Glocken. Wir müssen schon unsere eigene Glocke läuten. Das ist etwas ganz Wichtiges, woran wir uns immer wieder erinnern müssen: Wir sollten uns unablässig und unter allen Umständen daran erinnern, was Buddha lehrte, und dieser Lehre folgen. Wir dürfen nicht nur bei besonderen Anlässen daran denken oder wenn sich ein Unglück ereignet. Wir sollten zu allen Zeiten an diese Lehren denken, denn nur sie sind das Rezept für ein glückliches und friedvolles Dasein. Der Buddha sagte: «Ich lehre nur eines, und das ist das Leiden und der Weg zu seiner Beendigung.» Er hat uns ein gigantisches Versprechen gegeben – und er hat es eingehalten. Das, was er lehrt, bedeutet das Ende des Leidens. Erinnern wir uns nicht daran, dass er sagte, nur das Ego sei die Wurzel allen Übels, dann haben wir seine Lehre vergessen. Anstatt nur gelegentlich daran zu denken, sollten wir seine Lehre ständig im Herzen und im Geist mit uns tragen.

Gleichmut

Der letzte unserer vier Freunde ist die Krönung aller Emotionen, der Gleichmut (*Upekkhā*), ein Zustand ausgeglichenen Geistes. Sein Widersacher ist die Ängstlichkeit und die Unruhe, aber sein naher Feind, die Gleichgültigkeit, kann leicht mit dem Gleichmut verwechselt werden. Die Gleichgültigkeit ist ein Zustand des Geistes, der behauptet: «Mir ist alles egal, solange es nicht mich persönlich oder meine Familie betrifft. Weder möchte ich mich damit befassen noch mich darauf einlassen.» Gleichgültigkeit ist kalt und zurückweisend. In ihr gibt es weder Mitgefühl noch liebende Güte. Wir wollen uns einfach selbst schützen, indem wir gleichgültig werden.

Gleichmut dagegen gründet auf Weisheit und der Einsicht, dass sich alles ununterbrochen verändert, in dem Verstehen der Vergänglichkeit. Was auch immer geschieht: Es wird zu einem Ende kommen. Was auch immer sein mag – es hat keinerlei Bedeutung. Das «Tor zur Todlosigkeit» führt durch die Vergänglichkeit, die auch die Bedeutungslosigkeit beinhaltet. Im ganzen Universum gibt es absolut nichts, das wirklich bedeutend ist, außer der Befreiung. Darum entsteht Gleichmut durch die Einsicht, dass alles sich ununterbrochen wandelt. Ob uns etwas Gutes oder etwas Schlechtes widerfährt – es gibt weder Grund zum Glücklichsein noch zum Traurigsein. Es geschieht einfach nur etwas. Wir leben als die Menschen, die wir nun einmal sind, für sechzig, siebzig oder auch achtzig Jahre. Was soll denn dies Gehabe darum? Was können wir gewinnen? Wohin wollen wir gelangen? Alles geschieht einfach.

Unser Bestreben, unser Ego zu schützen, ist der einzige Grund, weshalb wir nicht wirklich gleichmütig sind. Wir befürchten, dass das «Ich» bedroht sein könnte. Dass ein Angriff auf dieses so wertvolle Selbst erfolgen könnte – und das könnte womöglich unser Leben bedrohen. Diese Sicherheit, nach der jeder Mensch strebt, ist ohnehin nur ein Mythos, eine Illusion. Es gibt keine Sicherheit. Jeder unterliegt dem Tod. Alles, was wir besitzen, ist der Vergänglichkeit geweiht. Jeder, den wir lieben, wird Opfer des Todes, des Verfalls, der Krankheit, des Vergehens. In alldem ist keine Sicherheit zu finden. Gleichmut fehlt uns immer dann, wenn Dinge geschehen, die wir ablehnen, und das wiederum basiert auf der Illusion, dass wir etwas hergeben mussten, das wir zu unserem Wohlbefinden unbedingt benötigten. Das ist unser Ego-Schutzverhalten. Aber sogar unser Wohlbefinden ist nur Einbildung, weil es gar nichts gibt, das uns für immer glücklich machen und diesen Zustand auch erhalten könnte.

Gleichmut bedarf mehr als den bloßen Entschluss. Entschlossenheit ist hilfreich, aber allzu leicht kann sie auf Unterdrückung gründen. Wir neigen dazu, unsere starken Gefühle zu verdrängen. Das hilft uns in keiner Weise, weil sie immer wieder durchbrechen. Was wir auf eine Weise unterdrücken, sucht andere Auswege. Dies kann in Krankheit und Depression münden. Die Unterdrückung kann sich auf viele Arten zeigen: Wir können eine Situation wunderbar bewältigen, und in einer anderen versagen wir.

Gleichmut benötigt Einsicht, ist diese vervollkommnet, dann

ist er einer der sieben Schritte zur Erleuchtung. Vollkommener Gleichmut ist ein Privileg der Erleuchteten. Wenn wir uns jedoch jetzt nicht darin üben, wie wollen wir dann weiterkommen und wachsen?

Durch Meditation können wir beginnen, Ebbe und Flut zu erkennen – zu bemerken, wie der Geist ununterbrochen fließt. Kann sich irgendjemand daran erinnern, was er vor zehn Minuten gedacht hat? Oder in der letzten Meditation? Keiner kann das. Wir können keinen Gedanken festhalten – wir können nichts behalten. Wenn wir beispielsweise in den vergangenen dreißig Jahren in einem bestimmten Haus gewohnt oder mit einem bestimmten Menschen zusammengelebt haben, bedeutet das noch lange nicht, dass das immer so sein wird. Weil diese Dinge eine lange Zeit über zu uns gehörten, scheinen sie Beständigkeit zu besitzen. In unserer Meditation aber können wir leicht feststellen, wie die Gedanken kommen und gehen, aber niemals bei uns bleiben. Weshalb sorgen wir uns also, wenn alles wieder verschwindet? Es gibt nur immerwährendes Fließen, immerwährende Veränderung.

Solange all dies geschieht, gibt es Menschen. Solange der Atem sich bewegt, das Blut pulsiert, die Zellen zerfallen und sich wieder neu bilden – genauso lange wird es Menschen geben. Hört das alles auf, bleibt nur ein lebloser Körper. Ohne dieses Fließen, das Hin- und Herbewegen würde es uns nicht geben.

Deshalb versuchen wir mit allen Mitteln, alles festzuhalten. «Das bin ich und ich will, dass es jeder weiß! Ich habe einen Namen und gewisse Menschen und Besitztümer gehören mir. Ich habe Meinungen und Ansichten und will sichergehen, dass jeder sie kennt.» Das ist der Versuch, eine konstante Persönlichkeit zu konstruieren. Dennoch kann ein Mensch nur durch ständige Veränderung existieren. Irgendwann wird sich diese Veränderung darin zeigen, dass nur noch ein Leichnam da ist. Und dann beginnt alles von vorn. Gleichmut muss auf Einsicht gründen und Akzeptanz beinhalten. Solange diese annehmende Haltung nicht vorhanden ist, existiert Leiden, ausgelöst durch Widerstand. Das Gegenteil der Annahme ist Ablehnung und Widerstand – und Widerstand tut weh. Wenn wir mit der Hand gegen ein Hindernis stoßen, dann schmerzt das. Berühren wir es dagegen sanft, dann gibt es keinen Schmerz. Die Annahme der Dinge, so wie sie sind, schafft Ausgeglichenheit, und diese wiederum schafft Sicherheit im Herzen.

Diese vier emotionalen Ebenen – die vier Göttlichen Verweilungszustände – erschaffen Sicherheit im Herzen. Wer diese vier Freunde in seinem Herzen fördert, wird Sicherheit und Frieden erfahren, weil er erkennt, dass die Welt verdammen und bezichtigen kann, aber man keine Reaktion darauf zeigen muss. Der Buddha sagt: «Ich hadere nicht mit der Welt. Die Welt hadert mit mir – aber das geht mich nichts an.» Das ist die Sicherheit, die Gleichmut schenkt.

5

Die fünf Hindernisse

Die meisten von euch haben schon von *Māra* gehört. Manche kennen seinen Namen nicht, aber ihn kennen wir alle: Er ist der Versucher. Er will uns zu vermeintlichen Vergnügungen verführen. *Māra* erschien ihm, als der Buddha kurz vor seiner Erleutchtung unter dem Bodhi-Baum saß. Offensichtlich ist *Māra* keiner, dem rote Flammen aus den Ohren schlagen und der versucht, uns in sein Reich zu verschleppen. *Māra* ist jene Versuchung, die in unserem eigenen Herzen wohnt. Wenn sogar der Buddha so kurz vor seiner Erleuchtung von *Māra* heimgesucht wurde, wenn also sogar in seinem Herzen Versuchungen aufsteigen konnten – was können dann wir erwarten?

Der Unterschied liegt darin, dass der Buddha wusste, mit wem er es zu tun hatte. Er wusste es, und wir wissen es meistens nicht. Wir rationalisieren und rechtfertigen. Ich habe einmal einen Aufkleber an einem Auto gesehen, auf dem zu lesen war: «Was sich gut anfühlt, muss richtig sein.» Vieles kann sich gut anfühlen, sogar jemanden zu töten kann sich möglicherweise gut anfühlen, während man es tut.

Die Versuchungen in unseren Herzen sind unsere Verunreinigungen, unsere unterschwelligen Neigungen, die immer wieder Chaos auslösen. Weil wir nicht zugeben wollen, dass wir etwas in uns tragen, das geläutert werden muss, rechtfertigen wir uns auf jede nur mögliche Weise. Manche sagen: «Nun, ich sollte doch Spaß am Leben haben», oder «Ich empfinde so, also brauche ich das auch.»

Die Versuchungen in unserem Herzen sind praktisch ständig gegenwärtig, und weil wir sie nicht erkennen, befinden wir uns oft in einem Dilemma. Wir werden hin- und hergezerrt. Nehmen wir diesen Augenblick als Beispiel: Wir wissen, dass es wichtig ist, dem *Dhamma* zu lauschen, aber wäre Schlaf nicht ebenfalls recht angenehm? Wären wir allein, wäre es sehr gut möglich, dass wir einfach aufstehen und ins Bett gehen würden.

Māra ist immer da. Er will uns stets den bequemsten Weg einreden und uns zu neuen Sinnenfreuden führen, ohne zuzugeben, dass durch die Sinne keine wahre Freude entstehen kann, weil sie nicht anhält.

Der Buddha sagte, dass es fünf Geisteszustände gibt, die jedermanns Feinde sind: Die fünf Hindernisse. Wir verfügen alle darüber und werden von ihnen in Versuchung geführt. Die beiden ersten sind die schlimmsten mit den bedeutendsten Konsequenzen.

Sinnesbegierde

Der erste Feind ist die Sinnesbegierde. Sie ist nur schwer zu erkennen, weil sie gesellschaftlich anerkannt ist. Jede Anzeige, jede Fernsehwerbung, jedes Geschäft und Schaufenster sind darauf angelegt, Sinnesbegierden zu erwecken. Je mehr Menschen in der Lage sind, sich ihre Wünsche in Form von größeren Autos, neueren Häusern und schönerer Kleidung zu erfüllen, desto erfolgreicher erscheinen sie. Da die Erfüllung dieser Sinnesbegierden momentane Freude schenkt, scheint es sich um etwas Gutes zu handeln: «Es fühlt sich gut an, also muss es richtig sein.» Leider hält der Glanz nicht lange an. Es wird niemand vorgeworfen, bloß weil er versucht, sich seine Wünsche zu erfüllen. Aber es ist nur ziemlich erstaunlich, dass wir uns dessen kaum bewusst werden.

Mit dem zweiten Feind verhält es sich ganz anders: Er ist das

Übelwollen, der Zorn. Dieser Feind wird ständig angeklagt. Er verschafft keine angenehmen Gefühle. Jeder versucht ununterbrochen, ihn loszuwerden. Manchmal versuchen wir natürlich zu rechtfertigen: «Ich musste ja ärgerlich werden, wenn er/sie sich in dieser Weise verhält.» Aber dieses Verhalten wird gesellschaftlich nicht gebilligt, und es bringt keine Freude. So hat auch niemand den Eindruck, dass es sich um etwas Gutes handelt. Wut, Böswilligkeit, Ablehnung und Groll, Zurückweisung und Angst sind nicht angenehm, und wenn jemand sehr wütend wird, sieht man ihn als schuldig an.

Sich Sinnesbegierden zu erfüllen bereitet Freude. Dennoch ist es gleichermaßen ein Feind wie Zorn und Böswilligkeit. Sie sind die beiden Seiten einer einzigen Münze. Wünsche erschaffen Gier, die meist durchkreuzt wird. Normale Menschen können nicht all ihre Sinnesbegierden erfüllt bekommen. Je mehr man davon hat, desto weniger werden erfüllt. Dann ärgert man sich darüber, dass man nicht bekommt, was man will. Aber es kann niemand immer all das bekommen, was er sich wünscht. Das ist unmöglich.

Diese beiden Feinde schaffen uns Probleme im Alltag und erschweren uns auch die Praxis der Meditation. Wenn jemand sich überlegt hat – und ich behaupte, dass das einige unter euch getan haben –, warum die Sammlung bei der Meditation so schwerfällt, dann sind diese beiden Gründe dafür ausschlaggebend.

Die Sinnesbegierde fordert: «Ich will bequemer sitzen. Ich möchte jetzt lieber schlafen oder reden oder spazieren gehen. Es ist zu heiß, und ich will duschen. Ich habe Hunger. Ich muss etwas trinken. Ich fühle mich nicht wohl, deshalb kann ich jetzt nicht meditieren.» Diese Sinneswünsche stellen ununterbrochen ihre Forderungen.

Das wird erst dann aufhören, wenn die Meditationserfahrung eine weit größere Befriedigung bringt, als es alle sinnlichen

Wünsche vermögen. Damit sind im besonderen das Glücksgefühl und die Ruhe gemeint, die durch die Sammlung hervorgerufen werden. Erst dann verschwindet die Sinnesbegierde für eine kurze Zeit oder die Dauer der Meditation. Beileibe nicht für immer, aber immerhin für diese kurze Zeitspanne.

Weil wir mit unseren Sinnen geboren wurden und aufgewachsen sind, wollen wir ihnen etwas zu tun geben. Wie wir unseren Körper ernähren, so wollen wir auch die Sinne nähren. Andernfalls würden wir krank werden.

Eine Trainingsmethode für die ersten Astronauten in Amerika bestand darin, dass sie in einen Raum gesperrt wurden, in dem es keine Schwerkraft und keinerlei Sinnesreize gab. Dieser Raum war absolut lautlos. Es gab nichts zu sehen, alles war grau. Die Nahrung war geschmacklos. Die Astronauten mussten klingeln, wenn sie es nicht mehr aushielten. Die längste Zeit, die es einer in diesem Raum aushielt, waren acht Stunden.

Nahrung für die Sinne ist notwendig, und wir sind davon abhängig. Diese Abhängigkeit verschafft uns die Illusion, dass es das Wichtigste ist, dass wir etwas Schönes sehen, hören, schmecken, riechen und fühlen und dass wir angenehme Gedanken denken.

Leider kann diese Richtung im Leben nicht erfolgreich sein, obwohl sie von all jenen Menschen verfolgt wird, die dem *Dhamma* nicht folgen. Hier handelt es sich um trügerisches Katzengold: Es glitzert zwar, aber es ist wertlos, weil es keinen Bestand hat.

Stellen wir uns vor, dass wir eine ausgezeichnete Mahlzeit zu uns nehmen, und sagen: «Das ist sehr gut.» Nun fordert uns ein Freund auf, doch weiterzuessen, weil es uns so gut schmeckt – die ganze Nacht lang. Was für ein Elend das hervorrufen würde! Der Genuss einer Mahlzeit bleibt immer auf eine gewisse Zeitspanne beschränkt. Dann ist man satt und nichts geht mehr.

Genauso ist es mit der Erfüllung jedes sinnlichen Begehrens.

Wenn es zu lange andauert, verliert man jede Freude daran. Ja, der Genuss wird zur Qual. Und dennoch sucht die ganze Welt genau nach diesem Genuss der momentanen Befriedigung. Die Menschen betrinken sich, nur weil sie nach einem Genuss suchen. Trunkenheit ist aber offensichtlich kein Genuss. So sind alle Bestrebungen, durch die Erfüllung sinnlicher Begierden Glück zu finden, zum Scheitern verurteilt.

Die Sinne sind lediglich physische Manifestationen. Durch die Sinne kann weder gutes noch schlechtes *Karma* erworben werden. Das kann nur durch den Geist geschehen. Wenn wir an der Befriedigung der Sinnesbegierden festhalten, entsteht schlechtes *Karma*.

Es gibt Menschen, die ihre sinnlichen Gelüste durch Alkoholkonsum befriedigen, indem sie anderen weh tun, durch Drogen oder durch Sex. Das alles sind sehr grobe Sinnesfreuden, die überdies recht schädliche Auswirkungen haben. Andere finden Freude daran, die Natur zu beobachten oder schöner Musik zuzuhören. Dies sind ebenfalls Sinnesfreuden, aber von wesentlich feinerer Art.

Das Elend entsteht durch unseren Wunsch, zu besitzen, festzuhalten und immer wieder die gleichen Annehmlichkeiten erleben zu wollen. Viele Menschen reagieren so, wenn sie beispielsweise eine schöne Blume sehen und diese pflücken. Warum kann sie nicht stehenbleiben, um auch andere zu erfreuen? Nein – das, was schön ist, will man besitzen.

Sinnesfreuden verfeinern sich dann, wenn ein Mensch Reinheit entwickelt. Auch die geringste Kleinigkeit kann und darf uns erfreuen. Die Gefahr liegt in diesem ewigen Habenwollen. Erst dies löst Unzufriedenheit aus, weil nie alle Wünsche in Erfüllung gehen können. Wir hinken immer hinterher. Es gibt immer etwas, das noch schöner anzusehen, anzuhören, anzufühlen ist. Das erschafft Unruhe, weil wie nie völlig zufrieden sein können.

Weil diese Unerfülltheit unser Inneres beherrscht, suchen wir den Fehler bei dem Objekt unserer Wünsche. Es muss doch etwas ganz Wunderbares geben! Danach durchforschen die Menschen die ganze Welt. Heutzutage wird es einem sehr leicht gemacht, auf unserem Globus herumzureisen. Wir brauchen nur ein Flugticket. Die Menschen suchen unermüdlich nach neuen Anregungen, neuen Umgebungen, neuen Erfahrungen. Das Sammeln von Erfahrung ist zur Besessenheit geworden. Aber auch das befriedigt nicht. Keine jemals gemachte Erfahrung bleibt uns erhalten. Alles vergeht und wird Erinnerung. Es mag sogar nützlicher sein, Briefmarken statt Erfahrungen zu sammeln. Diese kann man wenigstens betrachten.

Sinnesbegierde wurde von dem Buddha mit dem Schuldnersein verglichen. Wenn man ein Haus besitzt, der Bank aber Geld schuldet, muss man jeden Monat die Raten samt Zinsen zahlen. Vielleicht wird das Haus eines Tages einmal ganz bezahlt sein. Mit der Sinnesbegierde verhält es sich anders: Es verlangt immer und immer wieder seinen Tribut. Wir werden wieder hungrig und durstig. Wir wollen mehr sehen, hören, riechen und fühlen. Der Buddha hat dieses Verhalten mit dem Bild eines Reisenden verglichen, der sich ohne Proviant auf den Weg macht. Er wird sehr hungrig und durstig. Er sieht von fern ein Dorf und freut sich, dass er bald etwas zu essen und trinken finden wird. Zu seiner Enttäuschung ist das Dorf aber total verlassen. So muss er weitersuchen, und das nächste Dorf ist ebenfalls verlassen.

Die Hoffnung auf die Erfüllung unserer sinnlichen Begierden und deren Vorwegnahme lassen sie lustvoll erscheinen. Sobald sie erfüllt sind, ist es vorbei, und neue Wünsche tauchen auf.

Der Buddha verglich die Sinnesbegierde auch mit einem Brunnen, in den verschiedene Farben geschüttet wurden. Die Leidenschaft der Begierde zeigt sich in den vielen Schattierungen, die die Klarheit unseres Geistes beeinträchtigen. Das ist unser Problem: Weil wir von Begierden besessen sind, erkennen wir nicht mehr, dass es etwas anderes gibt, was viel größere Wichtigkeit besitzt. Wir sehen nur noch unsere Wünsche und die Möglichkeit, sie zu erfüllen. Uns selbst erkennen wir nicht mehr.

Der Buddha hat uns mehrere Gegenmittel geschenkt. Das allerwichtigste Gegenmittel ist die Erkenntnis, dass Sinnesbegierde ein Feind ist, der unseren inneren Haushalt sabotiert und die Angst erschafft, dass wir nicht erreichen könnten, was wir wünschen. Er weckt auch Feindschaft gegen jene, die offensichtlich das erhalten, was wir uns gewünscht haben. Neid, Eifersucht und andere unangenehme Zustände können wir uns damit ersparen, dass wir uns nichts wünschen, was anderen gehört oder was andere erlangt haben.

Es ist grundlegend wichtig, dass wir erkennen, dass nur dies die Ursache unserer menschlichen Probleme ist: Der Wunsch nach angenehmen Situationen, nach Bequemlichkeit, nach Erfüllung, die wir oft nicht finden und die wir nicht auf Dauer halten können. Indem wir diese Begierde fallen lassen, ersparen wir uns Unzufriedenheit. Es ist allerdings unmöglich, das über Nacht zu verwirklichen oder nur dadurch, dass wir davon reden oder etwas darüber lesen. Es handelt sich um einen längeren Prozess. Der erste Schritt dazu ist das unbequeme Sitzen, ohne herumzurutschen und ohne Versuch, die unbequeme Haltung zu verändern. Ein Herauswinden aus dem Leiden ist nicht möglich, es kann auf diese Weise nicht aufgelöst werden. Leiden kann nur überwunden werden, indem man die Begierde loslässt. Ein Herauswinden erspart uns weder Schmerz noch Unzufriedenheit.

Der fehlende Komfort, den wir beim Sitzen empfinden, schenkt uns eine wunderbare Gelegenheit, etwas über Sinnesbegierde zu lernen. Wenn wir es hier nicht verstehen, werden wir es nirgendwo lernen können. Niemand lehrt diese Dinge – kein Lehrer und keine Universität –, weil alle Menschen ständig versuchen, sich das Leben so angenehm und bequem wie möglich zu machen. Hier haben wir eine einzigartige Möglichkeit, etwas über Begierde zu lernen, die Ursache allen Leidens. Wenn du bequem sitzt, ist alles in Ordnung. Alles ist wunderbar. Das ist es aber auch, wenn du dich unbehaglich fühlst. Du bist hier einer Lernsituation ausgesetzt – in deinen Beinen, in deinem Rücken oder wo immer es schmerzt.

Der Wunsch nach Bequemlichkeit und das Hin- und Herrutschen, um ihn zu erfüllen, ist genau das, was alle Menschen immerzu und überall beschäftigt. Aus diesem Grund machen sie Überstunden, reisen, suchen Unterhaltung um jeden Preis – nur um höchstmöglichen Komfort zu erlangen. Und doch ist das vergebliche Mühe. Warum wollen wir uns mit so etwas befassen? Ist es nicht so, dass man sich kaum aus einer unangenehmen Situation befreit hat, bevor schon die nächste auftaucht? Sobald eine Unternehmung ihr Ende gefunden hat, tritt schon wieder Langeweile auf. Zum Beispiel hat das rechte Bein aufgehört zu schmerzen, weil man es bewegt hat. Jetzt fängt das linke an. Vergebliche Liebesmüh! Es ist töricht, sich mit Unnützem zu befassen. Viel besser ist es, sich mit dem *Dhamma* zu identifizieren. Das *Dhamma* hat sich als richtig erwiesen. Der Buddha und alle, die nach ihm Erleuchtung erlangten, haben das bewiesen.

Knurrt unser Magen am Nachmittag, werden wir überlegen, ob es wirklich gut ist, nachmittags nichts zu essen. Uns werden all die wohlschmeckenden Dinge einfallen, die wir uns zubereiten könnten. Das ist sinnliche Begierde. Argumentiert der Geist ausdauernd genug, dann werdet ihr euren Wünschen nachgeben. Betrachtet ihr diese Wünsche aber mit einem Lächeln und macht euch klar, dass *Māra* am Werk ist, dann habt ihr das *Dhamma* erkannt. Es nützt nichts, Geschichten über *Māra* zu hören oder zu lesen. Ihr müsst wissen, wie er vorgeht, und dass er kein anderes Betätigungsfeld hat als unser eigenes Inneres. Dort geht es ihm blendend, weil wir ihm immer nachgeben.

Ein wirksames Gegenmittel für sinnliche Begierden, das uns der Buddha empfiehlt, ist die Mäßigung beim Essen. Das ist der

Grund, weshalb wir nach zwölf Uhr mittags nichts mehr zu uns nehmen sollten. Die Einschränkung der Nahrungsaufnahme bedeutet nicht, dass wir auf das Essen verzichten sollten. Wir sollten jedoch nur so viel essen, dass der Körper damit gesund bleiben kann. Es handelt sich aber um eine Begierde, die leicht erfüllt werden kann und die nicht aufhört zu erscheinen, für manche vier-, fünf- oder sechsmal am Tag. Wenn es uns gelingt, eine einzige Begierde zu überwinden, dann schaffen wir das auch mit weiteren. Ein einziger Zaun kann viele Wünsche zurückhalten. Darum sollten wir mit dem einen Wunsch beginnen, der so oft auftritt. Wir tun dies hier, indem wir Mäßigung beim Essen praktizieren.

Ein anderes Gegenmittel, welches der Buddha empfahl, ist es, nicht das Ganze zu betrachten, sondern nur die einzelnen Teile. Die meisten werden wohl schon von den zweiunddreißig Teilen des Körpers gehört haben, die der buddhistischen Tradition gemäß wie folgt aufgezählt werden:

In diesem Körper, von den Sohlen bis zur Schädeldecke, umgeben von Haut und angefüllt mit allen Unreinheiten, gibt es: Kopfhaare, Körperhaare, Nägel, Zähne, Haut, Fleisch, Sehnen, Knochen, Knochenmark, Nieren, Herz, Leber, Membranen, Milz, Lungen, Dickdarm, Dünndarm, Schlund, Kot, Gallenflüssigkeit, Schleim, Eiter, Blut, Schweiß, Fett, Tränen, Hautfett, Speichel, Rotz, Gelenkflüssigkeit, Urin und Gehirn.

Begehren wir einen Menschen übermächtig und können seine Ganzheit nicht erkennen, dann sollten wir bedenken, woraus dieser Mensch gemacht ist, und die äußere Gestalt vergessen, die doch eigentlich nur Verpackung ist. Vergegenwärtigen wir uns die Einzelteile, ehe wir uns von der äußeren Form, der Schönheit der Verpackung täuschen lassen. Es gibt diese 32

Körperteile. Betrachten wir sie einzeln, indem wir beispielsweise nur die Zähne sehen.

Es gibt eine Geschichte über einen Mönch, der zur Zeit des Buddha lebte und der offenbar ein Erleuchteter war. Ein Mann und seine Frau hatten einen schlimmen Streit, und die Frau wollte sich von ihrem Mann trennen. Sie zog sich ihre schönsten Kleider an, legte all ihren Schmuck an, weil sie all das mitnehmen wollte, und ging fort. Ihr Ehemann eilte ihr hinterher, konnte sie aber nicht finden, da sie einen Vorsprung hatte. Während dieser Mann nun die Straße entlanglief, begegnete er einem Mönch. Er fragte diesen, ob er eine hübsche dunkelhaarige Frau in einem roten Sari, behängt mit viel Gold und prächtigem Schmuck gesehen habe. Der Mönch gab zur Antwort: «Ich habe sie nicht gesehen, aber ich habe ein Gebiss vorbeigehen sehen.»

Wir verstehen das nur schwer, aber es zeigt uns, was der Buddha meinte: Wir sollen nicht die Ganzheit betrachten, weil die Menschen sich im Allgemeinen nicht in ein Gebiss verlieben! Sie verlieren sich nicht in Leidenschaft wegen eines Gebisses. Plagt uns beispielsweise der Wunsch nach einem schönen, teuren Auto und wir sehen lediglich seine äußerliche Form, kann es gut sein, dass wir uns für die nächsten zwanzig Jahre in Schulden stürzen, um es zu besitzen. Machen wir uns dagegen klar, dass dieses Auto – wie alle anderen – aus Einzelteilen besteht, wie Lenkrad, Gaspedal, Luftfilter, Motor und so weiter, dann wird dieser Wunsch wahrscheinlich seine Dringlichkeit einbüßen. Wir sehen, dass das Auto, egal, wie es aussieht, nur deshalb funktioniert, weil seine Einzelteile das tun. Das Gleiche gilt für die Person, der wir uns leidenschaftlich verbunden fühlen.

Es gibt eine Meditationsübung für Menschen, die viel Probleme mit ihren leidenschaftlichen Begierden haben. Man betrachtet dazu seine eigenen Bestandteile. Wir sind alle aus den gleichen

32 Einzelteilen erschaffen. Niemand ist anders. Wenn wir die Haut beiseite lassen, finden wir überall das Gleiche.

Das eine Gegenmittel, welches für alle fünf Hindernisse oder Feinde hilfreich ist, heißt: edle Freunde und edle Gespräche. Wer die Art von Freunden hat, mit denen er nicht über das Wetter, die Politik oder über andere Leute diskutiert, sondern über den Weg der Befreiung durch das *Dhamma*, der hat edle Freunde. Solche Freunde sind wichtig für unser Leben. Ānanda, Vetter und Schüler des Buddha, sagte eines Tages: «Ein guter Freund garantiert die Hälfte eines heiligen Lebens.» Buddha entgegnete: «Sag das nicht, Ānanda. Ein guter Freund ist das *ganze* heilige Leben.» Es gibt nichts, das einen spirituellen Freund ersetzen kann. Die wichtigste Person im Leben ist jene, die einen immer wieder daran erinnert, dass man auf dem Weg ist.

Es geht ums Erinnern. Wenn wir uns erinnern, können wir etwas unternehmen. Leider vergessen wir das die meiste Zeit. Das edle Gespräch, das wir mit so einem Menschen führen, zeigt uns immer wieder, dass unsere Probleme ausschließlich auf unseren Wünschen und Begierden basieren.

Wir nehmen nicht wahllos jedes Gift zu uns. Wir wollen unsere Körper nicht mit verdorbenen Speisen ernähren. Aus den gleichen Gründen sollten wir unseren Geist nicht mit nutzlosem – oder gar giftigem – Geschwätz nähren. Der Geist sollte dauernd von *Dhamma*-Erkenntnissen erfüllt sein, mit Rechter Rede, die aufrichtet und hilft, tröstet, beruhigt und heilt. Das ist die beste Hilfe, um unseren Weg aus den Problemen heraus zu finden, die nun mal jeden Menschen befallen.

Verfügen wir über dieses Glück, einen edlen Freund zu haben, mit dem wir edle Gespräche führen können, dann sollten wir uns für dieses Geschenk dankbar zeigen, indem wir selbst für andere so ein edler Freund sind. Edle Freunde lösen eine Kettenreaktion aus: Wir müssen nicht nur einen solchen Freund finden – wir können auch selbst einer sein.

Übelwollen

Wir sind der ständigen Versuchung ausgesetzt, uns mit unseren Feinden einzulassen. Weil diese sich in unserem eigenen Inneren befinden, ist es schwierig, sie zu erkennen. Zuallererst müssen wir versuchen, diese Feinde zu umgehen, und uns dann immer mehr läutern, bis sie schließlich nicht mehr Teil unserer Natur sind. Auf dem spirituellen Weg, dem Weg der Läuterung, Gleichberechtigung und Befreiung, verändern wir unser inneres Wesen. Ehe wir nicht damit anfangen, sind wir nicht auf dem Weg. Alles andere ist rein äußerlich. Äußerlichkeiten können zwar vergnüglich, sogar teilweise befriedigend sein, aber sie ändern nichts an unserer inneren Natur. Und nur diese Veränderung ist es, die einen weltlichen von einem edlen Menschen unterscheidet. Ein weltlicher Mensch folgt seiner inneren Natur so, wie sie ist. Ein edler Mensch hat seine innere Natur gewandelt.

Das zweite Hindernis, das so großes Chaos in unserem Inneren anrichtet – und damit auch in unserer Umgebung –, ist der Ärger oder das Übelwollen. Es kann nur leicht, aber auch schwer wiegen. Es kann stark betont oder nur latent vorhanden sein. Drückt sich der Ärger in Worten aus, besteht gute Aussicht, dass unser Gegenüber ebenfalls ärgerlich wird. Dann haben wir Streit in der Familie oder einen Nachbardisput. Auf diese Weise entstehen Unstimmigkeiten innerhalb von Gemeinden, und schließlich gibt es Krieg zwischen einzelnen Ländern und auf der ganzen Welt.

Das alles hat seinen Anfang in unseren Herzen. Darum ist es wichtig, dass wir erkennen: Die Welt – das sind nicht die anderen. Jeder von uns ist die Welt. Solange wir nicht Frieden in uns selbst finden, finden wir ihn nirgendwo. Es macht überhaupt keinen Unterschied, ob andere Menschen ärgerlich, erregt oder egoistisch sind. Das ist überhaupt nicht wichtig. Was einzig zählt, ist unser eigener Einsatz. Es wird nie vollkommener Frieden auf der ganzen Welt herrschen. Weder zu Lebzeiten des Buddha gab es totalen Frieden noch zu Zeiten anderer großer spiritueller Meister. Die Geschichte erzählt deutlich genug von politischen Manipulationen, von Unterdrückung und von Bruderkriegen.

Der einzige Frieden, den wir erfahren können, ist jener in unseren Herzen. Die Friedfertigkeit, die der Buddha selbst erfahren hat, hat auch große Auswirkungen für die ganze Welt gehabt. Er war ein Einzelner, der Frieden mit sich selbst und mit der Welt geschlossen hatte, und dieser Frieden steht uns heutzutage – nach zweieinhalbtausend Jahren – noch immer zur Verfügung, durch seine Worte und Lehren. Fünfhundert Millionen Menschen bekennen sich in unserer Zeit zum Buddhismus.

Offensichtlich ist unser *Karma* nicht gleichartig. Es wäre aber völlig ausreichend, wenn jeder, der den Frieden in seinem Herzen gefunden hat, diesen auf seine Familie ausdehnen könnte. Meint ihr nicht, dass dies ein großer Fortschritt wäre? Wäre jedes Mitglied unserer Familie friedfertig, könnte sich das vielleicht auch auf die Nachbarn ausweiten. Das wäre ein noch größerer Fortschritt. Wir müssen also nicht unbedingt ein Buddha werden, um heilsamen Einfluss auf andere nehmen zu können.

Dieser heilsame Einfluss kann aber erst dann entstehen, wenn Friede im eigenen Herzen eingezogen ist und wenn aller Ärger daraus verbannt ist. Leider verschwindet die Neigung zu Reizbarkeit nur bei Erleuchteten ganz. Es ist aber nicht schlimm, wenn ab und zu leichte Reizbarkeit auftritt, im Vergleich zu wirklichem Zorn und Groll, Streitgesprächen, Rachegelüsten, Zurückweisungen und Verletzungen, die Gegenschläge scheinbar rechtfertigen.

Wenn man sich auf irgendeine Art und Weise verletzt fühlt, tritt Ärger auf. Stellt sich Schmerz ein, ist die instinktive unlogische menschliche Reaktion darauf, ebenfalls Schmerz zu bereiten. Ehe wir das nicht deutlich erkennen, können wir es nicht ändern. Dabei bereiten viele Menschen nicht anderen Schmerzen, sondern fügen sich selbst welche zu. Sie schlucken den Ärger und verdrängen ihn, und dann schwelt er weiter im Inneren. Das äußert sich dann in Krankheit, Energieverlust, Depression, in negativen Reaktionen und im Verlust von Lebensfreude.

Nur ganz wenige Menschen, denen wir auf der Straße begegnen, haben einen glücklichen Gesichtsausdruck. Das kann man überall bemerken, in Sydney, London, Paris oder Amsterdam. Überall ist es das Gleiche: Nur wenige Menschen machen ein glückliches Gesicht und ebenso wenige wirken heiter und gelassen.

Die Verletzungen, die wir im Leben erfahren, lassen uns denken, dass wir den Schmerz auslöschen können, wenn wir Vergeltung üben. Leider bewirkt dieses Verhalten das Gegenteil: Der Schmerz verdoppelt sich. Dies ist eine weitere absurde menschliche Torheit, wie die Angewohnheit, stets über die Vergangenheit oder die Zukunft nachzudenken, statt im Augenblick zu leben.

Der Buddha hat den Zorn mit einer Gallenerkrankung verglichen. In der deutschen Sprache gibt es da eine überaus passende Redewendung: «Mir kommt die Galle hoch!» Wer das jemals durch eine Krankheit erfahren hat, weiß, wie das schmeckt. Wer schon einmal sehr ärgerlich war, kennt das Gefühl ebenfalls. Ich bezweifle, ob es jemanden gibt, der davon verschont geblieben ist. Es ist ein schreckliches Gefühl. Trotzdem ärgern sich die Menschen wieder und wieder. Wenn das nicht absurd ist! Es ist so, als ob man sich immer wieder selbst Schläge gäbe und nicht damit aufhören würde, obwohl es weh tut.

Der Buddha verglich den Ärger auch damit, dass man mit bloßen Händen glühende Kohlen auf den werfen will, der einen geärgert hat. Wer verbrennt sich zuerst? Natürlich der, der wütend ist.

Ein weiteres Bild für den Zorn ist ein Brunnen, dessen

Wasser aufgewühlt ist. In aufgewühltem Wasser kann man sein Spiegelbild nicht sehen. Durch den Ärger gehen Vernunft und Achtsamkeit verloren, man vergisst alles vor lauter Zorn. Würde sich jemand einmal die Zeit nehmen, sein wutverzerrtes Gesicht in einem Spiegel zu betrachten, wäre er sicher überrascht von dem, was da zu sehen ist. Aber dazu hat niemand Zeit. Der Ärger überflutet alles andere.

Der Buddha rät uns, sobald auch nur der geringste Ärger entsteht, daran zu denken, dass jeder der Schöpfer seines eigenen *Karma* ist. Es ist ungeheuer wichtig, sich an solche Dinge zu erinnern, damit sie einem in einer kritischen Situation verfügbar sind. «Ich bin der Eigentümer meines *Karma*! Werde ich wütend, dann muss ich auch die Folgen tragen.» Dabei spielt es keine Rolle, ob unser Ärger provoziert wurde. Dies würde nichts am karmischen Resultat ändern. Wie haben schließlich die Wahl, ob wir reagieren wollen oder ob wir es besser sein lassen.

Es gibt eine wunderbare Geschichte von Khantivādin, dem Lehrer der Geduld. Sie ist deshalb wunderbar, weil sie so deutlich aufzeigt, dass Zorn durch nichts zu rechtfertigen ist. Der König von Kausala war sehr reich. Er hatte 500 Frauen (in Pāli bedeuten solche Angaben einfach sehr zahlreich). Eines Tages beschloss der König, ein Picknick zu machen, und er ließ das seine Frauen wissen. Die Vorbereitungen wurden sofort in Angriff genommen. Die Köche, die Elefantenführer und die Soldaten hielten sich bereit. Am nächsten Morgen machte sich der gesamte Hofstaat auf den Weg. In einem Wald fanden sie eine schöne Wiese für ihr Vorhaben. Der König aß und trank nach Herzenslust und schlief sofort nach dem Essen ein. Da sagten die Frauen untereinander: «Das ist die Gelegenheit. Wir kommen so selten aus dem Palast heraus. Jetzt wollen wir uns umsehen.» Und so gingen sie alle miteinander und erfreuten sich an den Blumen, den Schmetterlingen und an der Schönheit des Waldes.

Bald kamen sie an eine kleine Hütte aus Borkenrinde, vor

welcher ein berühmter alter Weiser saß, den sie als Khantivādin erkannten. Da setzten sich die Frauen vor ihm nieder und baten ihn um eine Unterweisung. Er entsprach ihren Bitten gerne und redete über tugendhaftes Verhalten, Liebende Güte und Freigebigkeit.

In der Zwischenzeit war der König aufgewacht, und nicht eine einzige Frau war da. Er wurde zornig. Er befahl den Soldaten: «Holt mir auf der Stelle meine Frauen her!» Sie gehorchten demütig, rannten in den Wald und fanden die Frauen zu Füßen des alten Weisen. Sie berichteten dem König, was sie entdeckt hatten. Er war jedoch immer noch so wütend, dass er nicht vernünftig denken konnte. So befahl er den Soldaten, die Frauen auf der Stelle zurückzubringen und Khantivādin am nächsten Baum festzubinden. Sie mussten gehorchen. Sie jagten die Frauen zurück und banden Khantivādin fest.

Darauf nahm der König einen Säbel und rannte wütend zu Khantivādin: «Du alter Schurke wolltest mir meine Frauen wegnehmen», brüllte er und schnitt ihm einen Fuß ab. Hämisch fragte er: «Und wo ist nun deine Geduld?» Khantivādin entgegnete: «Nicht in meinem Fuß, Eure Majestät.» Da fuhr der König fort mit seiner Zerstückelung und stellte dem alten Weisen immer wieder die gleiche Frage, worauf er stets die gleiche Antwort erhielt. Das machte ihn immer wütender. Als Khantivādin auf der Schwelle des Todes stand, sagten die Soldaten zu ihm: «Bitte, Herr, verflucht nicht das ganze Königreich. Beschränkt euch auf den König.» Khantivādin erwiderte: «Ich verfluche niemanden. Möge dem König ein langes und glückliches Leben beschert sein.» Dann starb er. In diesem Augenblick, so berichtet die Geschichte, tat sich die Erde auf und verschluckte den König.

Als der Buddha am nächsten Tag von diesem Vorfall unterrichtet wurde, sagte er: «Wer nicht auf diese Weise handelt, hat meine Lehren nicht verstanden.»

Die Schönheit dieser Geschichte liegt darin, dass wir hier

eine Richtlinie – ein Ideal – finden. Sogar wenn man Stück um Stück verstümmelt wird, gibt es keine Ursache für Zorn und Groll. Für uns geht das ein bisschen weit, nicht wahr? Offenbar war Khantivādin erleuchtet, denn seine Bemerkung, dass seine Geduld nicht in seinem Fuß sei, zeigt uns, dass sein Geist trotz überwältigender körperlicher Schmerzen in keiner Weise getrübt war. Und das schaffen nur Erleuchtete. Für uns wäre so etwas unmöglich, denn unser Geist wird noch ganz stark von unserem physischen Unbehagen beeinflusst. Was immer uns auch zustoßen mag wird aber vermutlich nicht so schlimm sein wie eine langsame Zerstückelung. Wenn wir uns an diese Geschichte erinnern würden und uns Buddhas Aussage: «Wer nicht auf diese Weise handelt, hat meine Lehren nicht verstanden», zu Herzen nehmen würden, könnten wir vielleicht erkennen, dass Ärger, der als Reaktion auf jegliches Geschehen in uns hochkommt, lediglich eine Reaktion unserer eigenen Unzuläglichkeit ist. Es hat weder mit der Tat noch mit dem Täter zu tun.

Wenn wir das erkennen, haben wir die Chance der Veränderung. Allerdings erst dann, wenn wir so achtsam sind, dass wir gleich gewahr werden, wenn Ärger entstehen will. Achtsamkeit funktioniert wie eine Bremse. Haben wir keine Bremsen im Auto, wird die Fahrt wohl sehr gefährlich werden. So ist das Leben ohne Achtsamkeit äußerst gefährlich.

Wenn wir die Achtsamkeits-Bremse betätigen, sobald Ärger entstehen will, erkennen wir, dass eine Verunreinigung vorliegen muss. Es ist da etwas Unvorteilhaftes, Schädliches, das in uns wirkt. Schon mit dieser Erkenntnis nehmen wir dem Zorn viel von seiner Intensität, ebenso wie man die Geschwindigkeit des Wagens vermindert, indem man auf die Bremse tritt, sodass man den Wagen schließlich anhalten kann. Kommt der Ärger zum Stillstand, können wir ihn betrachten und seine Sinnlosigkeit sehen. Man erkennt, dass man sich selbst damit Schaden zufügt und wie töricht es ist, sich selbst unglücklich zu machen.

Die größte Torheit ist es, dass die Menschen sich durch ihre eigenen Reaktionen ununterbrochen selbst unglücklich machen. Irgendwann müssen wir einen festen Entschluss fassen – den Entschluss, damit aufzuhören, uns selbst unglücklich zu machen. Wir müssen aufhören damit, auf alles, was geschieht, negativ zu reagieren. Wir müssen uns klarmachen, dass wir selbst und alle anderen auch der Unvollkommenheit unterliegen. All das, was wir als unangenehm erleben, ist darauf zurückzuführen.

Die ganze Welt ist voller Verfehlungen. Man braucht sich bloß einmal die Zeitungen anzusehen, nichts als Unvollkommenheit. Wenn wir akzeptieren, dass die ganze Welt der Unvollkommenheit unterliegt und auf diese Weise unglücklich wird, warum dann nicht einen Schritt in die richtige Richtung tun? Warum nicht einfach zur Seite treten und das Ganze aus sicherer Entfernung beobachten? Das kann man tun, wenn man keine negativen Reaktionen mehr zulässt, von denen Ärger und Hass die stärksten sind.

Menschen werden nie aufhören, das Verkehrte zu denken oder zu tun. Nur wenn wir uns im *Dhamma* üben, haben wir eine Chance, damit aufzuhören. Sind wir umgeben von verfehlten Reaktionen, abwegigem Tun, Egoismus und dem Wunsch, mehr zu erhalten als zu geben – was macht das aus? Was allein zählt, sind Frieden und Glück im eigenen Herzen. Alles andere sind völlig unwichtige Probleme, mit denen leider die meisten Menschen leben. Alle Probleme werden durch die eigenen Reaktionen hervorgerufen, und wir haben die natürliche Neigung – wieder eine unserer menschlichen Absurditäten –, den Auslöser zu beschuldigen. Werden wir ärgerlich, so geben wir demjenigen die Schuld, der unseren Zorn ausgelöst hat. Werden wir traurig, beschuldigen wir den Auslöser der Traurigkeit oder vielleicht auch das Ereignis. Dabei vergessen wir ganz, dass wir in unserem Inneren die Bereitschaft tragen, ärgerlich oder traurig zu werden, andernfalls wäre es nicht möglich.

Es gibt ein Kinderspielzeug, eine Schachtel, in der eine kleine Puppe auf einer Feder sitzt. Sie springt heraus, sobald das Kind den Deckel der Schachtel berührt. Entfernen wir die Puppe aus dem Kästchen, dann kann das Kind mit einem Hammer auf den Deckel schlagen – es wird nichts herausspringen. Einfach darum, weil nichts drin ist. Dieses Beispiel zeigt, dass der Auslöser völlig unwichtig ist. Herauskommen kann nur, was im Inneren ist.

Den Frieden in unserem Herzen und den Pfad der Befreiung finden wir nur, indem wir nicht die Welt, sondern uns selbst ändern. An der Welt gibt es nichts zu verändern. Jeder kann nur sich selbst ändern. Der Buddha hatte nicht die Absicht, die Menschen zu verändern. Er hat ihnen gezeigt, wie sie es selbst tun können. Diese Arbeit muss jeder Mensch selbst erledigen. Niemand kann sie uns abnehmen, und je früher wir beginnen, desto eher haben wir die Chance, Glück zu finden, unabhängig von äußeren Umständen.

Es gibt kaum Menschen, die in dieser Welt die idealen Bedingungen vorfinden. Jeder hat etwas in seinem Leben, das nicht passt. Entweder ist das Haus zu klein, das Gehalt zu niedrig, die Familie ohne Verständnis, die Straße zu laut – es gibt immer etwas zu bemängeln. Jeder versucht, für sich selbst alles so angenehm wie möglich zu gestalten. Das ist in Ordnung. Nehmen wir aber keinen Standpunkt ein, sondern warten auf die idealen Bedingungen, werden wir uns nie ändern. Wir brauchen nicht auf die ideale Situation zu warten – sie wird ohnehin nie auftauchen. Es ist allerdings möglich, sie in unserem Herzen und in unserem Geist zu erschaffen.

Der Buddha sagte, dass das Dasein als Mensch ideal zum Erlangen von Befreiung sei. Uns begegnen genügend Leid und Unannehmlichkeiten, um unsere Bereitschaft zu wecken, etwas dagegen zu unternehmen. Andererseits verfügen wir aber auch über genügend Annehmlichkeiten, um nicht völlig die Hoffnung zu verlieren. Wir machen nur eine Sache falsch: Wir hoffen immer auf das Verkehrte. Wir hoffen, dass sich die Situation ändert, dass jemand, den wir lieben, uns wiederliebt, dass uns die Menschen, die wir lieben, erhalten bleiben, oder wir hoffen, dass wir eines Tages reich sein werden. Möglicherweise hoffen wir sogar, dass wir so gescheit sind, keine Fehler zu machen. Dies alles sind nichtige Hoffnungen.

Die Hoffnung in unseren Herzen kann uns zu großem Vorteil gereichen. Sie entsteht, weil wir fühlen, dass etwas falsch ist, und dennoch nicht in Niedergeschlagenheit versinken. Nur unsere Verunreinigungen sind falsch, das ist alles. Wir müssen darauf bauen, dass wir jetzt gleich etwas daran ändern können. Wir dürfen nichts auf die Zukunft verschieben, denn diese existiert nur in unserer Vorstellung. Wer weiß schon, was morgen geschieht? Wenn eine Verunreinigung Gestalt annimmt, wissen wir es. Wir wissen, dass Ärger entsteht, und nur das, was wir wissen, können wir bearbeiten.

Ärgern wir uns wegen jeder Kleinigkeit, müssen wir uns als Erstes daran erinnern, dass wir die Schöpfer unseres *Karma* sind. Als Zweites dürfen wir uns nicht selbst verdammen. Im dritten Schritt können wir dann unsere Reaktion ändern.

Das unangenehme Gefühl, das wir erleben können, ist unser Zorn auf andere Menschen. Ärgern wir uns wegen materieller Dinge, geht das nicht so tief. Bevor wir unserem Zorn auf einen Menschen so weit nachgeben, dass es kein Zurück mehr gibt, sollten wir uns auf die Liebende Güte besinnen. Manche sagen ganz richtig: «Aber ich habe eine so große Wut auf diesen Menschen, wie soll ich da Liebende Güte aufbringen?»

Hier ist geistige Akrobatik gefragt. Diese Wut zu verbalisieren wäre nutzlos. Das macht beide Seiten unglücklich. Außerdem hinterlässt es im Geist eine Spur, sodass der Ärger immer leichter aufsteigt. Aus diesem Grund sind viele alte Menschen launisch. In ihrer ganzen Umgebung wird alles unangenehm. Sie sind nie zufrieden, weil die negative Spur sich so sehr in ihren Geist eingegraben hat, dass sie nicht mehr herausfinden.

Kennen wir diese Gefahren, dann betrachten wir den Menschen, der uns verärgert hat, und versuchen, uns an etwas Gutes zu erinnern, das er irgendwann einmal gesagt oder getan hat. Wenn wir diesen Menschen nur ein wenig kennen, sollte es uns möglich sein, uns an etwas Angenehmes an seinem Wesen zu erinnern. Schließlich tut jeder einmal etwas Gutes. Jeder hat etwas Gutes an sich, daran sollten wir uns erinnern.

Sind wir jedoch zu ärgerlich, um noch an etwas Positives denken zu können, dann sollten wir uns daran erinnern, dass nur ein unglücklicher Mensch boshaft sein kann. Ein glücklicher Mensch wird niemanden ärgern. Die Person, die uns ärgert, ist demzufolge unglücklich, ein leidender Mensch. Versuchen wir, Mitgefühl für das Leiden anderer zu empfinden. Vielleicht ist der Mensch krank, oder er hat nie von der Möglichkeit des *Dhamma* gehört. Es ist egal, worunter er leidet. Wir sollten ihm Mitgefühl entgegenbringen.

Sind wir aber so schrecklich zornig auf jemanden, dass wir an sein Leiden gar nicht denken wollen, können wir immer noch versuchen, wie eine Mutter für ihn zu fühlen. Sicher liebt seine Mutter diesen Menschen. Haben wir nur das geringste Verständnis für die Lehren des Buddha, sollten wir uns an die Liebende Güte erinnern und versuchen, wie eine liebende Mutter an diesen Menschen zu denken.

Solche Veränderungen im Denken werden Resultate hervorbringen. Es wird eine Weile dauern, bis wir jedes Mal erfolgreich sind. Schaffen wir es aber durch ausdauerndes Üben, diese Haltung zur Gewohnheit zu machen, dann wird sie zu unserer zweiten Natur, und damit hat sich unsere anfängliche Natur verändert. Damit hat der Ärger, auch wenn er immer noch auftritt, nicht mehr die Bedeutung oder Kraft wie zuvor. Wir haben gelernt, ihn zu lenken.

Wer seinen aufgestieg'nen Zorn
Wie rollenden Wagen anhält,
Den nenne Wagenlenker ich,
Die anderen halten bloß den Zaum.

Dhammapada, Vers 222

Zorn muss nicht immer ein starkes Gefühl sein. Es kann sich auch nur um eine Voreingenommenheit anderen Menschen gegenüber handeln, eine Abwehr gegen jene, die nicht so denken oder sprechen wie wir. Diese Haltung trifft man auf der ganzen Welt an. Es kann Ablehnung wegen der Hautfarbe oder wegen der Religion sein. Wenn man eine Gruppe von Menschen ablehnt, ist es dasselbe wie Hass.

Vielleicht verspüren wir Groll, weil uns selbst materielle Möglichkeiten fehlen. Oder wir ärgern uns, weil wir uns nicht behaupten können, und geben jemand anderem die Schuld daran, der uns in die Quere kam. Das ist auch Zorn, der aber meist unterdrückt wird. Gibt man dieses Gefühl nicht einmal vor sich selbst zu, hat das Folgen. Unterdrückung ruft inneres Chaos hervor. Das verhindert dann jede Klarsicht. Man kann alles nur vom Standpunkt dieser Unterdrückung, dieser Voreingenommenheit betrachten. Gelingt es einem dagegen, die ärgerlichen Gefühle in eine annehmende Haltung zu verwandeln, kommt man auch wieder mit sich selbst ins Reine.

Der Buddha hat die Liebende-Güte-Meditation (siehe Seite 236) und das dazu passende Verhalten als Gegenmittel empfohlen. Meditation an sich ist sehr gut, aber oft verliert sie sich in Worten. Manche Menschen nehmen sich die Worte zu Herzen, andere nicht. Hierin liegt die Gefahr der Worte, die Gefahr, sich im Äußeren zu verlieren. Wir irren uns, wenn wir glauben, dass wir, indem wir die Worte gesagt, gedacht oder vielleicht sogar gesungen haben, alles getan hätten, was zu tun war. Dabei haben wir lediglich in unserem Inneren ein wenig nötigen Raum für die

Hinwendung zur anstehenden Arbeit geschaffen. Hinwendung ist zwar Liebe, aber noch haben wir uns nicht geändert.

Worte sind nicht mehr als Wegweiser. Sie deuten in eine bestimmte Richtung. Die Worte des Buddha sind auch nicht mehr als Hinweise in die richtige Richtung. Sie können für niemanden etwas tun, bevor Herz und Geist sich nicht verändert haben. Die Haltung Liebender Güte können wir mit Absicht wählen. Das wäre allerdings nur ein Hilfsmittel zu einer tiefer gehenden Veränderung von Herz und Geist. Es ist nicht das Ziel an sich, sondern nur eine Möglichkeit, dieses zu erreichen. Die Liebende-Güte-Meditation und ein entsprechendes Verhalten sind Hilfsmittel und Werkzeuge. Das Ziel ist die Veränderung im Herzen.

Ein Verhalten in Liebender Güte kennen wir alle. Es bedeutet, beispielsweise jemanden zu betreuen, der krank ist, ihn im Krankenhaus besuchen, ihm zu essen geben, wenn er selbst dazu nicht in der Lage ist, einfach besorgt um das Wohl anderer zu sein und bereit zu helfen, wo es Not tut. Je weiter man diese Hilfe ausdehnen kann, desto besser. Aber natürlich muss man damit in der eigenen Familie beginnen. Es gibt viele Gelegenheiten, sich um andere zu kümmern. Dabei sollte sich dieses Liebende-Güte-Verhalten nicht auf eine kleine Gruppe von Menschen beschränken, sondern überall an den Tag gelegt werden.

Das sind die Gegenmittel, die Buddha gegen den Ärger empfohlen hat, dazu edle Freunde und edle Gespräche als heilsame Nahrung für den Geist.

Trägheit und Dumpfheit

Ich habe nun zwei unserer Feinde beschrieben, aber leider gibt es noch drei weitere. Die beiden ersten, die man auch Gier und Hass nennen kann, sind die unheilsamsten Bestandteile des Menschen. Wir verfügen auch über Gierlosigkeit, das ist die Freigebigkeit, und über Hasslosigkeit, also Liebende Güte. Wir müssen bestrebt sein, die guten Eigenschaften zu kultivieren und die üblen auszumerzen.

Das klingt recht einfach, ist jedoch harte Arbeit, und wer nicht bereit ist, diese zu leisten, kann nicht dem Weg des Buddha folgen. Es ist jene Art von Arbeit, die man ununterbrochen tun muss. Es geht nicht nur ums Meditieren. Es ist ein Vollzeit-Job. Schlafen wir durchschnittlich sieben Stunden, bleiben also siebzehn Stunden für diese Arbeit. Würden wir uns auf eine Stunde der Meditation am Morgen und noch eine am Abend beschränken, würden wir nicht vorankommen. Folgen wir dem Buddha-Weg nur zwei Stunden am Tag und vergessen ihn dann – das ist nicht so unüblich, wie es klingt –, wird das unser Leiden nicht auflösen.

Unser dritter Feind, die Trägheit oder Lethargie und die Dumpfheit, wendet sich gern gegen die Meditation. Ich behaupte, dass die meisten von uns diesem Feind schon begegnet sind, in jenem Zustand, wenn der Geist weder schläft noch ganz wach ist. Es gibt eine Zone des Zwielichtes, in welcher keinerlei fruchtbare Arbeit gedeiht. Für die Meditation ist dieser Zustand gleichbedeutend mit Schlaf, weil keine Sammlung möglich ist. Der einzige Unterschied liegt darin, dass man diesen dumpfen Zustand leichter verlassen kann als den Schlaf, weil er nicht ganz so tief ist. Unglücklicherweise neigt er aber dazu, immer und immer wieder aufzutreten.

Dieser Geisteszustand der Meditation hat seine Entsprechung im täglichen Leben in einem Mangel an Zielgerichtetheit, der einen Energiemangel bewirkt. Das ist so weit verbreitet, dass jemand, der über die Energie der Willenskraft verfügt, tatsächlich die Ausnahme ist. Und doch ist Willenskraft einer der sieben Faktoren, die zur Erleuchtung führen. Daran erkennen wir, wie wichtig Energie für unser geistiges Verhalten ist.

Willenskraft tritt dann auf, wenn man eine klar umrissene Richtung hat. Man weiß genau, wo man hinwill, und hält sich daran. Hat der Geist kein klares Konzept von dem, was er erreichen will, außer eben zu überleben, wird nicht viel Energie entstehen. Es existiert keine Spannung und keine Begeisterung, und das Unterbewusstsein weiß genau, dass eine sichere Niederlage bevorsteht. Niemand kann überleben! Wer seine Kraft ausschließlich dafür einsetzt, wird keine Resultate erzielen und keine echte Energie produzieren. Ganz im Gegenteil, Niedergeschlagenheit und Depression stellen sich ein.

Der Buddha hat Trägheit und Dumpfheit mit einem Gefängnisaufenthalt verglichen. Ist ein Mensch in einer kleinen Zelle eingesperrt, kann er nichts tun, bis jemand die Tür aufmacht. Wird unser Geist von Lethargie und Dumpfheit befallen (Lethargie ist im Körper und Dumpfheit im Geist), ist er so gefangen davon, dass er nur noch für die allernotwendigsten Dinge die Energie der Willenskraft aufbringen kann.

Die meisten Menschen wissen und akzeptieren es nicht, dass Meditation eine Notwendigkeit ist, und darum gibt der Geist auf. Man muss die Effektivität der Meditation ganz deutlich erkennen. Meditation ist für uns so notwendig wie Nahrung, Kleidung und Schlaf, obwohl das automatische Überlebenstechniken sind, die nicht viel Energie verlangen. Sie sind instinktiv. Zum Meditieren benötigen wir dagegen Willenskraft, und diese wird nur dann verfügbar, wenn wir um die Notwendigkeit der Meditation wissen, und unser Geist klar erkennt, dass sie geübt werden muss.

Manchmal sind wir von einem Buch so fasziniert, dass wir die halbe Nacht hindurch, ohne zu ermüden, lesen. Oder wir sind Gäste bei einem Fest und werden überhaupt nicht müde, weil uns die Unterhaltung anregt und interessiert.

Meditation muss faszinieren. Dann findet der Geist keinen Grund dazu, nicht wach zu sein. Anfangs sind Meditationsübungen kein bisschen erfreulich. Im Gegenteil, sie scheinen so schwierig zu sein, dass sie an Leiden erinnern. Wird der Geist nach und nach verständiger und jeder Augenblick wach betrachtet, wird es spannend, die Beschaffenheit des eigenen Geistes kennenzulernen. Was könnte wohl faszinierender sein? Lesen wir ein Buch oder hören jemandem zu, dann erfahren wir etwas über andere. Beobachtet man dagegen die eigenen Geisteszustände, wie sie kommen und gehen, ist das wohl das Interessanteste und gleichzeitig das Gewinnbringendste, was wir tun können.

Mahā Moggallāna erzählte dem Buddha eines Tages, dass er während der Meditation eingeschlafen sei, und fragte ihn, was er empfehle. Der Buddha erwiderte, dass er die Augen öffnen solle, wenn er merke, dass er schläfrig werde, dass er den Körper bewegen solle, um die Blutzirkulation anzuregen, ja, dass es sogar besser wäre, aufzustehen als einzuschlafen.

Das sind äußerliche Möglichkeiten, um den Schlaf zu bekämpfen. Es gibt aber auch Wege, um dem Geist zu helfen, sich in die richtige Richtung zu bewegen. Vergegenwärtigen wir uns: Das Leben ist unsicher – der Tod ist sicher. Gerade jetzt ist der beste Zeitpunkt für eine Meditation. Wir werden geführt und haben Begleiter, wir verfügen über Nahrung und Kleidung. Der Körper ist gesund. Nichts von alldem ist selbstverständlich. Das sind die Auswirkungen von ausgezeichnetem *Karma*. Auf diese Weise kann geistige Energie angeregt werden.

Erinnern wir uns daran, dass es keinen anderen Augenblick gibt als den jetzigen. Die Zukunft mag gesichert erscheinen, aber das ist nur eine Illusion. Jeden Augenblick sterben Menschen. Wenn wir sterben und wiedergeboren werden – und das geschieht uns allen, außer wir werden erleuchtet –, dann müssen wir wieder ganz von vorn anfangen. Wir müssen wieder lernen zu essen, zu laufen, uns anzuziehen. Wir müssen das ganze Schulsystem wieder durchlaufen und heiraten und

Kinder kriegen und Enkel kriegen und wieder sterben ... Das haben wir doch viele vergangene Leben getan. Nutzen wir die uns verbleibende Zeit in diesem Leben für das Wichtigste. Die Zeit ist jetzt. Es wird keine bessere Zeit kommen.

Regen wir unsere Geistesenergie für die Meditation an, nährt diese sich aus sich selbst. Es ist so, als ob wir das Licht anschalten würden. Wenn die Zufuhr der Elektrizität nicht unterbrochen wird, bleibt das Licht erhalten.

Meditation benötigt viel Willenskraft. Ist es nicht erstaunlich, dass man beim Stillsitzen oder beim langsamen Gehen so viel Energie braucht? Der Grund liegt darin, dass der Geist ständig versucht, etwas anderes zu tun, als aufmerksam zu sein. Würde er nicht andauernd alle Arten von Ideen, Hoffnungen und Wünschen produzieren, gäbe es keinerlei Müdigkeit. Die Müdigkeit kommt nicht von unseren körperlichen Aktivitäten. Und doch sind wir allabendlich todmüde. Das kommt von dem ständigen Herumwühlen des Geistes und dem ununterbrochenen Urteilen: «Das will ich, das nicht. Das gefällt mir, das nicht.» Das ist es, was so sehr ermüdet. Darum sind geistig arbeitende Menschen oft viel erschöpfter als körperlich arbeitende.

Hat sich der Geist endlich konzentriert und kann still bleiben, kommt er endlich zur Ruhe. Bis dieser Zustand erreicht ist, müssen wir immer und immer wieder durchhalten. Unseren natürlichen Bedürfnissen nachzugeben ist einfach, und die meisten Menschen verfahren so. Das ist der Weg des Instinkts, es sich so leicht und einfach wie möglich zu machen. Der Buddha hat gesagt: «Jemand, der tausendmal Tausende von Armeen besiegt, ist nichts im Vergleich zu jenem, der sich selbst besiegt.» Sich selbst zu besiegen bedeutet, die natürlichen Neigungen zu besiegen und den Geist nicht alles tun zu lassen, was er will.

Der Wunsch zu meditieren sollte gut fundiert sein, denn nur dann wird man die Willenskraft und Energie dazu aufbringen. Ein paar angenehme Erfahrungen machen zu wollen ist kein ausreichender Grund. Dennoch sind die meisten Menschen genau darauf aus. Sehr wahrscheinlich wird das auf eine Enttäuschung hinauslaufen, weil sich die angenehmen Erfahrungen nicht sehr rasch einstellen. Die Energie wäre verschwendet, weil das Erwünschte nicht erlangt wird, und damit wird Meditation zur Plage wie alles andere auch. Durch das verkehrte Denken wird sie zur unglücklichen Geistesfalle.

Meditation kann nur ein Ziel haben: Den Geist auf das Loslassen des Leidens und die Erreichung der Freiheit vorzubereiten. Diesem Zweck dient die Meditation. Wenn wir dabei angenehme Erfahrungen machen, warum nicht? Wir sollten dankbar dafür sein, weil sie uns im Weitermachen bestärken. Machen wir sie aber nicht, spielt das auch keine Rolle. Der Geist braucht die Meditation, damit er befreit werden kann.

Buddha verglich Lethargie und Stumpfheit mit einem Teich, dessen Oberfläche von Schlamm getrübt ist. Bedeckt dieser den Teich, kann sich nichts darin spiegeln. Es existiert keine Klarheit. Ist der Geist im Zwielicht, halb zwischen Schlafen und Wachen, gibt es kein echtes Gewahrsein. Das können wir auch im Alltag beobachten, wenn wir denken: «Ich hab's satt – das ist mir zu stressig – das mach' ich nicht, sollen es doch die anderen tun.» Hier handelt es sich um einen getrübten Geist, der keine klare Richtung kennt.

Eine klare Richtung verschafft die notwendige Energie. Man kennt seinen Weg und sein Ziel. Man kann mit kräftigen Schritten darauf zugehen. Wenn man keine Zeit hat, gibt es auch kein Interesse. Es ist nicht leicht, einen klaren Lebensweg zu finden, aber der Buddha hat uns den Weg gezeigt zu Frieden, Freiheit und Befreiung vom Leiden.

Ruhelosigkeit und Sorge

Der nächste Feind ist die Ruhelosigkeit und die Sorge. Wir alle leiden darunter. Das zeigt, was für ein allgemeiner Feind das ist. Leider sind alle fünf Feinde weit verbreitet. Wir müssen prüfen, welcher unser schlimmster Feind ist, welcher der fünf am häufigsten auftaucht. Sie alle warten in unserem Inneren auf die Gelegenheit zu erscheinen, aber manche überrumpeln uns schon bei dem geringsten Anlass. Mit diesen Feinden müssen wir arbeiten.

Geistige Unruhe zeigt sich auch als Rastlosigkeit im Körper. Dieser ist nur der Diener und besitzt keine eigene Autorität. Der Leib ohne den Geist ist ein Leichnam. Alles, was der Körper tut, wird vom Geist diktiert, ob wir dessen gewahr sind oder nicht. Meistens reagieren wir so spontan, dass wir gar nicht merken, dass der Geist uns befiehlt.

Geistige Ruhelosigkeit beruht meist auf unseren Erfahrungen. Auf jenen, die wir gemacht, und auf den anderen, die wir unterlassen haben. All jene zahlreichen Dinge im Leben, die wir gerne getan hätten und jene, die wir bereuen. Diese Unruhe in unserem Geist erschwert die Meditation ganz gewaltig, weil sie sich nicht vertreiben lässt.

Dies verglich Buddha mit einem vom Wind bewegten Teich in dem Wellen aufsteigen. Wenn in unseren Emotionen Wellen aufsteigen, dann ertränken sie uns, weil wir nicht klar sehen können.

Sorgen macht man sich im Allgemeinen um die Zukunft, und nur sehr wenige Menschen sehen ein, wie fruchtlos dies ist, und hören auf damit. Sich um die Zukunft zu sorgen ist sinnlos. Die Person, die sich sorgt, ist nicht die gleiche, die die Zukunft erleben wird. Sie ändert sich. Nicht nur, dass die betreffende Person älter und hoffentlich auch klüger sein wird, sondern auch die Umstände, die Gefühle und die Gedanken werden sich verändert haben. Es ist also wirklich sinnlos, sich um die Zukunft zu sorgen.

Wir alle haben sicher Fotos, die uns in verschiedenen Lebensaltern zeigen, etwa mit vier, acht oder zwölf Jahren. Halten wir die Fotos vor den Spiegel, schauen hinein und entscheiden, welchem von all diesen Bildern wir jetzt am meisten ähneln. Sind wir nun der Vierjährige, der Zwölfjährige, der Zwanzigjährige oder der, der in den Spiegel schaut, oder etwa alle zugleich? Wenn das zutrifft, müssen wir inzwischen etwa tausend verschiedene Persönlichkeiten haben. Tatsächlich gibt es nur den ständigen Wandel. Wenn sich der Zwölfjährige Sorgen darum gemacht hätte, was dem Sechzigjährigen wohl geschehen würde, hätte das einen Sinn gehabt? Man kann sich nicht daran erinnern, was man mit zwölf Jahren gedacht hat. Genau dasselbe gilt, wenn wir uns über den morgigen Tag Sorgen machen. Selbst wenn wir uns an alle erinnern könnten, würde es keinerlei Unterschied machen, weil ein völlig anderer Mensch die Erfahrungen machen wird.

Das bedeutet nicht, dass wir nicht planen können. Planen und Sich-Sorgen sind nicht das Gleiche. Planung wird dann zur Sorge, wenn wir beginnen zu überlegen, ob unser Plan wohl aufgehen wird. Planung ist wunderbar, wenn wir sie dann loslassen, bis wir sie in die Tat umsetzen können, ohne uns um die zukünftigen Ergebnisse zu kümmern.

Sorge treibt die meisten Menschen um und macht den Geist chaotisch. Sie entfernt uns vom jetzigen Augenblick, und wir haben doch keinen anderen, mit dem wir leben könnten. Momente der Sorge sind verlorene Momente. Leben wir nicht im Augenblick, dann gehen wir am Leben vorbei. Denken wir an die Vergangenheit oder planen wir für die Zukunft, leben wir nicht wirklich. Wir erinnern uns, und wir projizieren. Das Leben kann nicht erdacht werden, es muss erfahren werden. Nur auf diese Weise kann Leben etwas bedeuten, und Erfahrung kann nur in jedem einzelnen Augenblick gewonnen werden. Das ist eine der Fähigkeiten, die uns die Meditation lehrt – im Augenblick zu leben. Und genau das bedeutet, überhaupt am Leben teilzunehmen.

Es wird weder Frieden noch Glück oder Ruhe im Herzen einkehren, ehe wir nicht gelernt haben, im Augenblick zu leben. Es wird immer ein Kampf bleiben, das zu tun, was wir für unsere Pflicht halten. Wir müssen uns ständig beeilen, um zur rechten Zeit am richtigen Ort zu sein, müssen ständig Sorge tragen, jene Dinge zu bewahren, die wir für wertvoll halten. Ein andauernder Kampf ohne Entspannung und Frieden! Frieden und Glück sind nicht unser Geburtsrecht. Sie können nur durch beständigen Einsatz erworben werden und nur dann, wenn wir unsere wahren Feinde erkennen und sie zu eliminieren lernen.

Unser innerer Haushalt ist unser wirkliches Heim, und dort suchen uns immer wieder ungebetene Gäste auf. Gastfreundlich wie wir sind, lassen wir sie alle herein. Dann müssen wir sehen, dass sie unsere Möbel zerschlagen, das Silber stehlen und die Fenster einschlagen. Aber anstatt dass wir nun unsere Tür verschließen und sie nicht mehr hereinlassen, sind sie am nächsten Tag schon wieder hier. So sieht unser innerer Haushalt aus: Er ist belagert von Feinden. Sie schaffen Chaos, sodass wir weder Frieden noch Harmonie finden. Und dann wundem wir uns, weshalb das so ist. Wir finden andauernd äußere Gründe, indem wir uns sagen: «Ich habe im Moment dieses Problem, das mich nicht zur Ruhe kommen lässt», oder «Es ist wegen meiner Beziehung oder wegen meiner Arbeit». Diese Liste lässt sich endlos verlängern. Zwar hat jeder eine andere Liste, aber eines haben alle diese Listen gemeinsam: Nicht eine davon entspricht der Realität – alle sind Einbildung. Es handelt sich einzig und allein darum, dass unser innerer Haushalt nicht in Ordnung ist. Darum kann auch der äußere nicht funktionieren. Wir spiegeln im Außen wider, was im Inneren nicht stimmt.

Ruhelosigkeit und Sorge sind nicht nur sinnlos, sie sind töricht. Der Buddha sagt, dass wir deshalb töricht handeln, weil wir die Realität nicht erkennen. Wir haben aber eine gute Möglichkeit, das zu ändern. Ruhelosigkeit und Sorge sind Ablenkungen. Sie lenken uns von dem ab, was wir wirklich tun möchten, beispielsweise meditieren. Aber dieses Vergessen begegnet uns nicht nur beim Meditieren, sondern genauso im täglichen Leben. Wir vergessen, wohin wir die Autoschlüssel gelegt haben. Wir vergessen, was wir erledigen wollten - weil wir von Sorgen abgelenkt werden. Wir können unsere Arbeiten nicht befriedigend und kompetent ausführen, weil unser Geist abwesend ist.

Der Buddha hat fünf verschiedene Wege aufgezeigt, wie wir ablenkende Gedanken loswerden können. Er hat dafür sehr anschauliche Bilder gefunden, die uns helfen können, uns zu erinnern. Den ersten und sanftesten Weg hat er mit dem Verhalten eines Zimmermanns verglichen, der einen Holzblock in ein Loch einfügt und merkt, dass er nicht passt. Er hämmert ihn heraus und fügt einen passenden ein, einen Ersatz also. Wenn unser Geist sich andauernd um die Zukunft sorgt oder sich in der Vergangenheit bewegt, dann ist das unpassend. Darin ist weder Glück noch Frieden zu finden. Darum müssen wir Ersatz finden, etwas Passenderes einfügen. In der Meditation können wir den Meditationsgegenstand einsetzen. Im Alltag müssen wir einpassen, was hilfreich und erfolgreich ist. Etwas, das genau in diesem Moment passiert und Freude und Liebende Güte enthält.

Das nächste Gleichnis, das der Buddha benutzte, handelt von einem jungen Mann und einer jungen Frau, die festlich gekleidet waren, um auszugehen. Als sie auf die Straße traten, merkten sie, dass jeder einen Tierkadaver um den Hals hängen hatten. Beide rannten zurück ins Haus, um sich zu reinigen, weil sie sich schämten, so gesehen zu werden. Wir schämen uns, wenn unser Geist so undiszipliniert ist, belastet mit all dieser Negativität. Der Buddha sagt, dass Scham und Angst die Wächter der Welt sind. Ohne sie wäre die Welt noch schlimmer, als sie ohnehin schon ist. Die meisten Menschen denken, dass Schmutz nur am Körper oder an der Kleidung sichtbar ist. Das ist Illusion. Die Flecken in unserem Geist sind genauso leicht sichtbar – nicht mit dem physischen Auge, sondern mit dem mentalen. Wir wissen, wenn jemand ärgerlich ist. Dazu bedarf es keines Wortes. Wir wissen auch, wenn jemand egoistisch ist. Ihre Taten und Worte verraten die Menschen. Worte und Taten werden durch die Gedanken ausgelöst und zeigen deutlich das Denken auf. Wir reden selten von dem, was die Menschen sagen, sondern meist von dem, was sie tun. Die Taten beweisen, wes Geistes Kind jemand ist. Erinnern wir uns daran, dass die Schmutzflecken in unserem Geist so sind, als ob tote Tierkörper um unseren Hals hingen. Wir können diese ablegen und dann sauber und gereinigt unter die Leute gehen.

Ein anderes Bild, das der Buddha benutzt hat, um ablenkende Gedanken zu beschreiben, beschreibt jemanden, der auf der anderen Straßenseite einen Bekannten sieht. Anstatt hinüber zu rennen, ihn zu begrüßen und ein Gespräch mit ihm über seine Gesundheit und seine Familie anzufangen, sollten wir auf unserer Straßenseite bleiben und weitergehen. Ihm keine Beachtung schenken! Tauchen die ablenkenden Gedanken auf, dann lassen wir uns nicht auf sie ein. Das ist schwierig. Die Ablenkungen nicht zu beachten setzt voraus, dass man seinen Geist schon einigermaßen im Griff hat. Es ist eine erheblich stärkere Geisteshandlung. Die beiden ersten Wege sind sanfter. Sich zu schämen ist nicht schwierig, weil wir Menschen über ein Gewissen verfügen. Einen Gedanken nicht zu beachten ist schwieriger und braucht mehr Kraft.

Der nächste Vergleich des Buddha handelt von einem Mann, der herumrennt und sich unbehaglich fühlt und denkt: «Warum renne ich eigentlich? Ich kann genauso gut gehen.» Also hört er auf zu rennen und geht, aber er fühlt sich noch immer unbehaglich, also bleibt er stehen. Als er sich noch immer nicht besser fühlt, setzt er sich hin. Weil auch das nicht hilft, legt er sich schließlich hin, um sich endlich wohl zu fühlen.

Erkennen wir die Unbehaglichkeit, die den Geist und das gesamte Sein befällt, wenn die Gedanken sorgenvoll, ruhelos, erfolglos und ablenkend sind. Sie schenken weder Befriedigung noch Freude, sondern bewirken genau das Gegenteil: Wir bleiben ängstlich und fühlen uns unwohl. Betrachten wir dieses Unbehagen und erkennen wir, dass niemand auf der ganzen Welt uns Behagen schenken kann, außer uns selbst. Niemand schafft das. Weder der Buddha und seine erleuchteten Gefährten noch die Lehre, noch unsere Eltern, Lehrer oder Freunde. Wir müssen das schon selbst tun. Wenn es uns nicht selbst gelingt, unseren Geist mit Freude und Behagen zu erfüllen, wird es nie gelingen.

Diese vier Methoden können wir nacheinander anwenden. Nützt die erste nichts, probieren wir es mit der nächsten oder übernächsten. Wirkt keine von ihnen, müssen wir zu der fünften Methode greifen, der Unterdrückung. Dazu benutzte der Buddha folgendes Bild: Ein großer, starker Mann packt einen kleinen im Genick und hält ihn gewaltsam unter Wasser. Mit anderen Worten, wir zwingen schädliche Gedanken aus dem Geist heraus und geben uns Mühe, nicht an sie zu denken. Das ist zwar die letzte Zuflucht, aber es zeigt uns, dass es besser ist zu unterdrücken, als auf eine schädliche Art weiterzudenken. Schließlich werden wir lernen zu ersetzen. Wenn wir schädliche Gedanken unterdrücken, erlauben wir ihnen nicht, eine Furche im Geist zu schaffen. Wir erlauben dem Geist nicht, sich an diese Art des Denkens zu gewöhnen. Ein Geist, der ständig auf eine ruhelose, sorgenvolle, negative Art und Weise denkt, lässt diese Gewohnheit nur schwer los. Darum ist sogar Unterdrückung besser.

Als weiteres Mittel gegen Rastlosigkeit und ablenkende Gedanken hat der Buddha empfohlen, sich intensiver mit der Lehre, dem *Dhamma*, zu befassen. Kennt man die Lehre, kann man den Geist darauf hinlenken. Man erinnert sich der Worte des Buddha. Lernt man mehr darüber, erhält man klare und schlüssige Antworten für jede Schwierigkeit, die auftaucht. Die Antworten des Buddha führen stets aus dem Leiden heraus. Sie führen aus dem Egoismus, sind aber nicht leicht zu befolgen. Aus diesem Grund wollen viele Menschen diesem Weg nicht folgen, weil er nicht zur Bequemlichkeit führt.

Das andere Gegenteil ist, sich mit weisen und reifen Menschen zu umgeben, um edle Freunde und edle Gespräche zu finden. Das heißt, dass man sich seine Freunde sorgfältig aussuchen sollte. Es bedeutet nicht, dass man alle alten Freunde aufgeben muss. Man muss aber Freunde finden, mit denen ein kluges und erhebendes Gespräch möglich ist. Hier sehen wir wieder, wie wichtig es ist, mit welchen Menschen wir zusammen sind. «Gleich und gleich gesellt sich gern» heißt es, und die Menschen, mit denen wir uns umgeben, zeigen uns, wo unsere Interessen liegen.

Skeptischer Zweifel

Der letzte unserer Feinde ist der skeptische Zweifel. Der Buddha verglich ihn mit einem Menschen, der ohne Proviant und ohne Wegbeschreibung in der Wüste umherwandert und daher ständig im Kreis geht und schließlich von Banditen überwältigt und getötet wird. Ein anderer Vergleich des Buddha war ein Teich, der von Algen durchwuchert ist. So kann man das Wasser fast gar nicht sehen.

In der buddhistischen Tradition wird der skeptische Zweifel meist wie folgt beschrieben: Man hat Zweifel daran, ob der

Buddha tatsächlich erleuchtet war, ob das *Dhamma* die Wahrheit ist und ob die *Sangha* (die Gemeinschaft der Gläubigen) die Lehre wirklich korrekt erhalten hat. Weit schädlicher für das persönliche Wachstum sind allerdings die Zweifel an den eigenen Fähigkeiten und an der eigenen spirituellen Eignung.

Selbstvertrauen entsteht, wenn man fähig ist, die Dinge auszuführen, die man sich vorgenommen hat. Für die Meditation bedeutet das, dass man fähig ist, in eine meditative Vertiefung zu gehen. Selbstvertrauen taucht in der zweiten Stufe der meditativen Vertiefung auf, wenn man begriffen hat, was mit dem Geist alles erreicht werden kann. Man weiß, dass man – bis zu einem gewissen Grad – der Meister seines Geistes geworden ist.

Selbstvertrauen hat auch zahlreiche andere Gesichter. Es ist nicht aggressiv, aber es ist ein Gefühl der Gewissheit, dass man sich vollkommen auf sich selbst verlassen kann. Diese Sicherheit wird erst dann möglich, wenn wir unsere Emotionen unter Kontrolle haben. Wir können unserer selbst nicht sicher sein, wenn unsere Gefühle ungezähmt sind. Regen wir uns auf, werden wir ärgerlich, sorgenvoll, geängstigt, neidisch, eifersüchtig oder gierig, können wir im Geist keine Zuflucht nehmen. Wir sind unzuverlässig und wissen das auch genau. Darum können wir kein Selbstvertrauen entwickeln. Erst wenn die Emotionen unter Kontrolle gebracht wurden und wir ein Gefühl von felsenfester Sicherheit verspüren, wenn unsere Reaktionen – egal, was geschieht – mild und ausgeglichen ausfallen, fühlen wir Selbstsicherheit. Man weiß dann, dass man ein zuverlässiger Mensch geworden ist.

Dies ist ein wichtiger Aspekt des Zweifels, denn nur wenn wir Selbstbewusstsein besitzen, werden wir genug Vertrauen haben, den spirituellen Pfad bis zum Gipfel zu beschreiten. Betrachtet man eine Facette nach der anderen, ist das natürlich besser, als es ganz zu lassen, aber es ist nicht der ungeteilte Pfad. Selbstvertrauen ist die Voraussetzung, damit man sagen kann: «Ich schaffe es wirklich, und ich will den Weg bis zu Ende gehen.»

Skeptischer Zweifel befällt Menschen, die nicht lieben können. Um uns ganz und gar einem Ideal, einem Pfad, einer spirituellen Tätigkeit zu widmen, müssen wir uns selbst ganz hingeben können. Können wir nicht aus vollem Herzen lieben, dann können wir uns auch nicht ganz hingeben. Was den spirituellen Pfad betrifft, so müssen wir ihn verstehen und lieben. Nur dann können wir ihn mit ganzem Herzen gehen. Begeben wir uns nicht voll und ganz auf diesen Pfad, dann ist es so, als ob wir verheiratet wären und ständig denken würden, dass es sicher einen noch besseren Ehepartner für uns gäbe. Auf diese Art und Weise kann man keine gute Ehe führen. Wir müssen uns ganz und gar ausliefern. Wenn wir verheiratet sind und unseren Partner überhaupt nicht verstehen, wird nicht viel Gemeinsamkeit entstehen, obwohl wir ihn lieben. Verstehen wir den anderen, aber lieben ihn nicht, wird die Ehe ebenfalls zum Desaster.

Der spirituelle Pfad verlangt die totale Hingabe. Es existiert keine innigere Vereinigung, und das verlangt den ganzen Menschen. Man braucht niemand anderen zur Vervollkommnung. Wir müssen diesen Pfad ganz verstehen und ihn aus ganzem Herzen lieben. Sind wir dazu in der Lage, dann gibt es keine skeptischen Zweifel. Die Frage, ob der Buddha tatsächlich erleuchtet war, wird bedeutungslos. Wir werden es für uns selbst herausfinden, wenn wir dem Pfad folgen.

Totale Hingabe bedeutet, dass wir uns ganz geben können. Verwirklichen wir dies, dann heißt das: Wir sind liebesfähig. Menschen mit vielen skeptischen Zweifeln sind flatterhaft. Sie wenden sich hierhin und dorthin. Im Westen nennen wir sie «Guru-Hüpfer». Es ist ein beliebter Zeitvertreib für sogenannte spirituelle Sucher, die sich selbst nicht hingeben können. Es könnte ja noch etwas Besseres zu finden sein. Ein oft gebrauchtes Gleichnis dafür lautet: Man sucht Wasser auf dem Hof und denkt, dass es in der südöstlichen Ecke zu finden ist. Dort gräbt man tief und findet kein Wasser. Darauf denkt man: «Das kann nicht der richtige Platz sein.» Also geht man in die nordwestliche Ecke und gräbt dort. Wieder findet man nichts und denkt: «Das muss auch der falsche Platz sein.» Das Gleiche tut man zehnmal hintereinander, ohne Wasser zu finden. Wäre man beim ersten Platz geblieben und hätte weitergegraben, wäre man irgendwann auf Wasser gestoßen. Wir müssen immer weiter am gleichen Platz graben. Geben wir uns ganz hin.

Sich dem Weg des Buddha zu verpflichten dauert das ganze Leben lang. Das bedeutet nicht, dass wir kein Haus haben dürfen und vieles andere nicht tun dürfen. Wir müssen nur alles im Bewusstsein des *Dhamma* tun. Dann wird alles, was wir tun, zur Lehre und jede Situation eine Lernsituation.

Die Gegenmittel, die der Buddha gegen skeptische Zweifel empfohlen hat, sind die gleichen wie jene gegen Ruhelosigkeit und Sorge: Sich mit dem *Dhamma* beschäftigen und sich mit weisen, reifen Menschen umgeben.

Der Buddha sagte, dass derjenige, der die fünf Hindernisse überwunden hat, seine Arbeit beendet hat und nichts weiter zu tun braucht. Die fünf Hindernisse sind unsere Eintrittskarte zu *Samsāra*, dem Kreislauf von Geburt, Tod und Wiedergeburt. Sie garantieren unseren dauerhaften Aufenthalt im Daseinskreislauf. Wollen wir heraus, dann müssen wir etwas unternehmen. Sogar eine kleine Verminderung dieser Hindernisse kann das Leben viel leichter werden lassen. Und das wünschen sich doch alle Menschen. Wahre Erleichterung kann aber nicht durch körperliches Wohlbefinden erreicht werden. Die ersehnte Erleichterung wird nur durch geistiges Wohlbehagen erworben, und die fünf Hindernisse repräsentieren geistiges Unbehagen.

6

Karma und Wiedergeburt

Karma und Wiedergeburt sind zwei faszinierende Themen, werden aber oft falsch verstanden. Es ist wichtig, dass wir ihrer zutiefst gewahr werden. Zuerst werden wir *Karma* betrachten.

Karma

«Ich bin der Eigentümer meines *Karma*. Ich erbe mein *Karma*. Ich bin durch mein *Karma* auf die Welt gekommen. Ich bin mit meinem *Karma* eng verbunden. Mein *Karma* unterstützt mein Leben. Welches *Karma* ich mir schaffe – es sei gut oder schlecht –, dessen Erbe werde ich sein.» Der Buddha ermahnte uns, wir sollten uns jeden Tag unseres Lebens daran erinnern. Warum ist das so wichtig?

Wörtlich übersetzt bedeutet *Karma* Handlung. So wurde es zu Zeiten des Buddha auch benutzt. *Karma*-Yoga heißt das Yoga der Handlung. Der Buddha sagt: «*Karma*, ihr Mönche, ist die Absicht.» Es bedeutet nicht nur jede Form von Handlung, sondern auch die dahintersteckende Absicht. Absicht liegt nicht nur in dem, was wir tun. Es steckt ebenfalls in dem, was wir denken und sagen. Die Art und Weise, wie wir das Wort *Karma* benutzen, ist genau genommen nicht ganz korrekt, weil wir nicht nur unsere Taten damit meinen, sondern auch deren Ergebnisse. Da aber das Wort *Karma* allgemein gebräuchlich ist, wollen wir es beibehalten.

Es existieren große Unterschiede zwischen dem, was wir absichtlich tun, und unserem unabsichtlichen Handeln. Treten wir zufällig eine Ameise tot, dann haben wir sie wahrscheinlich nicht gesehen. Das mag ein Mangel an Achtsamkeit sein, aber nicht das *Karma* des Tötens. Eine solche Absicht war nicht vorhanden. Gießen wir aber Gift auf einen Ameisenhaufen in unserem Garten, um so viele Ameisen wie möglich zu töten, dann ist das *Karma* des Tötens erfüllt, denn es steckt Absicht dahinter. Die Weisheit des Buddha macht uns den Unterschied klar zwischen Handlung und Absicht.

Was wir beabsichtigen, bringt Resultate, und unsere Handlungen werden durch einen vorausgehenden Gedanken verursacht. So ist das Denken ein Teil von uns, dem wir volle Aufmerksamkeit zuwenden müssen. Das versuchen wir durch die Meditation zu lernen. Ehe wir nicht unseren Denkprozess kennenlernen, werden wir kein gutes *Karma* schaffen können, egal, was wir tun, denn wir kennen die Absicht nicht. Erkennen wir unsere Gedanken aber, dann können wir sie wandeln und hoffentlich sogar in die richtige Richtung lenken – in jene des guten *Karma.* Manche Menschen denken, dass sie gutes *Karma* erwerben wollen, um für sich eine gute Wiedergeburt zu bewirken. Das ist eine Art Handelsabkommen, wenn man etwas tut, um etwas dafür zu erhalten. Immerhin ist das besser, als an gar nichts zu denken und blind nur seine Instinkte zu leben. Das erhoffte Ergebnis wird sich aber nicht einstellen, weil dieses Ansinnen zu egoistisch ist.

Gute Handlungen sollten aus Weisheit heraus getan werden, weil wir erkennen, dass alles andere nur Unglück für uns selbst bringt. Güte ist notwendig, um mit sich selbst und anderen in Frieden und Harmonie zu leben. Resultate zu erwarten bedeutet Anhaftung und Erwartung. Alle Erwartungen enden in Enttäuschung. Keine Erwartung kann jemals so erfüllt werden, wie wir es uns erhoffen. Erwartungen leiten uns eher in die Zukunft, als dass sie uns in der Gegenwart festhalten. Ins nächste Leben, ins übernächste oder in das danach? In welches Leben? Was ist mit den nächsten fünf Minuten? Im Idealfall wird die gute Handlung so zur zweiten Natur, dass etwas anderes gar nicht mehr möglich ist. Solange aber noch anderes möglich ist, muss unsere Richtung von der Weisheit diktiert werden.

Wenn zwei das Gleiche tun, ist es noch lange nicht dasselbe! Buddha verglich das Schaffen von üblem *Karma* mit jemandem, der einen Teelöffel voll Salz in ein Glas Wasser oder in den Ganges schüttet. Das Wasser im Glas wird durch einen Teelöffel Salz untrinkbar, wogegen die gleiche Menge Salz im Ganges nicht den geringsten Unterschied macht. Wer sehr viel gutes *Karma* besitzt, einen ganzen Fluss voll, dem wird eine fehlerhafte oder undankbare Tat nicht viel anhaben. Verfügt aber jemand nur über wenig gutes *Karma*, eine Tasse voll, so wird ihm ein einziger Fehler das ganze Leben versalzen. Da wir nicht wissen, was wir hinter uns haben, nehmen wir besser an, dass wir nur über eine Tasse voll verfügen. Wir wundern uns manchmal, wie jemand, der alle Arten von unguten Taten vollbringt, dennoch recht glücklich zu leben scheint. Warum wird er nicht bestraft? Einfach darum, weil er es bis jetzt noch nicht verdient hat.

Wir bekommen genau das, was wir verdienen. Das ist weder zufällig so, noch ist es chaotisch. Es gibt keinen Grund zu denken, dass im Universum Chaos herrscht. Sonne, Mond und Sterne, alles funktioniert nach einem Muster – sogar dieser kleine Globus, auf dem wir leben. Genauso verhält es sich mit unserem *Karma*.

Karma ist unparteiisch, und das wird oft vergessen. Es bevorzugt nicht. Es ist Ursache und Wirkung. Es zieht keine Individuen in Betracht. Was in den Strom des Geschehens eingebracht wird, bringt schließlich ein Ergebnis hervor.

Aus vergangenen Leben bringen wir gewisse Neigungen

mit. Dennoch ist ein Großteil dessen, was uns geschieht, ein Ergebnis gegenwärtiger Handlungen. Wir brauchen nicht zu denken: «Aha, das basiert auf einer Tat, die ich drei Lebzeiten zuvor beging.» Oder: «Wenn ich das jetzt tue, wird mein nächstes Leben gut sein.» Damit würden wir es uns zu leicht machen und unsere Verantwortlichkeit leugnen. Übernimmt man die volle Verantwortung für sich selbst – und jeder intelligente, denkende Mensch muss das tun –, dann kann man darauf schließen, dass man gewisse Dinge in diesem Leben getan oder unterlassen hat und nun die Ergebnisse präsentiert bekommt.

Die Zusammenhänge können leicht gefunden werden. Die geschickten und gewinnbringenden Handlungen, die wir in diesem Leben ausgeführt haben, werden Ergebnisse zeigen. Sie zeigen sich in unseren Fähigkeiten, in unserer Stärke, Gesundheit oder im Charakter. Wir sind die Schöpfer unseres Schicksals. Niemand kann tatsächlich etwas für uns tun. Wenn wir glauben, jemand anders könne für uns handeln, dann haben wir nicht verstanden, was das bedeutet: «Mein *Karma* gehört mir.» Das ist das Einzige, was wir wirklich besitzen. Alles andere ist nur geliehen. Wir können nichts mitnehmen außer *Karma*. Alles andere bekommen unsere Erben – denen die nach uns kommen. Das *Karma* gehört uns.

Wir bringen Anlagen mit, die uns Gelegenheiten verschaffen. Wir verfügen über die Möglichkeit der Wahl – aber nicht unbegrenzt. Wir hatten alle die Wahl, zu diesem Retreat zu kommen oder nicht. Ihr habt das gute *Karma* des Kommens gewählt. Seid ihr erst einmal hier, habt ihr ununterbrochen die Wahl. Wenn ihr das *Dhamma* hört, könnt ihr nur halb bei der Sache sein oder völlig konzentriert. Hört ihr aufmerksam zu, habt ihr wieder die Wahl. Ihr könnt umgehend alles vergessen, oder ihr könnt euch bemühen, möglichst viel davon zu behalten. Habt ihr euch für die Erinnerung entschlossen, dann könnt ihr versuchen, wirklich danach zu leben, oder ihr könnt es als interessante Erfahrung verbuchen. Entscheidet ihr euch danach zu leben, dann könnt ihr das jederzeit versuchen oder nur bei besonderen Gelegenheiten.

Die Wahl liegt bei uns selbst, immer, in jedem einzelnen Augenblick. In jedem Moment wird *Karma* erschaffen, außer im Schlaf. Darum ist es so grundlegend wichtig, das Geschick zu entwickeln, im Augenblick zu leben. Beobachten wir nicht jeden Augenblick, wird er sich nicht auf der Haben-Seite auszahlen. Zu viele negative Momente sind möglich. Der Geist muss ständig beobachtet werden, weil es sich immer um Augenblicke der Wahl handelt, und diese erschaffen *Karma*. Je mehr gewinnbringende und geschickte Entscheidungen wir treffen, desto mehr Möglichkeiten eröffnen sich. Es ist als ob man in einem Haus mit vielen Fenstern und Türen wohnte. Man hat viele Möglichkeiten, um hinauszugehen. Wählen wir oft genug falsch, verschwinden die Möglichkeiten so weit, dass wir uns bald in einer Zelle wiederfinden, aus der wir befreit werden müssen. Wenn wir uns jemals gewundert haben, weshalb einige Menschen so viele Möglichkeiten geboten bekommen und wir nicht, dann ist das strikt auf das geschaffene *Karma* zurückzuführen.

Der Buddha sagte, dass einige Menschen im Licht geboren werden und zum Licht gehen. Andere sind im Licht geboren und gehen in die Dunkelheit. Wieder andere sind in der Dunkelheit geboren und gehen ins Licht. Und dann gibt es noch jene, die in der Dunkelheit geboren sind und in diese gehen. Das heißt, dass es nicht wichtig ist wo wir geboren wurden. Wir haben alle die Möglichkeit der Wahl.

Helen Keller wurde taubstumm und blind geboren. Sie schaffte eine akademische Ausbildung, schrieb Bücher und trug dazu bei, dass Behinderte besser leben können. Offensichtlich wurde sie in der Dunkelheit geboren, aber sie ging ins Licht.

Jeder hat Gelegenheiten – jeden Augenblick. Nutzen wir

sie nicht sofort, dann werden sie möglicherweise nie wieder erscheinen. Haben wir eine einzige übersehen, dann haben wir ein Fenster oder eine Tür in unserem Haus verloren. So ist jeden Augenblick totale Aufmerksamkeit erforderlich.

Der Buddha verglich *Karma* mit einem Spinnennetz, das so dicht gewebt ist, dass man weder Anfang noch Ende des Fadens finden kann. Wir können nicht wissen, ob wir heute krank sind, weil wir vor 15 Jahren etwas Ungeschicktes taten oder weil wir gestern etwas Unbekömmliches gegessen haben. Ursachen, Wirkungen und Ergebnisse sind so miteinander verwoben, dass wir nicht genau erkennen können, wie etwas entstanden ist. Die Hauptereignisse unseres Lebens sind jedoch deutlich erkennbar. Es ist einfach, sich an falsche Entscheidungen zu erinnern, die wir aus selbstsüchtigen Motiven getroffen haben. Wir können die Resultate sehen.

Das *Karma*, das uns aus der Vergangenheit verfolgt, und jenes, das wir in Zukunft ansammeln werden, ist nicht wirklich wichtig. Denn die Vergangenheit ist wie ein Traum, und die Zukunft ist noch nicht da. Das Einzige, das für jeden interessant ist, ist das Jetzt. Alles andere ähnelt dem Leben in einer Traumwelt, in welcher man nie so recht wach ist. Darin ist keine wirkliche Freude zu finden. Eine nebelhafte Unwirklichkeit haftet diesem Zustand an. Jeder Unerleuchtete lebt in einem gewissen Nebel, aber man kann zumindest versuchen, aus dem Traum zu erwachen. Tatsächlich existiert kein anderer Augenblick als der gegenwärtige. Wir können unmöglich gestern noch einmal erleben oder morgen jetzt erfahren. Wir können nur eines: Im Jetzt leben. Dazu muss man vollkommen wach und bewusst sein. Wach sein und sich der eigenen Absichten gewahr werden.

Der Geist ist der Herr. Was nicht vom Geist erschaffen wurde, existiert nicht. Es mag etwas von den Gedanken eines anderen Menschen erschaffen worden sein, dann existiert es für uns aber nicht. Der dahinterliegende Gedanke ist der Schöpfer allen *Karmas*. Wir haben drei Türen: Gedanke, Rede und Tat. Durch diese drei wird *Karma* geschaffen, und durch sie haben wir Kontakt mit der Welt.

Obwohl der Gedanke die zugrundeliegende Ursache ist, löst er doch das schwächste *Karma* aus, wenn er nicht in Worte oder Taten umgesetzt wird.

Nehmen wir einmal an, wir hassen jemanden, und der Gedanke blitzt durch unseren Sinn: «Wenn der mir begegnet, dann bringe ich ihn um.» Wir sagen oder tun aber nichts dergleichen. Obwohl das als ungeschicktes Denken kein gutes *Karma* schafft, ist doch nicht viel daraus entstanden, und das *Karma* ist recht schwach. Denken wir das aber oft genug, wird es im Geist eine Spur hinterlassen, und das wird sich schließlich in Worten äußern. Begegnen wir der betreffenden Person, dann sagen wir vielleicht: «Kommst du mir noch einmal zu nahe, dann bringe ich dich um.» Das wäre dann ein viel stärkeres *Karma*. Zuerst haben wir einen Feind geschaffen, und dann haben wir den Gedanken durch Worte verstärkt. Sagen wir es oft genug, werden wir den Gedanken schließlich in die Tat umsetzen. Das ist offensichtlich das stärkste *Karma* und wird auch starke Auswirkungen haben. Darum muss der Gedanke beobachtet und nötigenfalls verändert werden. Taucht ein übler Gedanke auf, sollte man sich hüten, ihn in Worte oder Taten umzusetzen.

Wiedergeburt

Die Wiedergeburt wird oft mit Faszination, Hoffnung, Wunschdenken oder totaler Ablehnung betrachtet. Ein klassisches Gleichnis für die Wiedergeburt handelt von einer Kerze. Eine Kerze ist bis zu einem kleinen Rest heruntergebrannt. Eine neue Kerze wird an der verlöschenden entzündet, dann geht die alte Kerze aus, und die neue brennt weiter. Es gibt offensichtlich einen neuen

Wachskörper, aber ist es die gleiche Flamme oder eine andere? Würden wir abstimmen, dann wäre die eine Hälfte von euch der Ansicht, es handele sich um die gleiche Flamme, und die andere Hälfte würde für eine andere Flamme stimmen. Keines von beiden ist richtig. Was geschieht, ist eine Energieübertragung. Die Hitze wurde übertragen. Hitze ist Energie, und das geschieht bei der Wiedergeburt: Eine Übertragung der Hitze unserer Lebensleidenschaft. Unser leidenschaftlicher Wunsch zu überleben erlischt nicht bis zur Erleuchtung.

Der Buddha wurde von dem Wanderer Vacchagotta gefragt: «Was geschieht mit einem Erleuchteten nach dem Tod? Wohin geht er?«. Der Buddha antwortete: «Wanderer, zünde ein Feuer mit den herumliegenden Hölzchen an.» Er zündete also ein Feuer an. Darauf sagte der Buddha: «Wirf nun noch etwas Holz hinein.» Er tat es, und der Buddha fragte: «Was geschieht?» Vacchagotta antwortete: «Oh das Feuer brennt gut.» Darauf sagte der Buddha: «Und jetzt hör auf, Holz hineinzuwerfen.» Nach einiger Zeit ging das Feuer aus, und der Buddha fragte: «Was ist mit dem Feuer passiert?» Darauf der Wanderer: «Das Feuer ist ausgegangen.» Der Buddha fragte: «Wohin ist es gegangen? Ist es vorwärts, rückwärts, nach rechts oder links gegangen, nach oben oder nach unten?» Der Wanderer sagte: «Es ging nirgends hin, es ging einfach aus.» Darauf der Buddha: «Das stimmt. Genau das geschieht mit einem Erleuchteten nach dem Tod.»

Es wird kein Holz mehr in das Feuer leidenschaftlicher Begierde, des Verlangens, des Wunsches zu leben geworfen, und so geht das Feuer aus. Der Erleuchtete schafft kein *Karma* mehr, also braucht nichts mehr wiedergeboren zu werden. Der Überlebenswunsch in uns ist der Passierschein zur Wiedergeburt. Die Hitze der Leidenschaft bewirkt die Übertragung von Energie. Diese Leidenschaft zeigt manchmal auch ihr anderes Gesicht. Man will nicht leben, weil das Leben so unangenehm ist. «Ich will leben» oder «Ich will nicht leben» ist die gleiche

Selbsttäuschung. Der Wunsch zu überleben ist unser stärkstes Verlangen. Es ist so stark, dass wir nicht einmal auf dem Totenbett nachgeben und aufgeben können.

Es heißt, dass der Augenblick des Todes der günstigste für die Erleuchtung sei, weil wir den Besitz unseres Körpers aufgeben müssen. Die meisten Menschen wollen aber nicht loslassen. Weil der Körper trotzdem loslässt, werden sie dazu gezwungen – meist unter Protest. Wenn man jedoch freiwillig aufgibt, kann das ein Augenblick der Erleuchtung sein. Während man ein angenehmes Leben führt, in dem alles gutzugehen scheint, das Essen gut ist, die Verdauung funktioniert, niemand uns übel will, gibt es keine Notwendigkeit loszulassen. Befreiung hat zu diesem Zeitpunkt nicht die erste Priorität. Beim Tod kann es dann aber das Einzige sein, was wir noch können – loslassen.

Was durch Gewohnheitsdenken, Reden und Handeln in den Geist eingebettet ist, schafft eine karmische Ansammlung. Was wiedergeboren wird, ist eine genetische und karmische, völlig unparteiische Blaupause. Der Buddha sagte, es sei falsch zu denken, dass derjenige, der *Karma* macht, und jener, der die Folgen zu tragen hat, ein und derselbe seien. Genauso falsch ist es, zwei verschiedene Personen anzunehmen. Die Antwort liegt in der Mitte. Es gibt Kontinuität, aber kein Wesen. Es existiert keine individuelle Person, die *Karma* verursacht und auch die Folgen davon trägt, aber es gibt Kontinuität. Dass nicht die gleiche Person wiedergeboren wird ist klar, weil Körper, Gedanken und Gefühle sich verändert haben. Es hat sich alles gewandelt, vom Augenblick des *Karma*-Machens bis zu jenem, wo die Folgen zu tragen sind. Dass es aber eine Kontinuität gibt zwischen demjenigen, der *Karma* bewirkt, und jenem, der die Folgen zu tragen hat, ist ebenfalls klar. *Karma* zieht sich durch unser Leben. Es umfasst unsere vergangenen Handlungen. Das bedeutet aber nicht, dass wir sagen können, «Das ist halt mein *Karma*», und es dabei belassen.

Zur Zeit des Buddha gab es Lehrer, die behaupteten, alles sei *Karma*, und das schließt die Möglichkeit der Wahl aus. Der Buddha widersprach dieser Lehre. Es gab ebenfalls die Ansicht, nichts sei karmisch. Man könne tun, was man wolle, es gäbe keine Konsequenzen. Auch dieser Lehre hat der Buddha widersprochen. Es gibt *Karma*, und es gibt Folgen, aber es gibt auch die persönliche Wahlmöglichkeit. Im Hinblick auf die Wiedergeburt hat der Buddha die letzten Gedanken vor dem Tod mit einer Herde Kühe in einem Stall verglichen. Wenn die Tür geöffnet wird, geht die stärkste Kuh als erste hinaus. Gibt es keine stärkste, dann tritt die Kuh hinaus, die im Allgemeinen die Herde leitet. Gibt es auch keine solche, dann geht diejenige zuerst, die der Tür am nächsten ist. Oder es versuchen alle auf einmal hinauszukommen.

Das heißt, dass die letzten Gedanken den Anstoß für die Wiedergeburt geben. Es bedeutet nicht, dass vergangenes *Karma* ausgelöscht wird, lediglich unsere neue Geburtssituation wird beeinflusst. Unsere bedeutendste Tat wird uns in den Sinn kommen und die neue Richtung festlegen. Gibt es keine solche Tat, dann werden uns unsere gewohnten Gedanken in den Sinn kommen. Haben wir uns oft mit Liebe und Mitgefühl befasst, wird das in unseren letzten Gedanken auftauchen. Stehen wir an der Schwelle des Todes und haben keine besonderen Denkgewohnheiten, werden die letzten Gedanken sich um das drehen, was uns gerade bewegt. Wollen wir einem Sterbenden helfen, dann sollten wir ihn an seine guten Taten erinnern. Was als Letztes gehört wird, könnte in einer günstigen Wiedergeburt resultieren. Ohne eine dieser Möglichkeiten kreisen die Gedanken umher, und alles kann geschehen. Man überlässt es sozusagen dem Zufall.

Da wir alle den Augenblick des Todes erfahren werden, ist es angebracht, sich darauf vorzubereiten. Wir müssen für diesen wichtigen Augenblick bereit sein. Die Vorbereitung auf den Tod können wir treffen, indem wir uns die richtige Art des Denkens angewöhnen. Das wird uns zweifellos eine günstige Wiedergeburt verschaffen. Es wird auch gesagt, dass wir uns – wollen wir als Mensch wiedergeboren werden – strikt an die fünf Tugendregeln halten müssen und diese nicht ständig brechen dürfen. Die meisten Menschen haben Augenblicke, in denen sie einen der fünf Grundsätze nicht beachten, aber das gewohnheitsmäßige Überschreiten dieser Regeln erschwert eine menschliche Wiedergeburt sehr.

Eines Tages ging der Buddha mit seinen Mönchen am Strand entlang, und dabei sagte er ihnen: «Mönche, würden eine blinde Schildkröte und ein hölzernes Joch im Ozean schwimmen und die blinde Schildkröte käme einmal in hundert Jahren an die Oberfläche, um Luft zu schnappen, was meint ihr, Mönche, würde sie ihren Kopf durch das hölzerne Joch stecken?» Die Mönche antworteten: «Nein, Herr, das ist unmöglich. Beide könnten nicht zur gleichen Zeit am gleichen Ort sein, wenn sie im Weltmeer herumschwimmen.» Der Buddha erklärte: «Das ist nicht unmöglich. Es ist unwahrscheinlich, aber nicht unmöglich.» Und er fügte hinzu: «Genauso unwahrscheinlich ist es, als Mensch wiedergeboren zu werden.» Das sollte uns dazu veranlassen, unser menschliches Dasein, das wir mit unserer Geburt erreicht haben, so gut wie möglich zu nutzen. Wenn es so unwahrscheinlich ist, wird es uns vielleicht nie mehr gelingen.

Wir verfügen nicht nur über eine menschliche Wiedergeburt – was an sich schon ein großer Vorteil ist –, sondern dürfen auch über intakte Glieder und Sinne verfügen. Wir haben ausreichend Nahrung und sind gesund genug, um in der Meditation sitzen zu können. Dann haben wir noch den großen Vorteil, Zugang zum *Dhamma* zu haben. Man kann sagen, dass wir privilegiert sind. Betrachten wir das nicht als Verpflichtung, dann haben wir nicht verstanden, was es heißt, Eigentümer unseres eigenen

Karma zu sein. Das ist nicht nur eine Gelegenheit und ein Vorteil, sondern ebenfalls eine Verpflichtung. Wir müssen den Vorteil dieser Inkarnation wahrnehmen.

Es gibt noch einen anderen Aspekt der Wiedergeburt, den wir berücksichtigen müssen: Wir alle werden in jedem Augenblick neu geboren. Sehr wenige sind so aufmerksam und bewusst, dies zu bemerken. Uns kann aber wenigstens bewusst werden, dass wir jeden Morgen wiedergeboren werden. Das ist nicht schwierig. Der Tag ist vorbei, und die Nacht bricht an. Körper und Geist sind «tod»-müde, und wir schlafen ein. Das Erwachen am Morgen ist wie eine neue Geburt. Körper und Geist sind wieder frisch und jung, und wir haben den ganzen Tag zur Verfügung, um ihn auf die bestmögliche Art und Weise zu nutzen, genauso, als ob es ein ganz neu es Leben wäre. Betrachte jeden Morgen als neue Geburt, und du verstehst, dass nur dieser Tag existiert. Wir können auch versuchen zu begreifen, was es heißt, jeden Tag zum vollen Vorteil zu nutzen. Das bedeutet Wachstum – spirituelles, geistiges und emotionales Wachstum. Es bedeutet nicht, herumzueilen und so viel wie möglich zu erledigen.

Dieser Aspekt ist viel wichtiger, als über ein nächstes Leben nachzusinnen. Was beim nächsten Mal passieren wird, ist völlig abhängig von dem, was wir jetzt tun. Darum ist nur das Jetzt wichtig. Das Jetzt ist die Ursache, das nächste Leben die Folge davon. Es ist auch viel wichtiger, als daran herumzurätseln, was in einer früheren Inkarnation geschah. Das ist vorbei. Dass sich die meisten von uns nicht an frühere Leben erinnern können, hat einen guten Grund. Wir erfahren genügend Enttäuschungen in diesem Leben, sodass wir uns nicht auch noch mit Leiden aus vergangenen Existenzen herumplagen sollten. Ein Geist, der noch mit seinen gegenwärtigen Täuschungen zu kämpfen hat, ist nicht in der Lage, doppeltes Leid zu ertragen.

Unsere tägliche Wiedergeburt kann uns das Gefühl der

Dringlichkeit vermitteln, das ein wichtiger Bestandteil des spirituellen Lebens ist. Dringlichkeit entsteht, wenn man wirkliches Leid kennt. Es ist die Dringlichkeit, jetzt zu handeln und nicht zu warten.

7

Die Lehrrede über die Liebende Güte

Was von jemandem getan werden sollte, der im Heilsein geübt ist, um den Zustand der Friedfertigkeit zu erlangen, ist dies:

Er sei fähig, aufrecht, geradlinig und nicht hochmütig,
leicht anzusprechen, mild und zufrieden,
leicht zufriedenzustellen,
nicht zu geschäftig und genügsam,
mit beruhigten Sinnen, klar der Verstand,
nicht anmaßend, unbeeindruckt von den Gefühlen
anderer.

Auch nicht im Kleinsten gäb es ein Vergehen,
wofür uns Weise tadeln könnten.

Mögen alle Wesen glücklich sein und Frieden finden.
Was es auch an lebenden Wesen gibt:
ob stark oder schwach, ob groß oder klein,
ob sichtbar oder unsichtbar, fern oder nah,
ob einer Geburt zustrebend –
mögen sie alle glücklich sein.

Niemand betrüge oder verachte einen anderen.
Aus Ärger oder Übelwollen wünsche man
keinem irgendwelches Unglück.

Wie eine Mutter mit ihrem Leben
ihr einzig Kind beschützt und behütet,

so möge man für alle Wesen und die ganze Welt
ein unbegrenzt liebendes Gemüt erwecken:
Ohne Hass und ohne Feindschaft
nach oben, nach unten, in alle Richtungen.

Im Gehen, Stehen, Sitzen oder Liegen
entfalte man eifrig die Bedingungslose Liebe:
Dies nennt man Weilen im Heiligen.

Wer sich nicht an Ansichten verliert,
Tugend und Weisheit in sich trägt,
dem Sinnengenuss nicht verhaftet ist —
für den gibt es keine Geburt mehr.

Sutta-Nipāta (I,8)

Stehen wir zu nah vor einem Spiegel, dann können wir nichts mehr sehen. Stehen wir zu weit weg, dann sehen wir auch nichts. Wir brauchen den richtigen Abstand, um erkennen zu können, was wir sehen. Die Lehrrede über die Liebende Güte ist vielen von uns sehr nah. Wir wissen, dass sie besagt, wir sollen jeden lieben. Das ist ganz richtig. Besonders jene Menschen, die uns Ärger bereiten und diejenigen, die nicht unseren Wünschen und Erwartungen entsprechen. Betrachten wir die Lehrrede über die Liebende Güte aus der Nähe, wenn wir zu weit davon entfernt sind, oder treten wir einen Schritt zurück vom lediglichen Hören der Worte, damit wir sehen, was wirklich gemeint ist.

Die Lehrrede beginnt: «*Was von jemandem getan werden sollte, der im Heilsein geübt ist ...*» Das ist eine interessante Aussage, denn es erklärt Heilsein als eine Kunstfertigkeit, und diese kann erlernt werden. Wir alle haben Fertigkeiten erlernt: Reden ist eine, sogar Gehen ist eine. All das mussten wir lernen, als wir noch sehr klein waren, und jetzt, nach all diesen Jahren, können wir es doch recht gut. Meditation ist eine Fertigkeit und kann erlernt werden und wird erlernt. Ein Auto zu fahren und Wäsche zu waschen sind Fertigkeiten. Wir lernen diese fast automatisch durch täglichen Kontakt damit.

Heilsein erlernen wir durch Ausbildung und durch unsere Umgebung. Sie wird aber nie vervollkommnet, wenn wir uns nicht bewusst darum bemühen. Sie begegnet uns nicht einfach. Wir haben alle etwas davon, sonst wären wir nicht hier. Das *Karma* des Heilsamen hat uns hierher gebracht, aber wir haben auch gegensätzliches *Karma.* Der Buddha gibt uns in seiner Rede über die Liebende Güte genaue Anweisungen, wie wir das Heilsein vervollkommnen können. Es handelt sich um eine kurze Lehrrede, die mit sehr weltlichen Unterweisungen beginnt und den ganzen Weg bis zur vollen Erleuchtung aufzeigt. Die Lehrreden des Buddha sind häufig stufenförmig aufgebaut. Jeder hört zu, ob er sich nun am Beginn seiner Praxis oder schon fast am Ende derselben befindet, und alle profitieren. Jene, die aufnehmen was sie hören, können die ganze Rede nutzen und von den weltlichen Bedingungen zu den überweltlichen gelangen.

Der Buddha hat gesagt, dass seine Lehren wie ein Ozean seien. Wenn wir uns ihm vom Strand aus nähern, ist er zuerst seicht. Er benetzt gerade unsere Füße. Gehen wir tiefer hinein, werden wir zuerst umgeben und endlich vollkommen aufgenommen von ihm. Genauso verhält es sich mit der Lehre. Wir beginnen, indem wir erst einmal die große Zehe eintauchen, um die Temperatur zu prüfen. Vielleicht probieren wir die Meditation für einen halben Tag aus, dann zwei Tage lang, bis wir schließlich den Mut aufbringen, zu einem zehntägigen Seminar zu kommen und es durchzusitzen. Wir nehmen die Lehre nach und nach auf, bis schließlich unser ganzes Leben davon bestimmt wird.

Der nächste Satz lautet: «*Um den Zustand der Friedfertigkeit zu erlangen ...*» Er sagt deutlich aus, dass Friedfertigkeit uns nicht geschenkt wird. Wir müssen sie verdienen. Sie wird uns nicht zu eigen, weil wir sie mögen oder haben wollen oder weil sie wünschenswert ist. Wir müssen sie durch Bemühung erlangen. Kein Verdienst kommt von selbst. Wir müssen uns dafür einsetzen und uns bemühen.

Der Buddha erklärt weiter, welche Umstände notwendig sind, um im Umgang mit dem Heilsein geschickt zu werden und den Zustand der Friedfertigkeit zu erlangen. Diese beiden sind die Grundlagen für das Wichtigste in dieser Rede, nämlich die Art und Weise, wie wir uns anderen Menschen nähern sollen. Aber als Erstes muss man für sich selbst etwas tun. Es nützt nichts, «Liebe, Liebe» zu sagen oder zu denken, wenn wir nichts weiter zu unserer eigenen Läuterung beitragen.

Der Buddha hat fünfzehn Voraussetzungen aufgezählt, die wir erfüllen müssen, um den Menschen in unserem Umfeld und der ganzen Welt liebend zu begegnen. Sie beginnen mit *er sei fähig*. Man muss also Fähigkeiten entwickeln und sich nicht von anderen abhängig machen. Man soll sich auf sich selbst verlassen. Diese Selbstverlässlichkeit schenkt Selbstvertrauen, und das schafft wiederum ein Gefühl von Sicherheit. Wir können erst dann lieben, wenn wir uns sicher fühlen. Solange wir auf andere angewiesen sind, um zu überleben und die notwendigsten täglichen Aufgaben zu verrichten, solange, wir von ihrer Hilfe, ihrem Beistand, ihrem Wohlwollen abhängig sind, werden wir in ständiger Angst leben, dass sie uns verlassen könnten. Angst kann keinen Frieden aufkommen lassen. Wir sind alle voneinander abhängig, aber die Angst, verlassen zu werden oder nicht gut genug für uns selbst sorgen zu können, schafft eine ganz andere Situation. Weil wir uns so unsicher fühlen, kann sie so angsterfüllt werden, dass wir uns mit recht demütigenden Bedingungen zufriedengeben, nur damit es irgendwie weitergeht. Das führt nicht zum Frieden.

Er sei ... aufrecht ... Jemand, der aufrecht ist, sagt die Wahrheit, das ist grundlegend. Aber ein solcher Mensch wird auch nichts und niemandem zum eigenen Vorteil manipulieren. Aufrecht sein bedeutet, absolut ehrlich zu sein, und das heißt, sich gemäß dem eigenen Verständnis auszudrücken und nicht, um anderen zu gefallen. Aufrecht sein heißt, sich um absolute Wahrheit bemühen. Die Lehre des Buddha ist eingebettet in die *Vier Edlen Wahrheiten.* Wenn wir aufrecht sind, können wir sicher sein, dass wir nicht von der Art und Weise abweichen, wie wir fühlen und verstehen. Wir wissen, dass wir uns selbst treu bleiben. Ohne diese Eigenschaft kann es keinen Frieden geben.

Die nächste Bedingung lautet, *geradlinig* zu sein. Das bedeutet, ohne Umschweife und ohne Schönfärberei oder Schmeicheleien auszudrücken was man meint. Dazu gehört ein geradliniger Geist. Ein Mensch, der nicht geradlinig denken kann, wird es sehr schwer haben damit. Es ist eine Fertigkeit und muss durch aufmerksames Beobachten des Geistes kultiviert werden. Weiß man, dass jemand geradeheraus ist, ist es einfach, sich auf diesen Menschen zu verlassen. Wir wissen, dass er sagt, was er meint. Wir brauchen nicht zu rätseln, was er gemeint haben könnte. Solch einem Menschen können wir vertrauen. Vertrauenswürdigkeit unterstützt friedliche Beziehungen. Würden die Menschen einander mehr vertrauen und sich des Vertrauens würdig erweisen, gäbe es weit weniger Verwirrung in den menschlichen Beziehungen.

Und nicht hochmütig ... «Hochmut kommt vor dem Fall» lautet ein Sprichwort. Hochmut ist selbstzentrierter Unsinn, betrifft er nun die Familie, Besitztümer, Fähigkeiten, Verdienste oder das Aussehen. Es dient alles nur der Ego-Bestätigung. Aber es geht sogar noch weiter: Hochmut schafft ein Gefühl der Überlegenheit und verhärtet den Geist.

Es gibt eine Geschichte von einem Brahmanen, dessen Spitznamen Steifstolz war, weil er sich vor niemandem zu Boden warf. Weder vor seinen eigenen Göttern noch vor einem seiner Lehrer. Er kam auch nie, um die Lehren des Buddha zu hören. Zu aller Erstaunen erschien er eines Tages doch. Er lauschte den Worten des Buddha, und als dieser geendet hatte, ging er hin und warf sich nieder. Die ganze Versammlung staunte. Dann traf er mit dem Buddha ein Abkommen. Er sagte, dass er gern sein Schüler werden wolle, nachdem er seinen Vortrag gehört habe, aber er habe einen Ruf zu verteidigen. Ob es wohl ginge, dass er jedesmal, wenn er in Zukunft dem Buddha begegne, seinen Hut als Gruß hochhebe, anstatt sich niederzuwerfen? Der Buddha war einverstanden, und so behielt der Brahmane seinen Spitznamen bis zu seinem Tod.

Steif vor Stolz – so beschreiben wir diese Haltung. Steifheit zeigt die Unfähigkeit an, neue Ideen und Ansichten zu akzeptieren. Stolz ist ein Standpunkt, und alles Neue bringt die Grundlage in Gefahr, auf welcher dieser Stolz beruht. Für einen hochmütigen Menschen ist es äußerst schwierig, etwas Neues zu lernen. Solche Menschen sagen üblicherweise «ich weiß», obwohl sie nichts wissen.

Leicht anzusprechen ... Ein Mensch, der leicht ansprechbar ist, neigt nicht zu Ärger, Zorn oder Wut bei den geringsten Anlässen. Er ist jemand, der interessiert ist an dem, was andere zu sagen haben, jemand, der zuhören kann. Nur wenige haben die Kunst des Zuhörens entwickelt. Eine mühelose Ansprechbarkeit macht die Beziehungen unter den Menschen einfacher. Andere können sicher sein, dass wir ihnen Sympathie entgegenbringen, ihnen zuhören, dass wir sie nicht anschuldigen und dass wir versuchen werden, hilfreich zu sein.

«Leicht anzusprechen» ist nicht gleichzusetzen mit hohlem Geschwätz. Es wird nicht geredet um des Redens willen. Es bedeutet, dass man es für wert erachtet, ein Gespräch zu führen, und dass sich Mitgefühl entwickelt hat. Ohne Mitgefühl ist man nicht leicht ansprechbar, weil dann alle Gedanken ständig um das eigene Selbst kreisen.

Man braucht alle diese Fertigkeiten, bevor die Rede davon sein kann, irgendjemanden zu lieben. Das Wort «Liebe» kommt erst zur Sprache, wenn alle Voraussetzungen klar sind. Der Buddha benutzte ein Gleichnis, das für viele verschiedene Menschentypen zutrifft. Er verglich seine Zuhörer mit vier Arten von Lehmtöpfen. Die erste Art hat Löcher im Boden. Wenn man Wasser hineinschüttet, läuft es umgehend wieder hinaus, das heißt, alles Gehörte wird sofort wieder vergessen. Die zweite weist Sprünge auf. Wird Wasser hineingeschüttet, sickert es heraus, das bedeutet, bis jemand aufgestanden und zur Tür gegangen ist, hat er das meiste des Gehörten bereits vergessen. Die dritte ist angefüllt bis zum Rand. Damit sind jene Menschen gemeint, die sagen: «Ich weiß.» Sie hören überhaupt nicht zu, oder das Gehörte hinterlässt keinerlei Eindruck. Was man auch hineingießt, sie sind angefüllt mit ihrem eigenen Wissen und ihren Ansichten. Und dann gibt es noch jenen Lehmtopf, der keinerlei Beschädigungen aufweist – der total leer ist. Wenn man ihn mit Wasser anfüllt, bleibt es kühl und erfrischt alle, die davon trinken.

Die nächste Voraussetzung ist das *Mildsein.* Milde ist das Gegenteil von Aggressivität. Ein milder Mensch hat die Fähigkeit entwickelt, Fehler eher bei sich selbst zu suchen als bei anderen. Den eigenen Fehler zu erkennen ist hilfreich, weil man etwas dagegen tun kann. Fehler bei anderen zu finden ist nutzlos. Meistens fängt man damit an, den anderen nicht mehr zu mögen. Ablehnung, Diskussionen und Überzeugungsversuche sind nutzlos. Ein milder Mensch verfügt über Selbsteinsicht und Achtsamkeit, mit der er sich selbst immer wieder prüft.

Zufrieden ... Jemand, der zufrieden ist, ist entspannt. Wir müssen mit unserer Situation, unserem Einkommen, unserem Aussehen und mit unserem Wissen zufrieden sein. Das bedeutet nicht, dass wir selbstgefällig werden. Zufriedenheit und Selbstgefälligkeit sind nicht identisch.

Die Selbstgefälligkeit sagt: «Ich bin in Ordnung – mir geht's gut – ich habe alles getan, was ich konnte.» Zufriedenheit dagegen spricht: «So, wie die Dinge sind, geben sie mir Gelegenheit zu wachsen.» Zufriedenheit ist ausschlaggebend für Frieden. Unzufriedenheit schafft Chaos im eigenen Herzen und in der ganzen Welt. Unzufriedenheit lässt uns die unmöglichsten Dinge tun, um ihre angenommene Ursache zu beseitigen.

Wir diskutieren, versuchen, die Menschen, das ganze Land, die Nahrung, die Ideologie und manchmal sogar die Religion zu verändern. Und weshalb? Weil wir nicht zufrieden sind. Leider bringen solche Aktionen keine Zufriedenheit. Zufriedenheit können wir nur erlangen, indem wir uns selbst ändern. Das gelingt ausschließlich mit Geduld, ständigem Bemühen und mit Hilfe innerer Einsicht. Ohne Einsicht wird uns kaum etwas gelingen.

Leicht zufriedenzustellen ... Um leicht zufriedenzustellen zu sein, dürfen wir nicht allzu viele persönliche Ansprüche stellen, und zwar nicht, weil wir sie unterdrücken, sondern weil wir erkannt haben, dass sie uns nicht glücklich machen. Wir geben unser Streben auf nach mehr neuen Kleidern, Möbeln, Speisen oder anderen materiellen Objekten. Nur das schafft Zufriedenheit, weil wir zufrieden mit dem sind, was wir haben. Wir haben begriffen, dass alles, was wir kaufen oder bekommen, eines Tages kaputtgehen wird und weggeworfen werden muss und also nichts mit der Zufriedenheit des Geistes zu tun hat. Wenn unsere grundlegenden Ansprüche erfüllt sind, können wir ohne größere Not leben. Den Überfluss der verschiedenen Farben, Formen und Stile brauchen wir dagegen nicht, um zufrieden leben zu können.

Begehren ist schmerzhaft, weil es etwas aufzeigt, das fehlt.

Sind wir leicht zufriedenzustellen, dann geben wir die Begehrlichkeit auf und damit auch den Schmerz, *Dukkha*. Bekommen wir, was wir wünschen, dann sind wir für einen Moment lang zufriedengestellt. Bekommen wir es nicht, werden wir frustriert, und der Wunsch wird später immer wieder auftauchen. Das ist ein ewiger Teufelskreis, der die Friedfertigkeit in keiner Weise unterstützt. Ehe auch nur eine Ahnung von wahrer Güte auftauchen kann, müssen wir etliche Wünsche aufgeben, damit das Ego nicht andauernd im Zentrum unserer Aufmerksamkeit steht.

Nicht zu geschäftig ... Finden wir keine Zeit zur Selbsteinsicht, werden wir schwerlich eine Veränderung bewirken. Wenn wir Vereinsmitglieder sind oder ständig Freunde und Verwandte besuchen, wenn wir Betriebsamkeit um uns verbreiten und keine Zeit für Meditation und Kontemplation finden, können wir nicht zum Frieden gelangen. Um eine ruhige und friedliche Lebenssituation um uns und in uns zu schaffen, brauchen wir Zeit.

Genügsam ... Genügsamkeit ist eine Tugend. Sie beinhaltet Respekt für die Arbeit anderer und deren aufgewendete Mühe. Sie bedeutet auch, mit wenig zufrieden zu sein und nicht immer das Beste zu verlangen. Meistens steht immer noch etwas Besseres zur Verfügung. Es wird immer einen größeren Fernseher, Kühlschrank, ein neueres Auto oder ein schöneres Haus geben, um nur einige der unzähligen Möglichkeiten zu erwähnen. Wenn wir unser Leben dazu benutzen, diese materiellen Dinge zu erringen, dann ist das nicht nur verschwendete Zeit, sondern ein verschwendetes Menschenleben.

Genügsamkeit heißt, sich mit so wenig wie möglich zufriedenzugeben, anstatt immer so viel wie möglich anzustreben. Es gibt natürlich eine Grenze dabei, mit wie wenig wir wirklich auskommen. Unsere Wünsche kennen dagegen keine Grenzen. Sie haben uns sogar bis zum Mond gebracht. Was gibt es da noch zu sagen? Wer braucht den Mond? Wir können diese Dinge einmal hinterfragen und versuchen, unseren Lebensstil genügsam zu gestalten, weil auch das Frieden schenkt.

Mit beruhigten Sinnen ... Die Beruhigung der Sinne ist eine der wichtigen Empfehlungen des Buddha. Unsere Sinne führen uns ständig in die Irre. Wir sehen etwas, es gefällt uns – und schon wollen wir es besitzen, sei es auch nur eine Blume. Wir sehen eine schöne Blume, und das bringt uns dazu, sie zu pflücken und zu töten. Danach kann sie niemanden mehr erfreuen.

Sind wir stets aufmerksam und bewusst, können wir lernen, dass das Sehen nur Sehen ist. Hören ist lediglich Geräusch. Es ist der Geist, der alle diese Ideen in die Sinneseindrücke hineininterpretiert wie z.B.: «Das ist schön, darum will ich es. Das ist hässlich, davon will ich nichts mehr sehen und hören.» Unsere Sinne sind im ständigen Kontakt mit der Welt. Wir wollen nicht blind und taub sein oder unseren Tastsinn oder Geruchs- und Geschmackssinn verlieren. Das Leben würde dadurch sehr erschwert, aber die Sinne erschaffen eine Welt voller Illusionen. Sie sind Magier, weil sie beim kleinsten Kontakt im Geist einen Widerhall erzeugen. Das heißt, dass wir unsere Sinne wachsam beobachten müssen, damit wir uns nicht durch Geräusche, Gerüche, Geschmäcke und Berührungen dazu verführen lassen, diese zu begehren oder abzulehnen. Das ist eine schwierige Aufgabe, aber auch ein überaus wichtiger Aspekt, wenn wir das Leiden überwinden wollen.

Es gab einmal einen religiösen Lehrer namens Bahia. Weil er viele Jahre lang als geschätzter und verehrter Lehrer galt, bildete er sich schließlich ein, erleuchtet zu sein. Über einen langen Zeitraum hinweg kannte er weder Wünsche noch Ärger. Eines nachts erschien ihm ein Gott und sagte zu ihm: «Bahia, du bist nicht erleuchtet. Du kennst nicht einmal den Weg zur Erleuchtung.» Darüber regte sich Bahia sehr auf und entgegnete:

«Was? Ich soll nicht einmal den Weg zur Erleuchtung kennen? Wer kennt ihn dann? Sag's mir schnell.» Die Antwort lautete: «Der Buddha kennt den Weg zur Erleuchtung. Geh zu ihm.» Bahia erfragte den Aufenthalt des Buddha und machte sich noch in der gleichen Nacht auf die Suche nach ihm. Als er am Morgen zu dem Haus kam, in dem der Buddha sich aufhielt, sagten ihm die Leute: «Du kannst den Buddha im Moment nichts fragen, denn er ist gerade auf der Almosenrunde durch sein Reich.» Bahia wollte ihn suchen, um ihn zu befragen, obwohl die Leute sagten: «Bleib hier. Der Buddha beantwortet keine Fragen, wenn er auf der Runde ist.» Aber Bahia war unbelehrbar. Er wollte schnell herausfinden, wie er erleuchtet werden könne.

Er rannte davon und fand den Buddha schließlich auf der Runde durch das Dorf. Sofort warf er sich nieder und sprach: «Herr, ich möchte etwas fragen.» Der Buddha entgegnete: «Bahia, du kommst zur falschen Zeit.»

Bahia fragte nochmals und erhielt die gleiche Antwort. Als er ein drittes Mal fragte, sagte der Buddha: «Nun gut Bahia, was willst du wissen?» Bahia stellte seine Frage, wie er erleuchtet werden könne. Der Buddha antwortete folgendermaßen: «Für dich, Bahia, ist das, was du siehst, nur Gesehenes, das, was du kennst, nur Erkanntes.» Bahia bedankte sich und ging davon.

Als der Buddha am Nachmittag mit seinen Mönchen unterwegs war, fanden sie Bahia tot auf dem Gehweg liegen. Er war von einem ausgebrochenen Kalb getötet worden. Der Buddha erklärte: «Bahia wurde vor seinem Tod erleuchtet.» Dreißig Jahre lang hatte Bahia geübt und sicher auch schon in den vorhergegangenen Leben, deshalb hatte er die Worte des Buddha sofort verstanden. Sehen wir etwas, dann ist das lediglich etwas Gesehenes. In Wirklichkeit erfinden wir aber sofort eine Geschichte um das Gesehene herum, und diese führt sofort Zu- oder Abneigung herbei. Das Gleiche gilt für unsere anderen Sinne, die Erkenntnis, also der Denkprozess inbegriffen. Alle

Sinneseindrücke sind von Natur aus neutral, bis wir Vorlieben und Abneigungen daraus ableiten. Bahia hatte das verstanden.

Vielleicht verstehen wir jetzt auch und können üben. Das kann man unter jedweden Bedingungen tun. Wenn beispielsweise jemand hustet, wenn eine Tür knallt, ein Hund bellt, sich etwas bewegt, sind das alles Möglichkeiten, ausschließlich die Laute zu hören. Wenn wir eine schöne Blume betrachten, können wir sie ansehen, ohne zu denken: «Die werde ich in meinem Garten pflanzen, die will ich haben.» Einfach nur sehen und den Denkprozess erkennen, der dem Sinneskontakt folgt.

Von den *Arahants* wird gesagt, dass ihre Fähigkeiten daher kommen, dass sie ihre Sinne beruhigt und alle Wünsche losgelassen haben. Man nennt das Selbstbeherrschung, und es gibt dabei nichts zu gewinnen und nichts zu verlieren.

Die Sinne zu beruhigen heißt nicht, dass wir diese nicht benutzen sollen, noch bedeutet es, dass wir Wünsche unterdrücken sollen. Es bedeutet, dass wir die Sinne durch Einsicht als das erkennen sollen, was sie sind. Spüren wir beispielsweise einen Schmerz am Bein, wissen wir, dass dieser durch einen Sinneseindruck entstanden ist. Durch Eindrücke entstehen Gefühle. Daraus entstehen wiederum Wahrnehmungen wie: «Das tut weh.» Aus Wahrnehmungen entwickeln sich mentale Formen wie: «Das mag ich nicht. Ich sollte mich bewegen, damit ich es loswerde.» So wie wir unangenehme Laute oder Anblicke vermeiden wollen, geht es hier darum, einem unangenehmen Gefühl zu entrinnen. Wir müssen also üben, wahrzunehmen, was geschieht, aber nicht auf die gewohnte Art zu reagieren. Während wir unsere Sinne beruhigen, lassen auch die Wünsche nach, und wir erlangen ein Stück Frieden. Wünsche schaffen Ruhelosigkeit und Aufruhr im Herzen. Je stärker das Begehren, um so stärker der Aufruhr – besonders, wenn das Begehren nicht erfüllt werden kann. Nicht zu erhalten, was man sich wünscht, bedeutet Leiden. Die Beruhigung der Sinne führt zu Frieden.

Klar der Verstand ... Es ist interessant, dass ein klarer Verstand zu den fünfzehn Voraussetzungen gehört, weil wir meistens annehmen, dass dieser angeboren ist. Offensichtlich stimmt das nicht. Wenn jemand drei Monate lang das Bett hüten muss, dann muss er hinterher das Laufen wieder erlernen. Benutzen wir unseren Geist nicht, dann müssen wir denken lernen. Ein klarer Verstand kann und muss geschult werden durch Meditation. Meditieren wir nicht, ist es ganz schwierig, den Geist zu beruhigen. Der ungeübte Geist schweift umher, wie er will – vom glücklich sein zum unglücklich sein, von der Sorge zur Angst, vom Begehren zum Abwehren. Ein durch Meditation geschulter Geist ist fähig, seine Anlagen zum größten Vorteil zu nutzen. Man benötigt Klarheit, um die Lehren des Buddha zu verstehen. Ein klarer Geist ist beweglich und zugleich zielgerichtet. Er ist nicht auf seine alten Gewohnheiten und Muster fixiert. Er bewegt sich in die gewünschte Richtung und kann sich ausdehnen.

Nicht anmaßend ... Der Buddha hat ein interessantes Bild für das Verhalten von Frauen und Männern verwendet: «Männer sind wie Krähen, die herumstolzieren und ihren eigenen Vorteil suchen. Frauen dagegen wir Kriechtiere, die unter einem Baum Schutz suchen.» Beide müssen versuchen, diese Qualitäten abzulegen. Die Krähe ist ein Beispiel von Anmaßung. In unserem Nonnenkloster stehlen die Krähen das Futter der Katzen. Das ist frech. Sie fliegen in die Halle und fressen das Katzenfutter unter den Nasen der Katzen weg. Das ist unverschämt. Unverschämtheit drückt Anmaßung aus. Selbstvertrauen ist etwas anderes, es basiert auf der eigenen Zufriedenheit, die einem das Gefühl von Sicherheit gibt. Da gibt es keinen Grund mehr für Streitbarkeit. Niemand mag einen Menschen, der unverschämt ist und sich wie die Krähe auf Kosten anderer durchsetzt. Ein selbstsicherer Mensch kann ohne Angst auf eigenen Füßen stehen, weil er sich seiner Fähigkeiten und Möglichkeiten bewusst ist. Es gibt keinen Grund, andere von dieser Tatsache zu unterrichten. Das würde nur das Ego stärken – nicht die Selbstsicherheit.

Unbeeindruckt von den Gefühlen anderer ... Wenn jemand sich ärgert, brauchen wir nicht das Gleiche zu tun. Wenn jemand traurig ist, müssen wir nicht mit ihm trauern. Hat jemand eine niedrige Meinung von einem anderen, müssen wir ihm nicht zustimmen, denn wir finden kein Interesse an Gerüchten über andere. Wir haben unsere Gefühle unter Kontrolle.

Haben wir unsere Angstgefühle nicht in der Hand, können wir in Panik geraten. Können wir unseren Zorn nicht kontrollieren, kann heftiger Streit entstehen. Wenn wir unsere Gefühle nicht beherrschen, können uns andere ins Schwanken bringen. Geschwätz führt zu übler Nachrede, Panik, Krawallen und Krieg. Um von den Gefühlen der Allgemeinheit unberührt zu bleiben, müssen wir in Kontakt mit unseren eigenen Gefühlen sein und ihnen vertrauen. Wir wissen instinktiv, wann sie gut für uns sind und wann schlecht.

Auch nicht im Kleinsten gäbe es ein Vergehen, wofür uns Weise tadeln könnten ... Das ist die fünfzehnte Voraussetzung und bedeutet, dass die fünf Tugendregeln eingehalten werden müssen, als da sind:

1. Ich will mich darin üben, kein lebendes Wesen zu töten.
2. Ich will mich darin üben, nicht zu nehmen, was mir nicht gegeben wird.
3. Ich will mich darin üben, sexuelles Fehlverhalten zu vermeiden.
4. Ich will mich darin üben, nicht zu lügen und keine groben Worte zu verwenden.
5. Ich will mich darin üben, Alkohol und Drogen zu vermeiden.

Jedem vernünftigen Menschen wird die Verletzung dieser Regeln widerstreben. Ärger und Wut zu zeigen ist ebenfalls zu beanstanden. Es ist interessant, wie viele Menschen sich bemühen, dieses Verhalten loszuwerden. Und das nicht nur deshalb, weil es falsch ist, sondern weil es sich so schrecklich unangenehm anfühlt. Wünsche und Begierden werden dagegen kaum je kritisch betrachtet, und doch hindern beide das spirituelle Wachstum ganz gewaltig. Beide werden an dieser Stelle erwähnt als ein Teil der notwendigen Vorbereitungen, um anderen gegenüber wirkliche Liebende Güte zu empfinden.

Wir brauchen nirgendwohin zu gehen und niemandes Meinung zu erfragen, weil wir alle über ein Gewissen verfügen, das uns ganz deutlich sagt, was tadelnswert ist. Aber auch das schieben wir beiseite, indem wir sagen: «Aber ich musste das tun, weil ... » Und dann folgt eine Reihe von Rechtfertigungen und Rationalisierungen. Wir sollten damit aufhören, weil wir Bescheid wissen. Das Wissen um einen unheilsamen Gedanken, eine unheilsame Rede oder Handlung sollte genügen. Dieses Wissen sollte uns an der Wiederholung unserer Fehler hindern. Wir brauchen uns nicht selbst zu beschimpfen, indem wir innerlich ausrufen: «Ich bin entsetzlich! Was tue ich nur wieder Unmögliches.» Das ist keine Liebende Güte. Wir müssen uns selbst auch in die Liebende Güte einbeziehen. Rechtfertigungen und Rationalisierungen sind unnötig. Unser Verhaltensmuster ist zum momentanen Zeitpunkt einfach noch fehlerhaft. Das gibt uns die Aufgabe, daran zu arbeiten und unsere Fertigkeiten zu entwickeln. Diese fünfzehn Voraussetzungen sind die Basis, auf der die Liebenden Gefühle für andere entstehen können.

Erst in den folgenden Strophen spricht der Buddha über die Liebe zu anderen Wesen.

Mögen alle Wesen glücklich sein und Frieden finden ... So geht die Rede weiter. Würden wir diesen Gedanken stets im Sinn haben, dann könnten wir nie wieder etwas Negatives über jemanden denken.

Anschließend werden die verschiedenen Arten von Lebewesen beschrieben: *Was es auch an lebenden Wesen gibt: Ob stark oder schwach, ob groß oder klein, ob sichtbar oder unsichtbar, fern oder nah, ob einer Geburt zustrebend ...*

Unsere liebenden Gedanken sollten alle Lebewesen zu erreichen suchen, ob sie nun leben oder die Wiedergeburt suchen, menschliches oder tierisches Sein haben, gleichgültig, welcher Größe und Form, sichtbar oder unsichtbar, auf jeder Ebene, nichts ausschließend. Für uns sind nur Menschen und Tiere sichtbar, aber das bedeutet nicht, dass dies die einzigen existierenden Lebensformen sind. Nur weil unser Sehvermögen begrenzt ist, heißt das noch lange nicht, dass sonst nichts existiert. Bienen können beispielsweise ultraviolettes Licht wahrnehmen, was wir nicht können. Hunde hören sehr hohe Töne, die wir nicht mehr wahrnehmen können. Auch Unsichtbares und Unhörbares existiert.

Mögen sie alle glücklich sein ... Wir denken, dass alle Wesen in Glück und Harmonie leben sollten. Wir lernen, niemand Schmerz zuzufügen, und das bedeutet, dass wir rücksichtsvoll sind. Wenn wir uns immer wieder daran erinnern, auf diese Weise denken, dann werden Frieden und Sicherheit in uns sein und in jenen, denen wir begegnen.

Die nächste Zeile lautet: *Niemand betrüge oder verachte einen anderen.*

Niemand soll ein anderes Wesen verletzen. Ist eine Tat tadelnswert, dann bedeutet das nicht, dass wir den Täter verachten sollen. Die Handlung mag schädlich gewesen sein, aber wir müssen die Unwissenheit des Täters in Betracht ziehen.

Verachten wir ihn, dann machen wir schlechtes *Karma.* Es ist genug des Üblen, dass der andere Mensch es tut.

Wie eine Mutter mit ihrem Leben ihr einzig Kind beschützt und behütet, so möge man für alle Wesen und die ganze Welt ein unbegrenzt liebendes Gemüt erwecken ... Wenn wir uns vorstellen könnten, jedermanns Mutter zu sein – und wir könnten das durchaus in unseren vergangenen Leben gewesen sein –, dann könnten wir in etwa erkennen, wie wir anderen Menschen begegnen sollten, und zwar allen – ohne Ausnahme. So lauten die Anweisungen des Buddha, die uns als Richtlinie für unser Verhalten dienen sollen. Wenn wir die Gebeine all der Väter und Mütter, die wir in unseren vergangenen Leben hatten, aneinanderlegten – so der Buddha –, dann würden diese den ganzen Globus unzählige Male umrunden. Haben wir so zahlreiche Väter und Mütter gehabt, dann müssen wir genauso viele Kinder gehabt haben. Können wir in universellen Ausmaßen denken und nicht nur an die Kinder, die wir vielleicht hier und jetzt haben, dann können wir unsere Güte unendlich weit ausdehnen. Zählt die gesamte Menschheit zu unseren Kindern, werden wir wohl kaum erwarten können, dass sie alle konform mit unseren Ideen gehen und sich unseren Vorstellungen entsprechend verhalten. Sie sind nicht alle «mein». Denken wir in diesen Dimensionen, dann kann die Anhaftung an das, was wir als uns gehörend betrachten, ein wenig verringert werden. Eine Mutter setzt ihr Leben aufs Spiel, um ihre Kinder zu behüten, sagte der Buddha. Auf diese Art sollten wir für alle und jeden fühlen.

Das zu erfüllen scheint unmöglich, aber es ist wirklich eine Richtschnur, die uns zeigen soll, was an unserer Nächstenliebe fehlt. Es wird beispielsweise deutlich, wenn wir die Liebe zu unseren eigenen Kindern mit jener Liebe vergleichen, die wir für die Kinder des Nachbarn empfinden. Ganz zu schweigen von allen Lebewesen im Universum. Es ist aber nicht unmöglich, sich vorzustellen, dass man Anteilnahme, Güte und Fürsorge für alle Lebewesen aufbringen kann, besonders dann, wenn man erkennt, wie sie leiden.

Der Buddha saß jeden Morgen in Meditation, und es wird gesagt, dass er dabei sein Netz des Mitgefühls ausgeworfen hat. Dank seiner Hellsichtigkeit fing er immer jemanden, der von seinen Lehren profitieren konnte. Er ging dann zu diesem Menschen hin und lehrte ihn das *Dhamma*. Fünfundvierzig Jahre lang verfuhr er solchermaßen und legte weite Wege zurück, um die Menschen zu erreichen. Solches Mitgefühl ist das eines Erleuchteten. Wir können dieses Gefühl von Mütterlichkeit anderen gegenüber dann entwickeln, wenn wir ihre Schwierigkeiten erkennen, gerade so, wie der Buddha sie erkannte, wenn er ein Netz des Mitgefühls auswarf.

Ein unbegrenzt gütiges Gemüt erwecken: Nach oben, nach unten, in alle Richtungen ... Güte für alle Wesen entströmt einem erhabenen Bewusstsein, einem Bewusstsein, das nicht von menschlichen Problemen gefärbt ist. Es ist ein Bewusstsein, das durch Meditation angehoben wurde und ein verändertes Gewahrsein hervorgebracht hat. Das gewöhnliche Bewusstsein nagt ständig an einem Problem herum wie eine Ratte an einem Stück Holz. Ist es durch liebende Güte und Mitgefühl gefärbt, konzentriert es sich auf diese beiden Qualitäten und lässt weltliche Erwägungen los. Diese Art von Bewusstsein ist ungetrübt.

Ohne Hass und ohne Feindschaft ... Das bedeutet nicht, dass die weltlichen Probleme verschwunden sind. Sie verschwinden nie. Wenn wir an die vergangenen zwanzig Jahre zurückdenken, gibt es dann einen einzigen Tag, an dem nicht etwas war, das erledigt werden musste? Ein ungetrübter Geist kann frei von Hass und Feindschaft sein, weil ein ungetrübter Geist ein glücklicher Geist ist. Ein glücklicher Geist aber hasst nicht.

Im Gehen, Stehen, Sitzen oder Liegen entfalte man eifrig die Bedingungslose Liebe ... In welcher Position man sich auch befindet, gehend, stehend, sitzend oder liegend, aber nicht einschlafend, kultiviert man Liebende Güte, indem man Mutterliebe gegenüber allen Lebewesen empfindet. Es bedeutet, das Herz und den Geist zu beschränken, wenn man nur einige wenige Menschen liebt, wo es doch vier Milliarden zu lieben gilt.

Wenn wir Vater oder Mutter sind, sollte es nicht allzu schwer fallen, diese elterlichen Gefühle auf andere auszudehnen, weil wir genau wissen, was wir für unsere Kinder empfinden. Wir können uns auch an das Verhalten unserer eigenen Mutter erinnern. Mit diesen persönlichen Erfahrungen als Grundlage können wir versuchen, unsere Liebe auf andere auszudehnen.

Dies nennt man Weilen im Heiligen ... Göttliches Leben – hier auf dieser Erde. Das erzeugt ein Gefühl totaler Zufriedenheit, von Sicherheit und Frieden. Es erweckt einen Geist, der schnell die Konzentration erreicht, und das ist eine der elf Segnungen der Liebenden Güte. Es ist eine göttliche Art, im Jetzt zu leben. Wir brauchen nicht so lange damit zu warten, bis wir in das göttliche Reich gelangt sind.

Wer sich nicht an Ansichten verliert, Tugend und Weisheit in sich trägt, dem Sinnengenuss nicht verhaftet ist – für den gibt es keine Geburt mehr. Das ist die Beschreibung eines *Arahants*, eines Heiligen. Frei von jeder Anschauung zu leben bedeutet tatsächlich frei von jeder Ansicht. Die einzig richtige Sichtweise sind die *Vier Edlen Wahrheiten.* Ansichten bleiben stets Ansichten und sind selten auf wertvoller Erkenntnis aufgebaut.

Nazarudin, ein großer Sufi, sagte einmal: «Versucht nicht, zur Erleuchtung zu gelangen. Gebt lediglich alle Ansichten und Meinungen auf.» Ansichten loszulassen bedeutet nicht, das Urteilsvermögen in Bezug auf unsere eigenen Handlungen zu verlieren. Aber die unzähligen Meinungen, die die Menschen mit sich herumschleppen, halten sie in der Gefangenschaft ihrer eigenen Geisteszustände in dem, was sie selbst und andere tun und sagen sollten und wie sie aussehen sollten.

Tugend und Weisheit in sich trägt ... Vollkommene Einsicht ist eine Qualität der sogenannten zehn Vollkommenheiten.

Dem Sinnengenuss nicht mehr verhaftet ... Sind alle sinnlichen Wünsche ausgelöscht, wird nichts mehr begehrt und gewünscht, gibt es kein Leiden mehr. Das ist der Eingang zum *Nibbāna*, der wunschlosen Befreiung.

Für den gibt es keine Geburt mehr ... Keine Wiedergeburt mehr! Dieser Text umfasst in wenigen Versen die gesamte Lehre des Buddha. Als Erstes entwickeln wir das Herz mit Liebender Güte bis zu dem Punkt, wo wir alle Lebewesen so lieben, als wären wir ihre Mutter. Das befähigt uns zu meditieren, denn die Liebende Güte ist einer der drei Pfeiler der Meditation. Bewahren wir jederzeit Achtsamkeit, leben also im Hier und Jetzt, dann geben wir die Ansichten über das Ich, die anderen und die Welt auf. Ist man erst einmal gefestigt in den Vollkommenheiten, werden Einsicht und Erleuchtung folgen. Es ist ein kerzengerader Pfad ohne Abwege und Argumentationen, der einfach im Tun liegt.

Dies ist die Essenz dieser wohlbekannten Lehrrede, deren Wortlaut viele kennen und der dennoch nicht viele Taten folgen. Der Buddha gab genaue Anweisungen, wie das Herz zu läutern ist und wie wir unser Leben innerlich und äußerlich ordnen können. Sie stehen für alle zur Verfügung, aber niemand kann einem anderen etwas abnehmen. Jeder muss es für sich selbst tun.

Einmal kam ein Mann zu dem Buddha und bat, eine Frage stellen zu dürfen. Er erklärte, dass er seit Jahren seinen Lehren lausche und dabei viele Nonnen und Mönche getroffen habe, die Anhänger des Buddha seien. Mit einigen war er sehr vertraut geworden, und er hatte bemerkt, dass sie sich in dieser Zeit verändert hatten. Sie waren freundlich, liebenswürdig, weise und geduldig geworden. Andere dagegen blieben völlig unverändert, ja, es gab sogar einige, die sich zu ihrem Nachteil verändert hatten. Und doch hatten alle den gleichen Lehren gelauscht. Nun wollte er wissen, wie so etwas möglich sei.

Der Buddha sagte zu ihm: «Wie heißt deine Heimatstadt?» Der Mann antwortete: «Ich bin aus Rajagaha.» Der Buddha fragte: «Gehst du oft nach Hause?» Die Antwort lautete: «Ja, ich gehe oft, weil ich dort Familie und Geschäfte habe.» Und der Buddha wollte wissen: «Kennst du den Weg nach Rajagaha?» Worauf der Mann sagte: «Ich kenne ihn so genau, dass ich ihn im Dunkeln gehen könnte.» Der Buddha fragte weiter: «Und wenn dich jemand nach diesem Weg fragen würde, könntest du ihn dann erklären?» Darauf meinte der Mann: «Wenn es jemanden gibt, der nach Rajagaha gehen will, schickt ihn zu mir. Ich bin den Weg so oft gegangen, dass ich ihn genauestens erklären kann. Der Buddha sagte darauf: «Ich glaube dir. Aber wenn du nun jemandem ganz genau sagen würdest, wie er nach Rajagaha kommt und er würde trotzdem hier in Benares bleiben, wäre das dann dein Fehler?» Der Mann meinte: «Natürlich nicht! Ich bin doch nur der, der den Weg zeigt.» Darauf antwortete der Buddha: «So geht es auch mir. Ich bin nur der, der den Weg zeigt.»

Alles, was wir gehört, gelesen und gelernt haben, sind nur Wegweiser, die in die richtige Richtung zeigen. Wenn wir uns aber nicht auf den Weg machen und uns vorwärtsbewegen, bleiben wir Landkartenreisende. Die Lehrrede über die Liebende Güte muss verwirklicht werden. Es gibt kein überflüssiges Wort darin, jedes hat seine Bedeutung und ist uns ein Hinweis.

Der Buddha sagte auch: «Wenn es nicht möglich wäre, ihr Mönche, nur das Gute zu tun, dann würde ich es nicht von euch verlangen.» Er sagte, dass es möglich sei, die Mutterliebe für alle Wesen im eigenen Herzen zu entwickeln. So ist es auch möglich, zur Erleuchtung zu gelangen, sonst hätte der Buddha nicht alle seine Anhänger dazu angehalten. Es ist sicherlich möglich, ausschließlich Gedanken des Wohlwollens und des Mitgefühls zu pflegen. Gedanken sind von absoluter Wichtigkeit. Welche Art von Gedanken wir denken sollen, wird in dieser Lehrrede erklärt. Das Denken bestimmt, ob wir innerliches Chaos schaffen, Schwere und Zerrissenheit – oder Frieden und Glück.

Die Rede beginnt damit, was man tun sollte, um Frieden und Glück zu erfahren. Das ist nicht etwas, was wir für andere tun. Wir tun es für uns selbst, und das ist die einzig wirkliche Motivation. Und das ist richtig, denn wir können nichts und niemanden ändern – außer uns selbst. Dass andere von unserer Liebe profitieren könnten, ist eine sekundäre Annahme. Unser allererstes Bemühen sollte es sein, uns selbst zu reinigen. Zuallererst müssen wir in uns selbst den Geist der Liebenden Güte und der Klarheit entwickeln. Diese beiden gehören zusammen, denn ein liebender Geist beinhaltet kein Durcheinander. Ein Geist ohne Aufruhr ist ein klar denkender und sich klar ausdrückender Geist.

Haben wir in uns selbst die Absicht, uns zu läutern, können wir diese Lehrrede zum eigenen Nutzen anwenden, indem wir fragen: «Was tue ich? Folge ich diesen Weisungen?» So können wir feststellen, ob wir uns noch auf dem richtigen Weg befinden. Wir brauchen uns nicht selbst zu beschuldigen. Es ist wirklich möglich, die eigenen Gedanken zu ändern. Je mehr wir meditieren, desto einfacher ist es. Wir erwerben Geisteskraft, und das befähigt uns, unsere Gedanken zu lenken. Derjenige, der Meister seiner Gedanken wird, gewinnt damit Einsicht.

8

Vier Arten von Glück

Wir alle haben eines gemeinsam und das ist die treibende Kraft hinter allen unseren Handlungen: Die Suche nach dem Glück. Jeder sucht danach, aber nur sehr wenige Menschen finden es. Die erste und zweite der *Vier Edlen Wahrheiten* des Buddha sagen ganz klar aus, dass weltliches Glück nichts weiter ist als ein Märchen. Und dennoch geben wir nie die Hoffnung auf, dass sich genau dieses Märchen verwirklicht. Das ist gut, denn andernfalls wären wir ständig davon bedrückt, dass wir das bedingungslose Glück nicht gefunden haben.

Das Glück der Sinneswahrnehmungen

Der Buddha sprach über vier verschiedene Arten von Glück. Die erste entsteht durch Sinneskontakte. Der Buddha verglich diese mit einer gehäuteten Kuh, wo die Fliegen auf dem rohen Fleisch sitzen und ständig Irritationen verursachen. Das ist ein tiefes Verständnis unserer Sinneswahrnehmungen. Die Sinneskontakte sind unsere erste Möglichkeit, etwas Glück zu erhaschen. Die meisten Menschen verharren auf dieser Ebene. Leider können wir nicht immer den Genuss erhalten, nach dem wir streben, und sogar wenn wir ihn erlangen, entrinnt er uns immer wieder, sodass es keine Chance gibt, beständiges Glücklichsein mittels unserer Sinne zu erreichen. Sind unsere Sinneskontakte angenehm, dann empfinden wir Momente des

Glücks. Bei unangenehmen Sinneswahrnehmungen dagegen fühlen wir uns unglücklich, weil der Körper eine Unbequemlichkeit erfährt, weil wir nicht die Worte hören, die wir hören wollen, oder unangenehmen Gerüchen ausgesetzt sind oder etwas sehen müssen, was uns nicht gefällt. Niemand kann diesen Erfahrungen in seinem Leben entgehen, weil es unmöglich ist, ein ganzes Leben ohne unangenehme Sinneswahrnehmungen zu durchlaufen.

Genauso unmöglich ist es, ohne angenehme Wahrnehmungen durch das Leben zu gehen. Verfügen wir über gutes *Karma*, dann stehen die Chancen etwa eins zu eins. Die Hälfte der Zeit haben wir angenehme Sinneskontakte, die andere Hälfte unangenehme. Die meisten Menschen versuchen, die angenehmen Wahrnehmungen zu erweitern, um diese nach Möglichkeit auf einhundert Prozent auszuweiten. Leider ist das nicht möglich. Es gibt nicht die geringste Aussicht auf Erfolg, und trotzdem versuchen es die meisten Menschen immer weiter. Die meisten beschuldigen äußere Anlässe, wenn unangenehme oder schmerzhafte Gefühle sie unglücklich machen. Der wirkliche Grund liegt natürlich in unserem Inneren, in unseren Reaktionen auf die Sinneskontakte.

Je mehr ein Mensch geläutert ist, desto angenehmer werden seine Sinneswahrnehmungen sein. Ein reines Herz und ein reiner Geist finden Freude an den einfachsten Dingen: an einem schönen Himmel, an einer lieblichen Landschaft, an einer angenehmen Unterhaltung.

Jemand, der sich selbst nicht geläutert hat, wird diese Dinge vielleicht überhaupt nicht wahrnehmen. Es wird ihm nicht einfallen, in den Himmel oder auf die Landschaft zu blicken. Er wird nach viel gröberen Möglichkeiten suchen, um sich zu erfreuen. Alkohol oder Drogen, sich den Freuden des Essens oder dem Sex hinzugeben, mögen die einzigen Quellen seiner Befriedigung sein.

Eigentlich ist nichts falsch daran, sich den Sinnesfreuden zu widmen, vorausgesetzt, sie sind harmlos und verfeinert. Der Buddha bezeichnete sie als Gefahr, weil wir sie so leicht zu unserem Ziel machen und uns daran ausrichten. Wir versuchen immer mehr davon zu bekommen oder sie zu behalten und beständig zu machen, um sie nicht zu verlieren. Das ist unser Fehler, weil es sich um eine unhaltbare Voraussetzung handelt. Wir können es auf keinen Fall verwirklichen, denn kein Sinneskontakt kann beständig sein. Tatsächlich würde es sogar äußerst unangenehm werden, wenn wir es schaffen würden. Genauso gibt es auch keinen sicheren Weg, um angenehme Empfindungen auszulösen. Die Suche danach nimmt unsere Zeit und Energie in Anspruch und lässt uns keinen Raum, im Leben nach Bedeutendem zu trachten.

Unsere Sinne gehören zu uns. Wir können sie nicht verleugnen, und es gibt auch keinen Grund dazu. Durch Achtsamkeit können wir aber lernen, dass Sinnesfreuden nur scheinbar aus Gold bestehen. Sie glitzern, aber sie sind wertlos. Und trotzdem erschaffen sich die Menschen immer wieder Schwierigkeiten, wenn sie nicht bekommen, was sich ihre Sinne wünschen.

Göttliches Glück

Der nächste Schritt zur Glückseligkeit wird Göttliche Verweilungsstätte genannt. Das heißt nicht, dass wir erst zu Göttern werden müssen, dass wir also sterben müssen, um in einem göttlichen Reich wiedergeboren zu werden. Das hätte keinerlei Bezug zu unserem jetzigen Leben. Dieses göttliche Glück kann von einem Menschen errungen werden, der die vier höchsten Emotionen entwickelt hat: Liebende Güte, Mitgefühl, Mitfreude und Gleichmut. Diese Art von Glück kann mit dem Himmel auf Erden verglichen werden. Es ist nicht von den fünf Sinnen, sondern nur von unserer Geisteshaltung abhängig. Einzige Bedingung ist die Reinigung des Herzens, damit es Liebende Güte und Mitgefühl aufnehmen kann. Beides sind Herzensqualitäten, während es sich bei der Intelligenz um eine Geistesqualität handelt, und all diese Qualitäten können wir entwickeln. Ist das geschafft, dann ist das Glück errungen.

Das kommt natürlich auch anderen zugute, aber in erster Linie uns selbst: Wir empfinden Glück, weil unser Herz total unabhängig von äußerlichen Geschehnissen geworden ist. Was immer die Menschen sagen oder tun, was geschieht und was nicht geschieht in der Welt hat keine Bedeutung mehr, weil es uns selbst nicht mehr betrifft. Wurden die Herzensqualitäten verfeinert und bestehen aus Reinheit, Mitgefühl und Liebe, dann wird uns nichts mehr aus dem Gleichgewicht bringen. Frieden, Harmonie, Entspannung und ein Gefühl von Sicherheit erfüllen Herz und Geist.

Dieses Glück ist viel bedeutender als jenes, das wir durch die Sinne erfahren können. Obwohl es selbst nicht zur Befreiung führt, ist dieses Glück ein wichtiger Bestandteil des Pfades.

Durch Liebende Güte und Mitgefühl allein kann Einsicht nicht erwachsen. Sie glätten die Wogen der Empfindungen. Sind die Wellen der Sorge, des Leids, des Streits, der Angst, des Neids, der Abwehr und der Ablehnung endlich zur Ruhe gekommen, wird der Geist einem fleckenlosen Spiegel gleichen, der ganz klar reflektiert. Dieser klare Spiegel des Geistes macht es möglich, zu einer genauso klaren Vision zu kommen. Ohne die Kultivierung der Qualität der Läuterung ist keine Entwicklung möglich. Wissen allein reicht nicht aus, denn es führt nicht zur Befreiung vom Leiden. Die Wellen des Gefühls behindern uns. Sie stehen nicht nur einer klaren Sicht im Weg, sondern sie versperren sogar den Blick auf den Pfad. Solange es Wellen gibt, kann man nicht erkennen, wohin man geht. Tatsächlich kann man sogar vergessen, dass man überhaupt unterwegs ist.

Die Glückseligkeit der vier höchsten Emotionen, dem Bereich der *Devas*, hängt nicht von Wiedergeburt ab. Sie ist hier und jetzt zu erreichen durch inneres Tun, das jedem jederzeit möglich ist. Man benötigt dazu keine Meditationsseminare oder besondere Lehrer. Derjenige, der die innere Arbeit erledigt, erschafft damit eine neue Lebensqualität – eine Glückseligkeit in sich selbst.

Die Glückseligkeit der Konzentration

Die dritte Art von Glück ist das Glück der Sammlung, das der Meditation entspringt. Dies ist aber ebenfalls nur dann möglich, wenn man Läuterung erlangt hat durch moralisches Verhalten, Freigebigkeit und Liebende Güte des Herzens. Vollkommenheit wird nicht verlangt, denn diese steht den Heiligen zu. Verlangt wird eine Ausdehnung des Herzens und des Geistes.

Das Glück der Konzentration wird häufig von Meditierenden erlebt. Man muss diese Konzentration also durch ausdauerndes Üben pflegen, damit die meditativen Vertiefungen erfahren werden können. Es gibt verschiedene Stufen der meditativen Vertiefung die in verschiedenen Graden von Freude, Glückseligkeit und Verzückung gipfeln. Sie ermöglichen es dem Geist, auch außerhalb der Meditation glücklich zu sein.

Jemand, der in der Lage ist, in dieser meditativen Vertiefung Glück zu finden, kann sogar dann Glück erleben, wenn die Sinnesempfindungen unangenehm sind. Diese Menschen wissen, dass sie jederzeit zur Glückseligkeit der Meditation zurückkehren können. Dieses Wissen schafft ein Gefühl der Leichtigkeit im Herzen, weil alles andere an Bedeutung verliert. Wer in die meditative Vertiefung nach eigenem Wollen und für den gewünschten Zeitraum eintauchen kann, wird darin die eigene Wirklichkeit finden und alle Streitereien, Kriege, Vergangenheit und Gegenwart, überhaupt alle äußeren Besorgnisse, werden bedeutungslos. Die Wirklichkeit liegt im Glück der meditativen Vertiefungen.

Die meditativen Vertiefungen schulen auch den Geist. Sie verleihen ihm nicht nur die Möglichkeit, Glück zu empfinden, sondern auch die Fähigkeit zur Durchdringung. Ein Geist, der willentlich zur Ruhe gebracht werden kann, ist einer, der stark geworden ist. Der gewöhnliche Geist findet es sehr schwierig, ruhig zu sein. Er hat eine Beschaffenheit wie Wackelpudding. Er bewegt sich ständig, und dazu braucht er nicht einmal einen Auslöser, es ist sein normales Verhalten. Er verfügt nicht über die Stärke, die Mauer der Täuschung zu durchdringen. Ein solcher Geist ist kein besonders gutes Werkzeug. Wackelpudding bewegt sich beim geringsten Kontakt. Ein unsteter und nicht gefestigter Geist verhält sich ebenso. Bei der geringsten Kritik, Sorge oder Angst, beim kleinsten körperlichen Unwohlsein wankt er hin und her. Etwas anderes bringt er gar nicht fertig.

Ein Geist, der in der Lage ist, ruhig zu sein, hat die Qualität eines Felsbrockens – solide und unverrückbar. Um eine Mauer zu durchbrechen ist ein Felsen besser geeignet als ein Wackelpudding. Ein felsenfester Geist löst sich nicht beim geringsten Zusammenstoß auf. Er verfügt im Gegenteil über die Kraft eines fein geschärften Werkzeuges, mit dem die scheinbare Realität, in der wir leben, durchdrungen werden kann, bis wir die absolute Wirklichkeit erreichen.

Es gibt acht Stufen meditativer Vertiefung, die einem Haus mit acht Räumen gleichen. Wenn man endlich den Eingang findet und ihn mit dem passenden Schlüssel aufgeschlossen hat, kann der erste Raum betreten werden. Es gibt keinen Grund, warum man dann nicht auch die übrigen sieben Räume betreten sollte. Es macht keine allzu große Schwierigkeit, den Eingang zu finden und den Schlüssel ins Schloss zu stecken. Der Schlüssel ist die Achtsamkeit des Atmens, und der Eingang ist die entschlossene Meditationspraxis. Dazu darf man sich nicht zurücklehnen mit der Ausrede: «Jetzt reicht's, meine Knie tun weh. Was soll's, vielleicht im nächsten Leben, es ist einfach zu schwierig.» Keine dieser Ausreden gilt.

Der Buddha hat gesagt: «Nur ein Dummkopf sagt, dass es zu früh oder zu spät sei, zu heiß oder zu kalt.» Den Eingang kann jeder finden. Wir alle haben den Schlüssel, und wir müssen ihn nur ins Schloss stecken. Öffnen wir dann die Tür, werden wir erkennen, dass die Räume dieses Hauses prächtig sind. Diese Pracht befindet sich in unserem Herzen und in unserem Geist, wo sie zum jetzigen Zeitpunkt eingeschlossen ist. Wir haben keinen Zutritt, ehe wir ihn uns nicht durch Meditation verschaffen. Die meisten Menschen werden nie aufschließen, weil sie weder den Schlüssel besitzen noch den Eingang kennen. Wir sind sehr priviligiert, wenn wir den Eingang kennen und vielleicht durch einen kleinen Spalt bereits das Licht blinzelt.

Wird die Konzentration über einen gewissen Zeitraum aufrechterhalten, dann wird der Geist sehr ruhig und der Körper auch. Jeder einzelne Augenblick der Konzentration ist ein Augenblick der Läuterung. Die Unreinheiten, die uns belasten, sind der Grund für unser Unglücklichsein und unsere Schwierigkeiten, und in dem Moment der Sammlung fallen sie von uns ab. Je öfter wir sie ablegen, desto mehr nimmt die Gewohnheit ab. Je öfter wir uns konzentrieren können, desto weniger hat die Gewohnheit eine Chance. Über einen hellen, reinen Geist zu verfügen wird uns zur zweiten Natur.

Die Sammlung beginnt mit dem Empfinden von angenehmen Gefühlen. Diese angenehmen Gefühle treten auf, weil der Geist nicht belastet ist. Das zeigt ganz deutlich, dass man sich ständig gut fühlen würde, wenn der Geist stets unbelastet und rein wäre.

Hier bekommen wir einen Eindruck von dem, was möglich ist, und wir wünschen uns, dass dieser Zustand häufiger eintreten könnte. Diese Sehnsucht nach dem Heilsamen und Wohltuenden wird uns schließlich zu dem Punkt bringen, an dem unsere Wünsche aufhören. Damit wird alle Unzufriedenheit ein Ende finden.

Hat uns die Sammlung angenehme Empfindungen beschert, dann können wir die nächste Ebene betreten, wo Glück zu finden ist. Das ist wieder ein klarer Beweis dafür, dass der reine Geist nur Glück kennt. Wo das Unglücklichsein herrscht, muss auch Verunreinigung sein. Diese beiden gehören zusammen. Ein glücklicher Mensch braucht keine Freude mehr durch Sinnesreize, weil er weiß, wie vergänglich diese sind. Ein wirklich glücklicher Mensch ist einer, der froh ist, unabhängig von äußerlichen Bedingungen zu sein. Ein solcher Mensch kann sich konzentrieren und findet damit ein Zuhause für seinen Geist, wo dieser vollkommen gelassen sein kann. Dieser Mensch hat aber auch Läuterung bis zu dem Punkt erfahren, an dem Unglücklichsein nicht mehr auftritt. Unglücklichsein wird von Unreinheit verursacht. Wenn wir uns unglücklich fühlen, können wir nach der Ursache suchen, und wir werden immer eine zugrundeliegende Verunreinigung finden. Anderenfalls haben wir nicht gründlich genug gesucht.

Im konzentrierten Zustand lässt der Geist die fünf Hindernisse los. Wenn angenehme Empfindungen und Glück sich einstellen, folgen Friedlichkeit und Gleichmut. Gleichmut tritt dann auf, wenn alle Begierden verschwunden sind. Ab und zu denken die Menschen sogar, dass sie auf Dauer von allen Wünschen befreit seien, aber das ist natürlich ein Irrtum. Zumindest empfinden sie während dieses Augenblicks keine Begierde.

Einen wunschlosen Zustand kennenzulernen ist eine wertvolle Erfahrung. Es ist eine große Wonne, die größte, die man erfahren kann. Hat man sie erlebt, dann weiß man, wonach man so intensiv gestrebt hat: Danach, nach gar nichts mehr zu streben. Man strebt höchstens noch danach, alles Streben loszulassen. Interessanterweise führt das bei den meisten Menschen zu Missverständnissen. Beginnt man zu meditieren, dann erhofft man sich Frieden, Glück und Wonne, und man mag sogar einiges davon erreichen, jedoch nur dann, wenn etwas anderes losgelassen wird. Loslassen müssen wir vor allem einen Großteil unserer Ego-Stützen und dazu noch die meisten Wünsche.

Ist die Wonne der Wunschlosigkeit auch nur für einen Moment erlangt, wissen wir, dass es genau das ist, was wir wirklich wollen. Wir müssen aber ganz klar sehen, dass es nicht die Wonne als solche ist, die wir kultivieren müssen, sondern deren Ursache. Das bedeutet Verzicht, Aufgabe. Ohne Verzicht ist das Leben ein beständiges Streben nach irgendetwas. Verzicht heißt die Antwort auf alle Bestrebungen, und zwar sowohl auf der materiellen als auch auf der geistigen Ebene. Etwas in der geistigen Welt erreichen zu wollen ist genauso töricht, wie es das in der materiellen Welt ist. Es gibt nichts zu erreichen. Es gibt nur viel loszulassen. Wenn wir nach und nach die Identifikationen unseres Ego und unsere Sehnsüchte loslassen, wird Wonne auftreten.

Glückseligkeit, die durch meditative Sammlung erreicht wird, gründet auf Reinheit. Ein ähnliches Glücksgefühl kann im täglichen Leben erworben werden, wenn Reinheit kultiviert wurde. In der Meditation werden angenehme Gefühle, Glück und Gleichmut weit tiefer erfahren als im Alltag. Wer aber in seinem Alltagsleben nicht schon ein Mindestmaß an Läuterung aufbringt, wird es auch in der Meditation nicht leicht haben. Der Alltag und die Meditation gehen Hand in Hand. Je schwerer es fällt, während der Meditation angenehme Gefühle zu empfinden, desto nötiger ist es, sich im Alltag um Läuterung zu bemühen. Es handelt sich lediglich um verschiedene Entwicklungsstufen.

Das Glück der meditativen Sammlung wird oft als das höchste aller Ziele betrachtet, das man erreichen kann. Das ist eine falsche Vorstellung, denn auch dieses Glück ist nicht dauerhaft, nicht unabhängig und nicht bedingungslos. Es wird durch viele Faktoren bedingt: Es muss ein gewisses Maß an

Ruhe vorhanden sein, der Körper muss sich in einem so gesunden Zustand befinden, dass man in der Lage ist, still zu sitzen, und nicht zuletzt muss man über die Fähigkeit verfügen, sich zu konzentrieren. Obwohl diese Art von Glück unabhängig ist von Äußerlichkeiten, die durch die Sinne wahrgenommen werden, ist es doch abängig von der inneren Verfassung von Körper und Geist. Es kann also nicht das höchste Glück sein.

Das Glück der Einsicht

Das größte Glück – die vierte Ebene – ist das Glück der Einsicht. Diese ist unwiderruflich. In der buddhistischen Terminologie ist die Einsicht immer auf die Vergänglichkeit, die Unerfülltheit und das Nicht-Selbst gerichtet. Erkennt man eines dieser drei Merkmale klar und deutlich, dann weiß man alles über sie, denn sie sind eng miteinander verbunden.

Das Glück und die Wonne totaler Einsicht bedeutet, dass man die Bürde der Ego-Illusion abwirft. Wenn man das fertigbringt, ist die Erleichterung und die Befreiung enorm.

Ramana Maharshi, ein Großer Weiser in Südindien, verglich die Ich-Illusion mit einem Eisenbahnreisenden, der in den Zug steigt und sein Gepäck krampfhaft festhält, anstatt es in der Gepäckablage zu deponieren. Genauso schleppen wir die Bürde des Ego mit uns herum, obwohl das eigentlich gar nicht notwendig ist. Die Ich-Illusion lässt alles bedrohlich und feindlich erscheinen, schwer zu meistern; ein Hindernis, das wie ein Berg scheint, der bestiegen werden muss. Das kann das Leben recht schwierig erscheinen lassen.

Verunreinigungen sind entweder Wünsche oder Ablehnung, Energielosigkeit, Sorge und Ängstlichkeit oder die Verteidigung des eigenen Standpunkts. «Aber wer frei von jeder Ansicht lebt, ist tugendhaft und von perfekter Einsicht», so lautet die

Beschreibung eines Heiligen. Unsere eigenen Ansichten sind unser Untergang. Sobald wir damit beginnen, unseren Standpunkt zu verteidigen, können wir absolut sicher sein, dass wir nur unser Ich verteidigen. Dieses Verhalten macht deutlich, dass der Standpunkt nicht durch Erfahrung gewonnen wurde. Erfahrung benötigt keine Verteidigung. Die Lehren des Buddha sind Erfahrungswerte. Unsere Ansichten gründen sich auf das Ich, und darum kann keine hundertprozentig stimmen.

Einsicht in den ununterbrochenen Wechsel aller Phänomene – uns selbst eingeschlossen – führt zu dem Verständnis, dass es nichts auf dieser Welt gibt, das es wert ist, festgehalten zu werden. Einsicht befreit vom Widerstand gegenüber den Ansichten anderer, der das Leben so sehr erschwert. Andere Menschen haben andere Standpunkte. Darauf gibt es nur eine einzige Antwort: Mögen sie lange und glücklich leben! Das Festhalten an den eigenen Ansichten zeigt, dass wir die Vergänglichkeit noch nicht verstanden haben. Wer den konstanten Wechsel in allem sieht, sodass er nicht mehr behaupten kann, «Das bin ich!», hat einen ersten Durchbruch in die Tiefe geschafft. Wer bin ich? Bin ich der, der hier sitzt und gestern eine gute Meditation hatte, oder bin ich eher derjenige, der heute eine Menge Ablenkungen erfahren hat? Bin ich der, der ärgerlich ist, oder eher derjenige, der sich widersetzt? Oder bin ich womöglich der, der akzeptiert und sich hingibt? Welcher davon bin ich? Wenn ich das alles bin, was bin ich dann für eine Vielfalt! Ich muss wohl ein ganzer Volksstamm sein anstatt nur ein Einzelner. Entweder bin ich also keiner von allen, oder ich bin alle. Diese Wahl müssen wir alle treffen. Wollen wir nicht «niemand» sein, dann müssen wir uns wohl oder übel dazu entschließen, «alle» zu sein. Wir müssen uns also vorstellen, dass mindestens eine Million Menschen in uns sind. Das ist keine Übertreibung, denn bis zum heutigen Tag haben wir allein in diesem Leben sicher eine Million verschiedener Ideen, Gefühle, Ansichten und

Reaktionen gehabt. Entschließen wir uns dafür, alle diese vielen verschiedenen Menschen zu sein, dann wird das Leben viel komplizierter, als wenn wir einfach gar niemand sein wollen. Warum entscheiden wir uns also nicht dafür, «niemand» zu sein?

Diese Einsicht bedroht unsere Vorstellung von unserem Ich sehr stark. Warum das so ist? Weil das «Ich» sein will. Wer oder was will es sein? Wo will es sein? Aus welchem Grund will es sein? Das sind alles Gesichtspunkte, die durch unsere Gedankenprozesse erschaffen wurden. Wer all dies loslässt, wird eine Glückseligkeit erfahren, die auf Akzeptanz und Frieden basiert. Es muss nichts mehr erreicht, erfüllt oder geändert werden. *Alles ist, wie es ist!*

Die vier Ebenen des Glücks, die mit den Sinnesfreuden beginnen und bis zur Einsicht führen, sind ein ständiger Läuterungsprozess. All dies können wir nur durch eigene Erfahrung überprüfen. Darum muss die innere Arbeit für uns absolute Priorität haben. Bei der Erledigung dieser Arbeit gibt es keine Ferien. Egal, ob wir am Strand liegen, in der Meditation sitzen oder im Flugzeug, wir müssen dranbleiben. Es gibt keinen Aufschub. Um von den Sinnesbegierden wegzukommen, können wir unsere Aufmerksamkeit anderen hilfreich zuwenden. Wir müssen Liebe und Mitgefühl zeigen. Dienst am anderen heißt, sich selbst zu vergessen. Dienen wir, dann ist es ganz egal, ob wir jemandem die Füße waschen oder ihm bei der Meditation helfen. Liebe ist Dienen, und Dienen ist Liebe. Die Sammlung wird durch die Liebe im eigenen Herzen unterstützt. Einer der elf Vorzüge der Liebenden Güte ist die schnelle Konzentrationsfähigkeit des Geistes.

Die Sammlung darf nicht als Endziel betrachtet werden. Sie ist ein Mittel, um einen Geist zu entwickeln, der fähig ist, die Realität zu durchdringen. Es existieren zwei Arten von Realität: die relative und die absolute. Jeder kennt die relative Wirklichkeit. Sie besteht aus Frauen und Männern, Jungen und Alten,

Reichen und Armen, Dummen und Klugen, aus Tieren, Bäumen, Blumen, Sternen, Mond und Himmel, und sie alle werden danach eingestuft, ob sie das «Ich» glücklich machen können. In der absoluten Wirklichkeit existiert nichts von alldem. Es gibt nur körperliche Manifestationen von geistig erschaffenen Objekten. Das ist alles. Es gibt kein einzelnes «Ich» oder «Du». Nichts – außer Manifestationen, die sich andauernd verändern. Sogar das All verändert sich ständig, indem es sich ausdehnt und wieder zusammenzieht. Genauso ergeht es uns.

Der gesammelte, friedliche und glückliche Geist kann diesen ewigen Wandel akzeptieren und ihn zum eigenen Vorteil nutzen. Ein Geist ohne Frieden weist diese Wirklichkeit zurück, indem er jammert: «Ich will aber glücklich sein.» So reagiert der Geist der meisten Erdenbürger. Ein Geist, der keine äußerlichen Bedingungen für sein Glück benötigt, kann sagen: «Das ist die Befreiung von allem Leiden. So sieht das wahre Glück aus.» Ein solcher Geist erkennt überaus deutlich die Wirklichkeit allen Geschehens in diesem Universum und braucht an nichts anzuhaften, braucht nichts zu werden und nichts zu sein. Er erledigt, was im jetzigen Augenblick getan werden muss und lässt dann los.

Das Glück der Einsicht ist nicht überschwänglich. Es ist jene Art von Glück, die auf Friedfertigkeit beruht und ein Fehlen von Begierde, Streben und Täuschung zur Folge hat. Hat die Verblendung aufgehört, dann kennt der reine, helle Geist nur noch das, was wirklich *ist.*

9

Die fünf Daseinsgruppen

... oder auch die fünf Anhaftungsgruppen genannt. Sie bedeuten Leiden und sind wie folgt kurz erklärt:

die Anhaftung an den Körper,
die Anhaftung an die Gefühle,
die Anhaftung an die Wahrnehmung,
die Anhaftung an die Gedanken,
die Anhaftung an das Bewusstsein.

Um das volle Wissen zu vermitteln, hat der Erleuchtete zu seinen Lebzeiten seinen Schülern immer wieder gelehrt:

Der Körper ist vergänglich, Gefühle sind vergänglich, die Wahrnehmung ist vergänglich, Gedanken sind vergänglich, das Sinnesbewusstsein ist vergänglich. Der Körper ist nicht das Selbst, Gefühle sind nicht das Selbst, die Wahrnehmung ist nicht das Selbst, Gedanken sind nicht das Selbst, das Sinnesbewusstsein ist nicht das Selbst.

Worte des Buddha

Wenn man mit dem Meditieren beginnt, ist Begeisterung vorhanden. Man sagt sich: «Das will ich wirklich so gut tun, wie ich nur kann.» Nach ein paar Tagen gewöhnt man sich daran. Dann fangt der Geist an zu denken: «Hört denn das nie auf?» Ich kann euch versichern, es wird aufhören, weil alles aufhört. Nichts dauert ewig. Wird der unerleuchtete und ungeübte Schüler von solchen Gedanken heimgesucht, dann reagiert sein Geist etwa folgendermaßen: «Ich fühle mich elend. Ich kann einfach nicht mehr sitzen.»

Wenn der Geist solche Einwendungen macht, beobachtet, seid aufmerksam und sagt: «Spielst du wieder deine Spielchen mit mir?» Glaubt kein Wort von dem, was euer Geist euch vorplappert. Wir glauben ja auch nicht alles, was unser Geist außerhalb der Meditation sagt. Warum sollten wir ihm dann in der Meditation glauben? Ob in der Meditation oder außerhalb – er hält sich nicht an Regeln. Alles, was er tut, ist Spielchen spielen. Jedesmal, wenn der Geist Bemerkungen macht, wie «Jetzt ist es genug. Ich werde ja sowieso niemals erleuchtet werden» oder «Mir geht's doch so gut. Ich kann's jetzt sein lassen», dann könnt ihr etwa folgendermaßen antworten: «Sei still! Ich meditiere.» Das ist eine Sache der Entschlusskraft, eine der Qualitäten der zehn Vollkommenheiten, und ohne sie geht gar nichts.

Der Geist redet auch noch über andere Dinge. Er möchte sich selbst unterhalten, wenn ihm die Anregung durch die Sinne fehlt: Er ist an Anregungen gewöhnt, an Unterhaltungen. Er ist daran gewöhnt, zu diskutieren, von einen Thema zum anderen zu gleiten, Dinge zu sehen, Entscheidungen zu fällen, Er ist daran gewöhnt, Menschen zu begegnen. Hier geschieht nichts Neues. Es gibt nichts zu diskutieren. Der Geist ist daran gewöhnt, jeden Tag von etwas anderem genährt zu werden und zu entscheiden, was ihm am besten schmeckt. Hier muss er nehmen, was da ist.

Dies alles ist höchst verdrießlich für den Geist, weil er seine eigenen Wege verfolgen will. Das Ich sagt: «Ich will es so, wie ich es haben will, und nicht anders!» Wir sind so an dieses Verhalten gewöhnt, dass es uns gar nicht in den Sinn kommt, es zu hinterfragen. Würden wir das aber tun, dann würden wir schnell erkennen, dass es sich um Begierden und Anhaftungen dreht, die nichts als Leid hervorrufen. Beginnt der Geist auf diese Art zu argumentieren, gebt ihm Antwort. Seid eure eigene Mutter. Sagt dem Geist, dass er sich wie ein Kind benimmt und dass ihr die Mutter seid, die nur sein Bestes im Sinn hat, und dass ihr wisst, was gut für ihn ist. Seid beides: Mutter und Kind. Normalerweise sind wir fünfzig oder hundert verschiedene Menschentypen, die gute und üble Gedanken haben, gut oder schlecht über andere denken und dadurch Chaos im Inneren hervorrufen. Wir haben eine große Auswahl. So können wir hier leicht Mutter und Kind zugleich sein. Das Kind will seinen Willen durchsetzen, und die Mutter sagt: «Nein. Wir werden den besten Weg wählen, auch wenn er nicht der einfachste ist.»

Wie der Buddha erklärt hat, liegt der Grund für diese Schwierigkeiten in den fünf Anhaftungen oder Daseinsgruppen. Das ist es, woraus wir bestehen, aber wir machen daraus etwas, was eigentlich gar nicht vorhanden ist. Der Geist spielt seine Spielchen so erfolgreich, dass jeder ihm glaubt.

Der Körper

Die fünf Daseinsgruppen haben als wichtigstes Objekt den Körper. Niemand kann ihn vergessen, und jeder hat seine Probleme mit ihm. Nicht immer, aber doch von Zeit zu Zeit: «Ich kann nicht mehr sitzen, weil meine Knie weh tun. Mein Rücken schmerzt. Mir ist schwindlig, und müde bin ich auch.» Der Buddha erklärte, dass der ungeübte und nicht erleuchtete Schüler zwei Pfeile habe, die ihn schmerzen, und der erleuchtete und geübte dagegen nur einen. Die beiden Pfeile sind Geist und Körper, der eine ist nur der Körper. Auch der Buddha war manchmal krank, aber er lehrte trotzdem weiter. Die Krankheit konnte ihn nicht bremsen. Schließlich wurde er sehr krank, und als er an der Schwelle des Todes stand, begab er sich in die meditativen Vertiefungen und starb. Magenkrämpfe waren keine Abschreckung für ihn.

Auch der Geübte und Erleuchtete hat körperliche Probleme. Der Körper ist nun mal nicht vollkommen. Wird der ungeübte Schüler solchermaßen heimgesucht, wird sein Geist etwa folgendermaßen reagieren: «Ich fühle mich so schlecht. Ich kann dies oder jenes nicht tun, wegen meiner Kondition. Mein Körper schmerzt, sodass ich nicht länger sitzen kann.» Das schlimmste ist der dauernde Versuch, sich dem anzupassen, was der Körper fordert. Ist es überhaupt möglich, eine Situation zu schaffen, in der der Körper sich auf Dauer absolut wohl fühlt? Ist das irgendeinem Menschen jemals gelungen? Man kann sich hin und her bewegen, ein Klima nach dem anderen ausprobieren, sich vom Stuhl auf die Couch und von dort auf den Boden setzen – und was passiert? Gar nichts – es wird immer ein Problem auftauchen. Also kann man genauso gut versuchen, mit der momentanen Situation klarzukommen.

Dieser Körper, der erste der fünf Daseinsgruppen aus denen wir bestehen, hat als charakteristisches Merkmal seine wandelbare Natur. Das wird niemand abstreiten. Aber diese wandelbare Natur bringt automatisch Unbefriedigtsein mit sich. Haben wir endlich eine bequeme Haltung gefunden, dann bleibt sie das höchstens während der nächsten fünf bis zehn Minuten. Und wieder wird es unbequem. Sogar nachts im Schlaf bewegt sich der Körper ständig.

Aufgrund dieser dem Körper innewohnenden, wandelbaren Natur tritt dauernd Ablenkung auf. Die Bewegungen des Blutes, der Lungen, des Herzens und des Atems, die alle lebensnotwendig sind, sorgen andauernd für Ablenkung. Mit diesen Bewegungen stellt sich subtiles Unwohlsein ein. Je mehr Gewahrsein man entwickelt, desto deutlicher spürt man es. Dadurch wird einem aber auch immer klarer, dass es, solange es diesen Körper gibt, durch ihn keine absolute Befriedigung geben kann. Schließlich müssen die Bedürfnisse des Körpers einfach hintenangestellt werden. Ist er endlich mit Nahrung gefüllt, will er sich wieder entleeren. Ist das erledigt, braucht er wieder neue Nahrung. Er will immer irgendetwas und ist nie zufriedengestellt. Weil er dem ständigen Wandel unterliegt, muss er sich füllen und leeren – ohne Ende –, weil er sonst nicht existieren kann.

Wieder und wieder empfahl der Buddha als Pfad der Befreiung, die Aufmerksamkeit auf den Körper zu lenken. Er sagte: «Wer den Körper nicht mit Achtsamkeit betrachtet, hat den Pfad der Todlosigkeit nicht erkannt.» Diese Einstellung ermutigt zum Gleichmut gegenüber den nutzlosen Bedürfnissen des Körpers und schenkt auch die Einsicht, dass «mein» Körper nicht mehr ist als eine Illusion. Wäre er wirklich «mein» Körper, wäre ich tatsächlich sein Eigentümer, warum benimmt er sich dann nicht so, wie ich es gerne hätte? Warum bleibt er nicht schön, jung und gesund, solange ich es will? Und sogar wenn er jung und gesund ist, warum hat er alle diese Bedürfnisse, die ich nicht erfüllen kann, dieses ständige Verlangen nach Bequemlichkeit? Selbst in jungen Jahren wird das Sitzen in der Meditation unangenehm. Warum gehorcht der Körper nicht? Warum sterben die Körper anderer Menschen, wenn wir sie doch lebend haben wollen?

Entweder ist dies das totale Chaos, oder es gibt ein Missverständnis unseres Geistes, was unseren Körper und das Selbst, Leben und Tod betrifft. Jeder von uns fühlt, dass dieser Körper uns gehört. Und doch können wir nicht viel mit ihm anfangen, außer uns mit seinen ständigen Bedürfnissen abzufinden. Wir müssen ihn ins Bett legen, wenn er müde ist, ihn an den Esstisch setzen, wenn er hungrig ist, ihm etwas zu trinken geben, wenn er Durst hat, ihn bewegen, wenn er sich unbehaglich fühlt. Wir passen uns seinen Bedürfnissen an, können ihn aber nicht wirklich beherrschen.

Achtsamkeit, die aufmerksam die Bewegungen und Eigenheiten des Körpers betrachtet, kann schließlich deutlich machen, dass der Körper nicht mehr ist als eine Ansammlung von verschiedenen Teilen, die so lange zusammenarbeiten, wie Leben vorhanden ist. Diese Teile arbeiten selten perfekt zusammen, sonst würde es keine Schmerzen und Leiden geben und sie würden nicht nur für eine gewisse Anzahl von Jahren funktionieren.

Wir nennen diesen Körper «mein» und schaffen damit die Illusion eines «Ich». Wir denken: «Ich weiß, wie ich aussehe. Schaue ich in den Spiegel, dann sehe ich mich». Würden wir aber eine genauere Analyse vornehmen, dann würden wir Tausende von Ichs entdecken. Und zwar alle in ganz verschiedenen Formen, Größen und Farben: manchmal ein wenig dicker, ein anderes Mal dünner, anfangs kleiner, später größer, erst dunkelhaarig, später grauhaarig, am Beginn ohne Brille, nachfolgend mit Brille, sich schlecht fühlend oder sich wohl fühlend. Da muss die Frage auftauchen: «Welcher von all diesen bin ich?» Lautet die Antwort: «Ich bin alle diese Menschen!», dann haben wir zumindest begriffen, dass in uns nicht nur ein einzelner steckt, sondern unglaublich viele, wie wir schon an früherer Stelle gesehen haben. Welches von all diesen Selbst wählen wir nun aus, das tatsächliche zu sein? Es muss da jemanden geben, der das Selbst erhält. Es ist doch nicht möglich für einen Menschen, gleichzeitig so viele zu sein. Das kann doch nicht funktionieren.

Wir mögen denken: «Ich bin der, der ich in diesem Moment bin.» Was aber werde ich später sein? Was in zehn Jahren? Ich bin immer der, der ich in genau diesem Augenblick bin. Uns bleibt ein sich ständig änderndes Selbst, das manchmal fast nicht wiederzuerkennen ist. Trotz alldem denken wir, dass dies unser Körper ist, und nehmen ihn sehr wichtig. Selbstverständlich müssen wir für unseren Körper sorgen. Es wäre töricht, das nicht zu tun. Gewähren wir unserem Körper aber, unser Leben zu bestimmen, dann wäre das fruchtlos, weil der

Körper niemals befriedigt sein wird. Sogar in unseren letzten Augenblicken verlangt der Körper noch nach Wohlbefinden. Es existieren verschiedene Meditationstechniken, die der Buddha in seinen Reden über die Grundlagen der Achtsamkeit erwähnte, die hilfreich dabei sind, ein wenig von der Anhaftung an das Ich und an den Körper abzulegen.

Es muss ein Gleichgewicht zwischen Ruhe und Einsicht herrschen. Einsicht ist unverzichtbar und kann zur Bedingungslosigkeit führen. Ruhe dagegen ist bedingt durch Konzentrationsfähigkeit. Wenn dem Körper etwas passiert, das ihn zum Sitzen in der Meditation unfähig macht, wird es mit der Ruhe vorbei sein, weil die Einsicht noch nicht erlangt ist. Einsicht in die Natur des Körpers muss ein wesentlicher Bestandteil des spirituellen Pfades sein.

Die Meditationen, die der Buddha in seiner Rede über die Grundlagen der Achtsamkeit empfahl, werden Leichenfeldbetrachtungen genannt. Sie beinhalten neun verschiedene Arten, den eigenen toten Körper zu betrachten. Wir werden mit Sicherheit eines Tages tot sein. Das können wir also akzeptieren, solange wir noch am Leben sind. Natürlich können wir jedesmal vor Furcht zittern, wenn unser Herz einen Schlag auslässt, oder wir können darüber lamentieren, dass wir uns nicht mehr so gut wie vor zwanzig Jahren fühlen. Einer der Wege, über den eigenen Tod zu meditieren, ist der, sich selbst als Skelett zu sehen. Betrachten wir das Skelett, wie es dasitzt in der Meditation. Nehmen wir dann das Skelett auseinander und legen die Gebeine nebeneinander. Dann lassen wir die Knochen zu Staub zerfallen. Das hilft, die Illusion vom Ich und die Körperanhaftung zu reduzieren.

Eines der Hindernisse ist unser Wunsch nach körperlicher Bequemlichkeit. Er lässt es nicht zu, dass wir die ganze Nacht lang wach bleiben, weil wir einfach zu müde werden. Er zwingt uns dazu, uns vor Ungeziefer zu schützen, vor Kälte und Hitze, vor allem Unangenehmen. Wir sind ständig damit beschäftigt, uns selbst zu schützen. Dieses Bestreben kostet uns viel Zeit.

Das Wissen um das eigene Sterben ist eine Sache, eine ganz andere ist es, seinen Tod tatsächlich zu betrachten und mit Gleichmut zu akzeptieren. Probiert es einmal aus während der nächsten Meditation – nur für ein paar Minuten. Betrachtet euch selbst als tot und erkennt eure Reaktion. Die erste Reaktion mag sehr wohl sein: «Das kann und will ich nicht.» Dann versucht es noch einmal. Die Lehrrede über die Grundlagen der Achtsamkeit ist so bekannt, weil darin der Weg zur Todlosigkeit beschrieben wird, und das bedeutet Befreiung. Die meisten Menschen besuchen einen Meditationskurs, weil sie sich nach ein wenig Ruhe und Frieden sehnen. Sie wollen alles hinter sich lassen, um ein wenig Freude und Glück zu finden, das es daheim nicht gibt. Das ist jedoch nur ein Aspekt der Lehren des Buddha. Er nannte das «ein angenehmes Verweilen», das jedoch von günstigen Umständen abhängt. Einige Menschen mussten bereits erkennen, dass es ihnen nicht möglich ist zu meditieren, weil die Verfassung ihres Körpers es ihnen verbietet. Einige davon haben es im Liegen versucht, und andere haben das Seminar verlassen, weil ihr Geist auf diese Art auf die Unbequemlichkeit reagiert hat. Lasst uns also die Gefahr ins Auge fassen und etwas dagegen unternehmen, indem wir den Körper so sehen, wie er nun mal ist.

Die Gefühle

Das nächste Objekt der fünf Daseinsgruppen, aus denen wir bestehen, ist das Gefühl. Auch das spielt eine bedeutende Rolle bei unserer Illusion vom Ich, weil wir glauben, dass die Gefühle uns gehören. Ich fühle mich gut oder schlecht, glücklich oder unglücklich. Aber wenn die Gefühle wirklich uns gehören, warum können wir sie dann nicht beherrschen? Warum können wir uns nicht immer wohl fühlen, glücklich und entspannt? Wer bestimmt eigentlich darüber?

Die Ich-Illusion tritt nur deshalb auf, weil wir daran glauben, dass der Körper und die Gefühle unser Eigentum sind. Überprüfen wir das aber einmal, dann stellen wir fest, dass wir eigentlich gar keinen Einfluss besitzen. Alles geschieht einfach – ohne unser Zutun. Wie kommen wir dann nur darauf, dass dies alles «mein» ist? Sobald ein Gefühl von Unbequemlichkeit, Trauer, Langeweile oder Angst auftritt, werden wir traurig, gelangweilt und ängstlich. Wir lassen uns von dem Gefühl beeinflussen, anstatt uns klarzumachen, dass Gefühle auftauchen und wieder verschwinden – wie es mit allem geschieht.

In dem Moment, in dem wir unseren Gefühlen die Aufmerksamkeit entziehen, verschwinden sie einfach. Stattdessen glauben wir an sie und handeln entsprechend. Tritt das Gefühl von Ärger auf, werden die Menschen wütend, anstatt zu sagen: «Aha, jetzt habe ich ein ärgerliches Gefühl, aber es wird auch wieder verschwinden. Ich beachte es nicht weiter.» Allein der Glaube – «Ich bin der Körper. Ich bin das Gefühl.» – erschafft das Ich.

Die Wahrnehmung

Als Nächstes bestehen wir aus Wahrnehmungen, die uns sagen, wie die Dinge sind. Wenn die Augen etwas sehen, nehmen sie lediglich Formen und Farben wahr. Das Auge sieht nur, dass etwas weiß und eckig ist. Weil wir aber so etwas schon viele Male gesehen haben, wissen wir, dass es sich um eine Uhr handelt. Der Geist sagt «Uhr» – und dann stellt er weitere Betrachtungen an, etwa: «Ob das wohl ein Mitbringsel ist? Was mag es gekostet haben?» So verhält sich der Geist. Entdeckt aber ein Dreijähriger die Uhr, wird er vielleicht versuchen, Ball damit zu spielen, weil er noch nicht weiß, was eine Uhr ist. Vielleicht denkt er auch, dass es sich um einen Bauklotz handelt, weil er damit vertraut ist. Das ist dann seine Wahrnehmung.

Das Auge sieht nur Form und Farbe, aber Wahrnehmung ist an Erinnerung gekoppelt. Jemand, der keine Uhr besitzt, mag denken: «So eine hätte ich auch gerne.» Ein anderer, der eine wertvollere besitzt, denkt vielleicht: «Meine Uhr ist aber viel schöner.» Das Ich erhebt sich sofort, gemäß seinem Wunsch nach Überlegenheit. Alles, was wir tatsächlich gesehen haben, ist ein kleines weißes Kästchen. Aber auf Grund der Ich-Illusion erschaffen Wahrnehmungen einen Denkprozess, dem wir natürlich glauben. Es gibt auch keinen Grund, dem nicht zu glauben, solange wir keine Analyse vorgenommen haben. Indem wir aber daran glauben, halten wir auf Dauer an der Ich-Illusion fest. Wir denken ununterbrochen, weil wir die Illusion unseres Ich aufrechterhalten müssen. Dabei ist dieses Ich so zerbrechlich, dass es andauernder Unterstützung bedarf. Wir passen uns den Bedürfnissen des Körpers an, und solange wir unseren Gefühlen glauben, sind wir diese Gefühle und unterstützen so unser Ich. Würden wir unsere Gefühle beobachten und uns dabei sagen, «Es handelt sich nur um ein Gefühl», dann würden wir die Ich-Illusion nicht verstärken.

Das Ich benötigt dauernde Unterstützung, weil es nicht wirklich ist. Wir brauchen nicht andauernd zu wiederholen: «Das ist ein Haus. Es ist groß.» Das sind offensichtliche Tatsachen. Das Ich dagegen existiert nicht und braucht darum andauernd Bestätigung. Diese Bestätigung kommt von unseren Denkprozessen und wird zusätzlich unterstützt durch Geschätzt- und Geliebtwerden, sowie die Sinneskontakte und unsere Wahrnehmung von ihnen.

Die Geistesformationen

Weiterhin bestehen wir aus Geistesformationen. Man kann diese auch *Karma*-Formationen nennen. Sie sind die *Karma*-Macher. In dem Augenblick, wenn der Denkprozess beginnt, schaffen wir uns *Karma.* Wenn jemand die zuvor erwähnte Uhr sieht und denkt: «Das ist eine Uhr. Ich besitze keine und hätte gerne eine ... », das ist der Augenblick, wo *Karma* einsetzt – das *Karma* der Begierde. Denkt jemand: «Das ist aber eine hübsche Uhr. Meine ist nicht so schön», dann setzt das *Karma* des Neides ein. Unmittelbar nach Einsetzen des Gedankenprozesses entsteht *Karma.* Manchmal ist es neutral und wiegt nicht schwer. Sagt man lediglich: «Ah, ja, das ist eine Uhr», dann ist dieser Gedanke neutral. Meistens machen wir aber gutes oder schlechtes *Karma.* Sehen wir eine Farbe und beschließen, «mit dieser Farbe werde ich mein Haus anstreichen», dann ist das neutral. Aber hinter diesem Entschluss kann schon die Idee stecken, dann ein hübscheres Haus als der Nachbar zu haben. Und das ist bereits negatives *Karma.*

Indem wir alles glauben, was in unserem Geist vorgeht, geben wir unserem Ich die Unterstützung, die es braucht. Genau deshalb ist es so ungemein schwierig, in der Meditation das Denken abzustellen. Die Ich-Unterstützung ginge verloren. Sogar dann, wenn die Denkerei für einen kurzen Augenblick aufhört, werden wir sofort mental fragen: «Oh, was war denn das? Das war aber angenehm.» Und schon können wir die Meditation beenden und wieder ganz von vorn anfangen. Mit unseren Denkprozessen schaffen wir uns ununterbrochen *Karma.* Die Gedanken urteilen, entscheiden, haften an oder lehnen ab. Einzig die Achtsamkeit, das Gewahrsein von Augenblick zu Augenblick kann eine zutreffende Analyse vornehmen. Dann sehen wir, was wir tatsächlich tun, und brauchen nicht länger all das zu glauben, was der Geist uns erzählt. Während der

Meditationspraxis erkennen wir sehr wohl, dass das meiste dieses Geistesgeschwafels ziemlich unglaubwürdig ist. Entweder gehört es in die Vergangenheit, oder es ist noch gar nicht geschehen. Manchmal ist es einfach nur Fantasie. Die meisten Gedanken, die uns durch den Sinn schwirren, haben keine wirkliche Bedeutung. Der Geist folgt irgendeinem Auslöser, und schon spielt er seine eigenen Spielchen.

Das Sinnesbewusstsein

Die fünfte unserer Eigenschaften ist das Sinnesbewusstsein. Das sind die Kontakte, die wir mittels unserer Sinne knüpfen. Das Auge, das Objekt und das Sehbewusstsein treffen zusammen, und dabei entsteht das Sehen. Das Ohr, der Klang und das Hörbewusstsein erschaffen gemeinsam das Hören. Unsere Sinne sind ständig im Einsatz. In diesem Augenblick benutzen wir die Augen, die Ohren, den Tastsinn und unser Geistesbewusstsein. Die Augen sehen, was um uns herum abläuft. Die Ohren hören, was gesagt wird, und der Tastsinn nimmt die momentane Haltung auf. Der Geist hingegen versucht, die Bedeutung des Gehörten zu erfassen. Wir versuchen, Situationen zu schaffen, die uns angenehm sind. Aber die Bemühung ist zwecklos. Es ist unmöglich, nur angenehme Sinneskontakte zu erleben. Unsere Sinne attackieren uns pausenlos. So ergeht es allen Lebewesen, und das ist in der Menschenwelt besonders gut zu beobachten.

Durch laute Geräusche werden die Menschen ängstlich. Obwohl manche Geräusche angenehm sind, werden sie unerträglich, wenn sie zu lange andauern. Wir können nicht einfach bis zum Ende unseres Lebens ununterbrochen Beethoven anhören.

Die Sinne entsprechen auch unseren Erwartungen nicht genau. Die meisten Menschen nehmen sie als ganz selbstverständlich hin, ohne darüber nachzudenken. Alles, was ersehnt wird, sind angenehme Gefühle. Natürlich können wir durch die Sinne Freude erleben, aber die wenigsten Menschen machen sich bewusst, dass die Sinne auch Schuld an unserem Elend haben. Sie zerren uns andauernd in verschiedene Richtungen, während wir versuchen, Angenehmes durch sie zu erfahren.

Der Buddha gab uns ein Gleichnis über den Körper und seine ständigen Bedürfnisse, die unweigerlich Leid herbeiführen. Ein Vater und eine Mutter durchwandern mit ihrem kleinen Kind eine Wüste. Ihre Vorräte gehen zu Ende, aber sie wandern weiter, bis sie zu schwach dazu sind. Schließlich bringen sie ihr Kind um und verzehren es.

Unsere geistige Beschaffenheit kann mit einem Gefangenen verglichen werden, der von zwei Kerlen in eine brennende Grube gezerrt wird. So zerren uns unsere Gedankenprozesse in die Flammen der Wiedergeburt. Der Buddha versuchte mit diesen Bildern aufzuzeigen, wie unbefriedigend alles ist, was einen Menschen ausmacht, damit wir ganz reale Versuche unternehmen, dem Rad der Wiedergeburt zu entrinnen. Wir müssen verstehen, dass kein Individuum existiert, dem Körper, Gefühle, Wahrnehmung, Gedanken und Sinnesbewusstsein gehören. Das ist der schwierigste Aspekt der Lehren des Buddha, schwierig in der Vorstellung und noch schwieriger im Erleben. Ohne Meditation wird das lediglich eine intellektuelle Übung bleiben.

Wir bestehen aus fünf *Khandhas* – fünf Daseins- oder Anhaftungsgruppen – das ist alles! Da tritt die Frage auf: Wenn das wirklich alles ist, aus dem wir bestehen, was wollen wir dann so unbedingt erreichen? Ja, das ist tatsächlich alles, was wir sind, aber es ist nicht das, was wir von uns denken. Wir müssen mit dem arbeiten, was wir wissen. Wir wissen etwas ganz anderes über unser Selbst. Für uns gibt es ein Ich, das einen Körper und Gefühle hat, Wahrnehmung, Gedanken und ein Sinnesbewusstsein. Damit müssen wir arbeiten und uns andauernd um Läuterung bemühen, bis wir zu dem Punkt gelangen, an dem wir erfahren, dass das alles ist, was es gibt. Wenn da niemand mehr ist, wird es auch keine Probleme mehr geben. Probleme existieren nur, wenn es jemand gibt, der sie hat.

Es gibt die Tat, aber keinen Täter. Es gibt Leiden, aber keinen, der leidet. Es gibt einen Pfad, aber keinen, der ihn geht. Und es gibt Befreiung, aber keinen, der sie erreicht.

10

Die zehn Vollkommenheiten

Geben, Tugend und Verzicht,
Weisheit und Energie ergeben zusammen fünf.
Geduld, Wahrheit, Beständigkeit und Liebe,
zusammen mit Gleichmut, ergeben zehn.

Worte des Buddha

Es gibt drei Qualitäten, die hilfreich für die Meditation sind: Gebefreudigkeit, Tugend und Bedingungslose Liebe. Das sind aber nicht die einzigen. Es gibt noch andere, die zum spirituellen Dasein gehören und die es wert sind, entwickelt zu werden. Sie werden *Pāramīs* genannt – die zehn Vollkommenheiten.

Diese Samen tragen wir in uns. Denn wäre das nicht so, dann würden wir unfruchtbaren Boden bearbeiten. Wir besitzen dieses Potenzial und können etwas damit tun. Bevor wir aber nicht bereit sind, uns zu bemühen, werden wir keinen starken und sicheren Geist erlangen, der Meister seines Schicksals sein kann. Immer werden wir abhängig sein vom Wohlwollen und den Gefühlen anderer, von unserer Umgebung und unseren Annehmlichkeiten. Sind wir von diesen Dingen abhängig, sind wir ihnen versklavt. Ein Sklavendasein ist sicher nicht angenehm, es schließt eine Menge Angst ein. Natürlich hat jeder gewisse Ängste. Wenn man aber abhängig ist von anderen Menschen und von äußeren Umständen, dann wird Freiheit im Denken und Handeln unmöglich. Genau diese Freiheit aber vermag uns schließlich zu befreien. Die Freiheit des Denkens bedeutet, dass ein Mensch unabhängig im Denken ist und dass er eigenständige Gedanken hat, die seinem Handeln zugrunde liegen.

Gebefreudigkeit

Die geistigen Qualitäten, die wir entwickeln müssen, fangen bei der Gebefreudigkeit an. Das, was oben auf der Liste steht, ist am wichtigsten und öffnet die Tür. Das heißt nicht, dass die anderen weniger bedeutend sind, aber bevor diese erste Qualität nicht entwickelt ist, können die anderen nicht nachfolgen. Diese Qualität erschließt uns den Weg.

Der Buddha sprach über drei verschiedene Arten von Gebefreudigkeit: Die Art der Bettler, die freundliche Art und die prinzliche oder königliche Art der Gebefreudigkeit. Man ist großzügig nach Bettlerart, wenn man etwas weitergibt, was man ohnehin loswerden will. Das Abgeben dieser Dinge ist zwar ein wenig besser, als gar nichts zu geben, hat aber mit Gebefreudigkeit nur wenig zu tun.

Die freundliche Art der Gebefreudigkeit ist das Teilen von dem, worüber wir verfügen. Wir teilen mit so vielen Menschen, wie uns begegnen. Unser Geben ist ausgeglichen. Wir behalten etwas und geben das, was wir geben können.

Die prinzliche oder königliche Art der Gebefreudigkeit ist jene, bei der wir mehr geben, als wir behalten. Und das ist äußerst selten, nicht wahr?

Das Geben muss aus der richtigen Motivation heraus geschehen. Wer nur deshalb gibt, um das zu erreichen, was er will – vielleicht Dankbarkeit, Verdienst oder Macht – geht fehl. Das ist eine Widersprüchlichkeit in sich selbst. Man gibt nicht, um zu bekommen. Man gibt, um zu geben. Nur wer das genau prüft, kann seinen Beweggrund klar erkennen. Wer wirklich nur um des Gebens willen gibt, wird auch etwas dafür bekommen, wie etwa Glück, Zufriedenheit und Geistesfrieden. Manche geben, weil sie merken, dass sie mehr haben, als sie brauchen. Andere geben, weil sie sehen, dass sie andere am eigenen Wohlstand teilhaben lassen müssen. Und dann gibt es noch Menschen, die nur aus dem Mitgefühl des Herzens heraus geben. Der Buddha gab aus Mitgefühl.

Gebefreudigkeit heißt nicht nur, Materielles weiterzugeben. Nicht jeder verfügt über die Mittel dazu, aber doch die meisten von uns. Viele Menschen wissen gar nicht mehr, was sie alles besitzen, bis sie einmal umziehen. Wir verfügen über so viele Dinge in unserem Haushalt, dass wir gut und gern die Hälfte davon abgeben könnten und immer noch genug behalten würden. Das ist aber nicht die einzige Art des Gebens. Wir können zum Beispiel unsere Zeit verschenken, unsere Aufmerksamkeit, unsere Fürsorge und unsere Fähigkeiten. Das ist eine wichtige Gabe, die von Regierungen und Hilfsorganisationen ständig wahrgenommen wird. Was falsch daran ist, ist die Tatsache, dass die Menschen, die diese Hilfen vermitteln, das nicht aus eigenem Antrieb tun, sondern dafür bezahlt werden. Und dann handelt es sich keineswegs um Gebefreudigkeit, sondern um ein Geschäft. Wer aber sein eigenes Können weitergibt, ohne den Wunsch, etwas dafür zu bekommen, gibt aus Mitgefühl. Der Buddha gab den Weg des *Dhamma* aus Mitgefühl.

Diese Art des Gebens beinhaltet Verdienste. Je mehr man aus Mitgefühl gibt, desto mehr Mitgefühl muss man besitzen. Das ist offensichtlich und logisch, aber kaum jemand zieht das in Betracht. Manche geben, um das Wohlwollen anderer zu erlangen. Je mehr man aber aus seinem Herzen heraus geben kann, über desto mehr Güte muss man verfügen.

Gebefreudigkeit jeder Art verkleinert das Ich, und deshalb ist sie die erste der zehn Vollkommenheiten, die entwickelt und beschützt werden müssen. Als der Buddha noch ein *Bodhisattva* war und Erleuchtung anstrebte, waren dies die Qualitäten, die er vervollkommnete, und es gibt viele Geschichten darüber in den Jataka-Legenden, die von den früheren Inkarnationen des Buddha berichten.

Die Gebefreudigkeit der *Bodhisattvas* geht so weit, dass sie sogar ihr Leben riskieren. Das eigene Leben für das anderer einzusetzen ist die höchste Gebefreudigkeit, die es gibt. Gewöhnlichen Menschen gelingt das sehr selten. Aber auch im Geben existieren verschiedene Grade – und wenig zu geben ist immer noch besser, als gar nichts zu geben, denn es entzieht dem Ich etwas von seiner Bedeutung. Wenn wir viel geben und der richtige Beweggrund hinter dem Geben steht, dann kann das Ich erheblich reduziert werden.

Das Ich zu verringern ist der Weg zur Läuterung und führt schließlich zu der Erfahrung des Nicht-Selbst. Auf eine solche Erfahrung zu hoffen, sie sich zu wünschen oder vorzustellen nützt nichts, bevor wir nichts gegen den eigenen Egoismus unternommen haben. Gebefreudigkeit ist ein wunderbarer Anfang.

Tugend

Als Nächstes kommt die Tugend, die sich auf die Einhaltung der fünf Tugendregeln bezieht. Sie sind darauf gerichtet, Hass und Begierde zu verringern und schließlich zu überwinden. Die Minderung von Hass und Begierde schwächt ebenfalls das Ich, da sie überhaupt nur aufgrund der Ich-Täuschung entstehen können.

Sämtliche Lehren des Buddha führen in die gleiche Richtung. Die Menschen finden es ab und zu verwirrend, dass es so viele verschiedene Lehrreden gibt, mit denen Buddha auf die geistige Reife verwies. Es handelt sich aber nur um ein großes Puzzlespiel: Sind erst ein paar richtige Teile zusammengesetzt, dann ergibt sich schließlich ein Gesamtbild. Das ganze *Dhamma* ist darauf ausgerichtet, das Ich nach und nach zu dezimieren und es schließlich ganz auszulöschen.

Das Verfolgen der fünf Tugendregeln ist Teil des Gesamtbildes. Fügen wir keinem Lebewesen ein Leid zu, dann ist der Hass aus unserem Herzen verschwunden. Wir können nur hassen, was wir nicht mögen. Nehmen wir nichts, das nicht freiwillig gegeben wird, reduzieren wir die Begierde. Nur wenn Begierde vorhanden ist, nehmen wir, was uns nicht gehört. Das Gleiche gilt für sexuelles Fehlverhalten. Unrechte Rede geht von Hass oder Gier aus. Drogen und Betäubungsmittel werden meist aus Gier nach angenehmen Gefühlen eingenommen, weil es der leichteste Weg erscheint, etwas Spaß zu erleben.

Entsagung

Als Nächstes kommt die Entsagung. Darüber denken wir gerne, dass sie Mönchen und Nonnen oder Yogis vorbehalten ist. Man kann Entsagung aber auch anders verstehen. Entsagung bedeutet, das Ich zurückzustutzen, und wenn wir das nicht in der Meditation versuchen, wird diese nicht gedeihen. Das Ego will dauernd unterhalten und bestätigt werden. Wird es zur Ruhe und zum Nichtstun gezwungen, dann wird es alle Hebel in Bewegung setzen, um diese unangenehme Situation durch Tagträume, Dialoge und ähnliches zu seinen Gunsten zu ändern. Solange wir dem nicht entsagen, wird die Meditation nicht gelingen.

Alle Vollkommenheiten sind unterstützend für die Meditation. Sie alle stärken uns den Rücken. Meditation erfordert einen starken Rücken, nicht nur für das aufrechte Sitzen, sondern auch für aufrichtiges und klares Denken.

Verzicht ist ein Teil des geistigen Weges. Das bedeutet, dass wir unser Bild von dem, was wir sind, werden oder haben wollen, loslassen müssen. Das sind alles nur Ich-Identifikationen, die ständig das Ich bestätigen und in die falsche Richtung führen. Alles, was wir zu besitzen glauben – «mein» Haus, «mein» Mann, «meine» Frau, «meine» Kinder, «mein» Beruf, «meine» Freunde –, sichert und bestätigt das Ego. Das alles verschafft dem Ich eine illusorische Stabilität. Dabei ist kein Mensch und kein Besitztum beständig. Sie alle können jederzeit verschwinden.

Wäre diese Stabilität real, dann würden wir umso sicherer sein, je mehr wir von allem besäßen. In Wirklichkeit ist es aber so, dass mehr nahestehende Menschen auch mehr Sorgen und Probleme mit sich bringen. Wir brauchen uns nur einmal vorzustellen, wir hätten zehn Ehemänner. Was für ein Gedanke! Das ist nur ein weiterer Irrtum unseres Strebens nach Sicherheit. Womit wir uns am allerliebsten umgeben, ist das «Ich – mein – mir». Nur unsere Vorstellungen treiben uns dazu, denn es ist offensichtlich, dass wir niemanden besitzen können. Menschen sterben zu den unangebrachtesten Zeitpunkten, sie heiraten den Falschen und gehen davon, ohne sich auch nur zu verabschieden. Sie erschaffen ihr eigenes *Karma*. Dennoch nennen wir alles «mein» und glauben auch noch daran. Und solange dieser Glauben ungebrochen ist, klammern wir uns daran fest mit aller Macht. Das alles muss «mein» bleiben. Das ist unser Identifikationsprozess mit der Familie, dem Beruf und dem, was uns gehört. Anstatt dass wir dieses eine Ich blieben, haben wir nun Ehepartner, Kinder, ein Haus, einen Beruf, und all dies lässt uns bedeutender erscheinen.

Dieser Identifikation zu entsagen ist ein sehr bedeutsamer Schritt, denn nur wer allein steht, kann sich auf den Pfad begeben. Wir müssen darum nicht gleich alle aus dem Haus werfen. Aber solange man davon abhängig ist, was ein anderer sagt, denkt oder tut, kann man seine eigene Freiheit nicht erlangen. Ohne diese Wichtigkeit schrumpft das Ich auf seine normale Größe, zu einem einzigen Ich – und das ist genug. Das Ego ist damit nicht ausgelöscht, aber es ist wieder besser im Griff zu halten. Ein Körper und ein Geist reichen.

Etwas oder jemand zu werden, sei es auch nur ein wunderbar Meditierender, trägt zur Ich-Bestätigung bei. Anstatt im Jetzt zu *sein* und aufmerksam für das, was tatsächlich da ist, will man etwas *werden*, und das ist Zukunftsmusik. Was kann über die Zukunft gesagt werden? Nichts, die Zukunft ist total unbeschrieben. Aber es ist möglich, im Jetzt zu sein, genau jetzt und voller Achtsamkeit. Mehr zu werden als das, was man bereits ist – sei es ein hervorragend Meditierender, ein Chef, berühmt, reich, geliebt – vergrößert das Ego erneut. *Werden* ist nicht hilfreich – *Sein* ist es. Damit ist das Ich wieder umgänglich geworden. Wir können uns tatsächlich des Da-Seins bewusst sein. Wir können uns nicht bewusst machen, was wir vielleicht einmal sein werden. Das wäre tagträumen, hoffen und wünschen – mehr nicht. Etwas, dem wir ebenfalls entsagen können.

Als Teil unseres Loslassprozesses können wir unseren Besitz, unsere Identifikationen und unser Werden-Wollen reduzieren. Können wir im Alltag nicht loslassen, dann wird uns das auch in der Meditation schwerfallen. In der Meditation müssen wir das Denken, Hoffen, Urteilen, die Erwartungen und Wünsche loslassen. Wir müssen loslassen, wenn wir meditieren wollen, und darum müssen wir es auch zu anderen Zeiten üben. Dazu müssen wir unsere Besitztümer nicht wegwerfen und unsere Familie nicht verlassen, nur unsere Identifizierung mit ihnen müssen wir aufgeben.

Entsagung kann verschiedene Formen annehmen. Sie kann sich in Selbstdisziplin zeigen, indem wir ein wenig früher aufstehen, als wir eigentlich müssten und damit auf ein wenig Bequemlichkeit verzichten. Verzicht kann geübt werden, wenn wir nicht immer dann etwas zu uns nehmen, wenn es uns einfällt, sondern so lange abwarten, bis der Hunger tatsächlich auftritt. Wenn wir ans Lebensende gelangen, müssen wir ganz plötzlich allem entsagen. Wir können nichts von dem, was wir besitzen, mitnehmen – nicht einmal den eigenen Körper. Es wäre angebracht, schon etwas über den Tod zu lernen, bevor er da ist. Weil das so selten geschieht, ist der Todeskampf oft furchtbar. Manche Menschen dürfen friedlich sterben, aber die meisten sind nicht bereit, auf alles zu verzichten, alles zurückzulassen, weil sie zuvor noch keinen Gedanken daran verschwendet hatten.

Alles, an dem wir hängen, ist ein Hindernis. Würde ich mich an dieses Sitzkissen klammern, käme ich nicht zur Tür hinaus. Am meisten klammern wir uns an andere Menschen, und das sollten wir lassen. Wir müssen sie nicht aufgeben. Wir müssen nur aufhören, uns an sie zu klammern, weil das eines der größten Hindernisse ist. Ehe wir nicht einige Schritte in diese Richtung unternehmen, wird die Meditation behindert, weil wir damit fortfahren, uns an unsere Gedanken, Hoffnungen und Wünsche zu klammern.

Wir können weiterhin im gleichen Haus leben, die gleichen Kleider tragen und aussehen wie immer und können trotzdem einige der größten Anhaftungen aufgegeben haben. Wir lieben unsere Familie deshalb nicht weniger. Im Gegenteil: Liebe ohne Anhaftung ist die einzige Liebe, die keine Verlustangst beinhaltet und die deshalb rein ist. Liebe, die klammert, ist eine Fessel. Sie besteht aus Wellen der Emotion und schafft unsichtbare eiserne Bande. Wirkliche Liebe klammert nicht. Sie gibt ohne Erwartung – ist eher Beistand als Anlehnung.

Weisheit

Um die richtige Richtung im Leben zu finden, benötigen wir die Weisheit. Ihr Gegenüber ist der Glaube. Weisheit und Glaube müssen zusammengehen.

Der Buddha verglich den Glauben mit einem blinden Riesen, der einem kleinen, scharfäugigen Krüppel, genannt Weisheit, begegnet. Der Glaube sagt zur Weisheit: «Ich bin sehr stark, aber ich kann nicht sehen, wohin ich gehe. Du bist zwar sehr schwach, aber du hast gute Augen. Komm, ich trage dich auf meinen Schultern. Gemeinsam können wir weit kommen.» Blinder Glaube kann Berge versetzen, aber leider nur aufs Geratewohl. Darum ist Weisheit vonnöten, um den Weg zu zeigen. Sie besitzt den Scharfblick innerer Vision. Weisheit ist eine interessante Qualität, denn sie ist nicht zu erlernen, weil sie nur aus innerer Läuterung entsteht.

Weisheit braucht drei Schritte: Am Anfang steht das Lernen, das Wissen nach sich zieht. Lernen können wir in Schulen, Universitäten, aus Büchern und aus den Worten von Gelehrten. Das Gelernte muss dann verdaut und dabei verinnerlicht werden. Die Nahrung wird verdaut, und was der Körper nicht braucht, wird wieder ausgeschieden. Was der Körper braucht, geht in die Blutbahn und wird umgewandelt zu Energie. Mit dem Wissen können wir gleichermaßen verfahren. Wir können es verdauen, können loslassen, was wir nicht brauchen, und das Beste davon in unsere Blutbahnen aufnehmen. Das mag sich schließlich in Weisheit umwandeln, wie die verdaute Nahrung sich in Energie umwandelt. Es handelt sich um eine innerliche Umwandlung und bedeutet nicht notwendigerweise, dass wir Unmengen von Wissen aufnehmen und verdauen müssen. Nicht die Menge, sondern die Qualität ist entscheidend, ebenso wie bei der Nahrung.

Das Kauen und Schlucken der Informationen geht dem Verdauen voraus. Innere Arbeit ist ein wichtiger Teil des Wachstums, genauso wie physische Nahrung notwendig ist, um zu wachsen. Wird keine innere Aktivität entwickelt, die die Lehren des Buddha betrifft, werden diese stets nur dem Buddha und der *Sangha* gehören. Sie werden nicht unser eigen, auch dann nicht, wenn sie immer wiederholt werden. Hat man die Informationen nicht gekaut, geschluckt und verdaut, können sie sich nicht in innere Weisheit verwandeln.

Über je mehr Weisheit wir verfügen, desto einfacher ist es, ein harmonisches Leben ohne allzu viele Hochs und Tiefs zu führen. Das Fehlen von Weisheit bringt uns in Situationen, aus denen wir uns nur mit größten Schwierigkeiten befreien können. Manchmal brauchen wir einfach eine Weile, bis wir herauskommen. Mit Weisheit geraten wir nicht in Schwierigkeiten. Ist Weisheit mit Glauben gepaart, wird sie außerordentlich gestärkt. Der Riese Glauben verfügt über absolutes Vertrauen und kann nicht erschüttert werden. Wenn die scharfen Augen der Weisheit hinzukommen, bringen sie uns zum Ziel.

Weisheit allein kann eine zwiespältige Qualität annehmen. Sie sieht beide Seiten einer Frage oder eines Problems. Sie besitzt aber nicht die innere Überzeugung des Glaubens. Der Glaube benötigt keine äußeren Instanzen. Ein Glaube, der auf Äußerlichkeiten beruht, ist schwankend. Niemand sollte etwas in Zweifel ziehen, egal woran er glaubt. Der Glaube, der am meisten bewirkt, ist der Glaube in die eigene Fähigkeit, das höchste Ziel zu erreichen. Hinzu kommt, dass der Glaube sich zur Überzeugung formen kann, dass man auf dem richtigen Weg ist. Das ist dann das unerschütterliche Vertrauen in den Weg des *Dhamma* verbunden mit scharfäugiger Weisheit.

Willenskraft

Als Nächstes kommt die Willenskraft, vergleichbar mit dem Benzin, das einen Motor am Laufen hält. In unserem Fall müssen wir die Willenskraft selbst aufbringen. Sie ist einer der sieben Faktoren, die zur Erleuchtung führen, und ist darum sehr wichtig.

Die Willenskraft kann in verschiedene Richtungen gelenkt

werden. Man kann viel Energie darauf verwenden, Millionär zu werden, ein Haus zu bauen oder jemand anderem überlegen zu sein. Für alles, was wir tun, benötigen wir Willenskraft. Sie kann uns auch ruhelos machen. Sie kann uns von einer Tätigkeit zur anderen treiben oder von einem Gedanken zum anderen. Sie kann uns von der einen Seite der Welt zu der anderen führen, auf der Suche nach Erfüllung. Willenskraft verfügt auch über eine negative Qualität, wenn sie nicht richtig genutzt wird. Sie ist nicht heilsam aus sich selbst heraus. Sie ist lediglich Benzin, für das wir aber das richtige Fahrzeug zur Verfügung stellen müssen.

Der Buddha spricht über fünf spirituelle Fähigkeiten und vergleicht diese mit einem Pferdegespann, das als Leitpferd mit zwei Paaren einen Wagen zieht. Das Leitpferd ist die Achtsamkeit, und es kann jede Geschwindigkeit erreichen, weil es kein anderes Pferd neben sich hat, auf das es Rücksicht nehmen muss. Die Achtsamkeit ist führend, ohne sie würde der Wagen sich nicht in Bewegung setzen. Die beiden anderen Paare müssen sich gegenseitig im Gleichgewicht halten. Das erste der beiden Paare ist die Willenskraft, die mit der Konzentration harmonieren muss.

Die Konzentration gibt Sicherheit. Ist nur Konzentration vorhanden und keine Willenskraft, dann stellt sich Schläfrigkeit ein. Man wird lethargisch. Es wird zu Konzentration ohne Achtsamkeit, weil nicht genug Willenskraft vorhanden ist, um wach und bewusst zu sein. Diese Art der Sammlung ist nicht hilfreich. Sie braucht Willenskraft, um ausgewogen zu sein. Willenskraft ohne Konzentration ist aber genauso unnütz, weil sie zur Rastlosigkeit führt.

Willenskraft benötigt eine Richtung. Es ist unsinnig, Benzin in ein Fahrzeug zu füllen und es zu starten, ohne ein Ziel zu haben. Das ist reine Verschwendung. So wie wir bei einer Energiekrise auf dieser Erde darauf hingewiesen werden, keine Energie zu verschwenden, so wäre es sehr schade, die Energie unserer Willenskraft zu verschwenden. Wir müssen wissen, wohin unser Weg uns führen soll. Er sollte nur eine Richtung haben und zwar hin zur Entwicklung einer höheren Bewusstseinsebene.

Wer sich entwickelt, erweitert seinen Horizont. Entwickeln wir uns genügend weiter, dann können wir die Vogelperspektive einnehmen. Ist ein solches geistiges und spirituelles Wachstum erreicht, können wir alles von oben betrachten, und dann kann das, was unten geschieht, uns nicht mehr berinflussen. Mag dann eine Flut, eine Dürre oder womöglich ein Erdbeben unseren Planeten treffen – unser Bewusstsein wird davon nicht länger beeinflusst werden. Es hat den Überblick gewonnen. Mit dieser Sicht sehen wir das Ganze und nicht nur Teilaspekte. Ist unser Bewusstsein weit genug gediehen, sehen wir alles aus der Vogelperspektive. Solange wir aber physisch hier unten verweilen, sehen wir nur diesen engen Raum.

Das Gleiche gilt für unsere innere Sicht. Unsere beschränkte Sicht entdeckt nur, was direkt vor uns liegt: Schmerzen, Leiden des Körpers, Ängste und Sorgen um die Zukunft, Vorlieben und Abneigungen, die Menschen in unserem Umfeld. Es sind nur diese Dinge, die wir sehen können, denn unsere innere Sicht ist beschränkt. Nimmt sie an Umfang zu, dann erkennt sie die Allgemeinheit des Leidens und stört uns nicht mehr mit Sorgen und Ängsten, denn Vergangenheit und Zukunft werden eins. Es gibt nur den Augenblick.

Willenskraft braucht eine gezielte Richtung, um Resultate zu erzeugen. Die Meditation benötigt ein erstaunliches Maß an geistiger Energie und Willenskraft – übrigens die einzige Energie, die es in unserem Universum gibt. Alles Physische wird von dieser geistigen Energie geschaffen. Wenn man Fähigkeiten in der Meditation entwickelt hat, bedeutet die benötigte geistige Anstrengung keine Belastung mehr. Genau das Gegenteil tritt ein – durch Meditation wird neue Energie aufgenommen.

Diese Energie wird vor allem dazu gebraucht, die eigenen Instinkte zu überwinden. Tiere führen ein von Instinkten geleitetes Leben. Wir sind weiterentwickelt und müssen uns im Reflektieren üben. Trotzdem erkennen wir unzählige instinktive Reaktionen an uns selbst und an anderen. Es benötigt sehr viel Energie, diese zu überwinden, weil das instinktive Reagieren ein Teil unserer Natur ist. Und gerade dies absolut Natürliche in uns, das uns so leichtfällt, muss transzendiert werden. Ein normaler Erdenbürger zu sein bedeutet gleichzeitig auch zu leiden. Diese Daseinsstufe zu überwinden heißt ein Edler (*Ariya*) auf dem Weg zur Befreiung zu werden. Die Überwindung dieser natürlichen Art zu leben und zu handeln erfordert enorme Willenskraft.

Für alles, was wir tun, brauchen wir Willenskraft. Entschlossenheit lässt uns beginnen, aber Willenskraft hält uns bei der Stange. Nur dann, wenn wir unsere Richtung genau erkannt haben, werden wir sie, ohne abzuweichen, einhalten können. Menschen, die das schaffen, erreichen allgemein viel mehr und werden dafür sehr bewundert. Eigentlich gibt es da gar nichts zu bewundern. Diese Menschen setzen lediglich ihre Energie zielgerichtet ein.

Geduld

Als nächstes kommt die Geduld. Wer im täglichen Leben nicht über Geduld verfügt, sorgt und ärgert sich oft. Es werden viele sinnlose Dinge getan, um die Resultate der eigenen Pläne schneller herbeizuführen.

Ungeduld spiegelt das Ego wider, denn sie zeigt, dass wir die Dinge so geschehen lassen wollen, wie wir sie geplant haben. Zusätzlich sollen sie auch noch zu dem von uns gewählten Zeitpunkt geschehen. Nur die eigenen Vorstellungen werden berücksichtigt. Wir vergessen, dass es andere Faktoren – und vor allem andere Menschen – gibt. Ebenso vergessen wir, dass es sich hier um einen einzigen Menschen handelt – wo es auf der Erde doch über fünf Milliarden gibt. Außerdem ist die Erde nicht mehr als ein winziger Punkt in dieser Galaxie, und es gibt noch unzählige andere Galaxien. Praktischerweise vergessen wir diese Tatsachen. Wir wollen alles so haben, wie wir es uns vorstellen – und zwar schnell. Geschieht nicht alles nach unseren Vorstellungen, wird ein ungeduldiger Mensch unweigerlich ärgerlich. Ungeduld und Zorn sind ein Teufelskreis.

Geduld hat die Qualität der Einsicht. Man ist sich klar darüber, dass Pläne zwar gemacht werden, dass aber alles Mögliche damit passieren kann. Manchmal ist das sogar von Nutzen. Man ist willens, auch Rückschläge hinzunehmen. Können wir nicht akzeptieren, was in unserem eigenen Leben geschieht, dann müssen wir doppelt leiden. Einfaches Leid erfährt jeder. Nehmen wir diese Tatsache nicht an, dann verdoppelt sich das Leiden einfach deshalb, weil Widerstand schmerzt. Drücken wir kräftig genug gegen etwas, dann tut die Hand weh. Legen wir unsere Hand sanft darauf, dann bleibt uns der Schmerz erspart. All unser Leiden stammt vom Widerstand oder vom Wollen.

Ein geduldiger Mensch besitzt den Überblick. Er weiß um die ständige Veränderung, um das Fließen und Strömen. Was heute noch schrecklich erscheint, kann morgen oder im nächsten Monat oder im nächsten Jahr ganz anders aussehen. Was uns im letzten Jahr noch so ganz dringend schien, hat heute keine Bedeutung mehr. Auf diese Art sollten wir alles, was geschieht, unparteiisch beurteilen. Läuft dann etwas anders als erhofft, wird es einfach als Teil des Wandels akzeptiert.

Die einzelnen Vollkommenheiten können sich nur dann entwickeln, wenn bereits etwas Einsicht gewonnen wurde. Einsicht ist das, was der Weisheit und der Willenskraft zugrunde liegt, die man benötigt, um in die richtige Richtung zu gehen. Einsicht ist auch die Basis von Geduld und Entsagung, die dem Ich Grenzen setzen. Alles ist vergänglich, unbefriedigend und substanzlos.

«Einsicht» bedeutet in der buddhistischen Terminologie stets ein Durchdringen einer dieser drei Daseinsmerkmale, die immer vorhanden sind. Lediglich unsere Aufmerksamkeit wendet sich ab, wir schauen immer weg. Wir mögen diese drei nicht, darum hegen wir Widerstand und Ablehnung. Wir leugnen ihre Existenz und haben allerhand Einfälle, wie wir ihnen entgehen könnten. Der einzige Ausweg ist, sie zu akzeptieren, zu verstehen und zu verinnerlichen. Dann sind wir ihnen ein für alle Mal entkommen. Bei allem anderen handelt es sich nur um eine momentane Flucht, die uns nirgends hinführt, sondern uns wieder zu unserem ursprünglichen Standpunkt zurückbringt.

Wir brauchen Geduld mit uns selbst, sonst werden wir nie Geduld für andere aufbringen. Wenn wir mit uns selbst ungeduldig sind, dann fehlt uns Selbstwertgefühl. Wir hegen übertriebene Erwartungen, was unsere Fähigkeiten betrifft, und hassen es, wenn die Realität anders aussieht. Inzwischen sollten wir doch wirklich erleuchtet sein! Zwei Stunden sollten wir jetzt aber sitzen können! Auf Schlaf sollten wir verzichten können! Wir halten uns ständig vor, was wir «sollten». Gedanken solcher Art werden auf andere übertragen, und wir werden ungeduldig über deren Unzulänglichkeiten.

Geduld darf nicht zur Selbstgefälligkeit führen. Ein sehr geduldiger Mensch hat die angenehme Eigenschaft, ausgeglichen zu sein. Ist nicht genügend Einsicht und Weisheit vorhanden, dann schlägt die sogenannte Geduld leicht um in Selbstgefälligkeit. Man denkt, dass man sich alles erlauben kann, und das ist natürlich falsch. Es ist Weisheit notwendig, um Geduld zu einer Tugend zu machen. Anzunehmen, was geschieht, wohl wissend um den ständigen Fluss, und dazu noch die Energie aufzubringen, sich immer wieder auf das Wachsen nach oben auszurichten – darum geht es.

Ein selbstgefälliger Mensch wird etwa seine Kleidung betrachten und bemerken, dass diese schmutzig ist. Er wird sich denken, dass alle Kleidung verschmutzt und mit den Schultern zucken. Das ginge jedoch zu weit. Oder ein anderer würde sehen, dass sein Zimmer unordentlich ist und würde das auch abtun. Jemand, der sich so verhält, lässt einfach alles geschehen ohne die Entschlossenheit, seine Energie äußerlich und innerlich in das Wachstum zu lenken. Mancher mag sogar seine eigenen Untugenden erkennen und dabei denken: «Schließlich haben alle Menschen Fehler» – und es dabei belassen. Das ist unzureichend für spirituelles Wachstum.

Erkennen wir Hass und Gier in uns selbst, nützt es gar nichts, wenn wir ungeduldig werden. Alles braucht seine Zeit. Wir sind seit Urzeiten immer und immer wieder hier und agieren Gier und Hass aus. Es wird eine Weile dauern, sie zu eliminieren. Dazu braucht es Geduld – aber keine Selbstgefälligkeit.

Wahrhaftigkeit

Nun kommt die Wahrhaftigkeit, und die hat viele Gesichter. Es ist offensichtlich, dass man als Erstes wahrhaftig in der Rede sein soll. Nicht lügen, das ist die vierte Tugendregel. Aber es steckt noch weit mehr dahinter. Man muss die Wahrheit über sich selbst mit ehrlicher Aufrichtigkeit herausfinden. Das ist recht schwierig. Es ist Weisheit dazu notwendig, zu erkennen, was mit einem selbst nicht richtig ist. Das, was mit anderen nicht stimmt, ist nicht so schwer zu erkennen. Es ist meist offensichtlich. Um herauszufinden, was falsch an einem selbst ist, benötigt man durchdringende Wahrhaftigkeit und innere Aufrichtigkeit.

Es ist ein Wühlen im eigenen Inneren und ein In-Frage-Stellen. Taucht auf die erste Frage eine Antwort auf, dann muss diese überprüft werden mit der Frage: «Warum tue ich, was ich tue?

Warum fühle ich, was ich fühle? Warum reagiere ich so, wie ich reagiere?» Am Ende wird stets Ego stehen, wenn man lange und tief genug gegraben hat.

Die naheliegenden Reaktionen: «Nun, das ist eben mein Ego, und ich kann nichts dagegen tun» oder «Das ist halt mein *Karma*» sind nicht hilfreich. Beide sind gleichermaßen unproduktiv. Wenn man bei seinen Schürfarbeiten immer und immer wieder auf das Ego stößt, wird man den Wunsch haben, sich dessen festem Griff zu entziehen.

Es ist ganz schwer, uns so zu sehen, wie die anderen es tun. Dazu müssen wir uns einen Spiegel vorhalten – nicht, um unsere körperliche Form zu betrachten, sondern unsere geistige und emotionale Erscheinung. Dieser Spiegel ist die Achtsamkeit. Manchmal kann die Reaktion anderer Menschen als Spiegel dienen, aber dieser wirft kein ehrliches Bild zurück, weil deren Ich beteiligt ist. Die Hauptarbeit liegt in der Selbstbefragung.

Die Wahrheit hat auch noch andere Seiten. Die Wahrhaftigkeit zu erkennen heißt, die *Vier Edlen Wahrheiten* anzuerkennen. Das ist das wahre *Dhamma*. Das Erkennen der *Vier Edlen Wahrheiten* bedeutet, sie mit unserem inneren Auge gesehen und erlebt zu haben: Die Edle Wahrheit des Leidens (*Dukkha*); die Edle Wahrheit der Ursache des Leidens, welche Begierde ist; die Edle Wahrheit von der Beendigung des Leidens, welche Befreiung ist; die Edle Wahrheit des Pfades, der zur Befreiung (*Nibbāna*) führt, welcher der Edle Achtfache Pfad ist. Letztendlich bedeutet das Wort «Wahrhaftigkeit» genau das.

Jede Wahrheit muss letztendlich zu Freiheit und Befreiung führen. Die Menschen suchen auf vielen verschiedenen Wegen nach Wahrheit bei unzähligen Ideologien. Manche davon sind angsteinflößend, weil sie einen Teil der Menschen unterdrücken und einen anderen Teil erheben. Manche befassen sich mit Vergeltung und Überlegenheit. Der menschliche Geist erfindet solche Denkmodelle. Der nichterleuchtete Geist begründet seine Ideologien auf der Ich-Illusion, weshalb keine von ihnen absolute Befriedigung schenken kann.

Die Suche nach der Wahrheit ist eine gute Sache, und junge Leute sollten suchen, und auch die älteren Menschen sollten nicht damit aufhören. Unglücklicherweise hört aber die Suche nach der Wahrheit auf. Die Menschen sind so damit beschäftigt, ihren täglichen Verpflichtungen zum Zwecke des Überlebens nachzukommen, dass das Suchen nach der Wahrheit hinter allen Erscheinungen ihre Fähigkeiten zu übersteigen scheint. Sie haben einfach nicht genug Willenskraft oder Interesse dafür. Unglücklicherweise verfügt der junge Mensch noch nicht über genügend Weisheit, um die Wahrheit zu erkennen, und der ältere, der die Weisheit der Erfahrung besitzt, hat keine Energie und Willenskraft mehr. Wie Bernard Shaw sagte: «Die Jugend ist an die Jungen verschwendet.»

Man sollte auf der Suche nach Wahrheit nie nachlassen – keinen Augenblick. Fährt man mit der Suche stetig fort, muss man schließlich zu der Erkenntnis gelangen, dass die Wahrheit nicht vom Menschen stammt. Wahrheit muss universal sein. Sie muss allen zugänglich sein, nicht nur gewissen Menschen, Kreisen, Nationen oder Religionen. Sie muss einen Weg zeigen, menschliches Leid zu beenden – total und unwiderruflich –, nicht nur momentan und nur für eine bestimmte Gruppe.

Es muss die absolute und nicht die relative Wahrheit sein. Die absolute Wahrheit geht weit über unsere menschlichen Probleme und unsere üblichen Erkundungen hinaus. Sie gehört in den Bereich der geistigen Untersuchung. Auf dem spirituellen Weg können wir die absolute Wahrheit finden. Die Relativität, in der wir leben, ist ein duales System. Es gibt gestern und morgen, gut und böse, dich und mich, «ich will» und «ich will nicht». Da ist «meine» Persönlichkeit, «meine» Individualität, die «ich» festigen und ausdehnen will. Das alles ist relativ und kann nicht die absolute Wahrheit sein, weil es nicht für alle Seiten befriedigend ist. Es geht immer auf Kosten eines anderen. Die absolute Wahrheit übersteigt all dies. Verständnis für den Verlust der Persönlichkeit und Individualität mag aufdämmern, und die Erkenntnis mag auftauchen, dass das «Ich, Mir, Mein» ein Fehler war, dass «Du» und «Dein» ein unglückliches Missverständnis war. Es gibt niemand, der sich sorgen oder fürchten müsste. Alles ist Bewegung, und Festigkeit ist nur eine Erscheinung. Die absolute Wahrheit ist nicht auf eine Gruppe von Menschen mit einem bestimmten Glauben begrenzt. Sie ist universal und kann durch das Praktizieren des Edlen Achtfachen Pfades erfahren werden. Die Perfektionierung der Vollkommenheiten gewährt innere Kraft. Um von der relativen zur absoluten Realität durchzubrechen, benötigt man eine Menge Kraft.

Entschlusskraft

Die nächste Qualität, die wir entwickeln müssen, ist Entschlusskraft. Ohne sie erreichen wir nichts. Man braucht sogar Entschlusskraft, um morgens aufzustehen. Für einige Dinge brauchen wir mehr Entschlusskraft als für andere – beispielsweise für die Meditation. Anfangs ist es für die meisten nicht besonders interessant zu meditieren – und schon gar nicht bequem. Die Meditation ist nicht aufregend und schenkt anscheinend keinen unmittelbaren Gewinn.

Wir leben in einer Gesellschaft der sofortigen Resultate. Ein Knopfdruck und unsere ganze Einkaufsliste wird addiert. Ein Knopfdruck und die Ventilation wird eingeschaltet. Mit einem Knopfdruck können wir das Licht ein- und ausschalten. Alles geschieht augenblicklich. Mehr denn je erwartet unsere Gesellschaft unmittelbare Resultate. Darum sind Schmerztabletten weitaus gefragter als Kräuterheilmittel, die viel längere Zeit benötigen, um zu wirken.

Meditation ist ein langsames, aber sicheres Heilmittel. Um sie zu üben, benötigen wir Entschlusskraft, eine starke Charakterqualität. Ein unsteter, wankelmütiger Geist verfügt nicht über Entschlusskraft. Dagegen besitzt ein starker, resoluter Geist eine ganze Menge. Jedesmal, wenn wir uns zum Meditieren hinsetzen, müssen wir entschlossen sein, durchzuhalten und nicht herumzurutschen. Wir müssen den Geist im Zaum halten, damit er das tut, was zu tun ist.

Auch im Alltag ist Entschlusskraft vonnöten. Warten wir darauf, dass etwas geschieht, dann wird sich wahrscheinlich gar nichts tun. Wir müssen etwas unternehmen.

Alle diese Charaktereigenschaften sind in uns angelegt. Wir verfügen auch über die Qualität des moralischen Verhaltens. Würden nicht die meisten Menschen darüber verfügen, dann wäre die Welt in einem noch größeren Chaos, als sie es ohnehin schon ist. Wir besitzen auch die Tugend der Entschlusskraft, aber was uns fehlt, ist die tiefverwurzelte Weisheit, dass diese Qualitäten unsere besten Freunde sind. Wir müssen versuchen, uns ihnen anzunähern, sie in unserer Nähe zu halten und wachsen zu lassen. Sie sind unabdingliche Zutaten für ein glückliches und friedvolles Leben, und sie sind absolut erforderlich für den spirituellen Fortschritt.

Das ist wirklich das Beste, was das Leben zu bieten hat: Spiritueller Fortschritt. Ansonsten handelt es sich lediglich um momentane Freuden, die dazu noch gefährlich sind, weil sie uns in Selbstgefälligkeit einlullen. Erkennen wir das klar, dann wird unsere Entschlusskraft gestärkt, und wir geben dem spirituellen Fortschritt Priorität vor allem anderen. Dazu brauchen wir kein Kloster und keine Höhle. Wir können überall vorankommen oder Rückschritte machen. Alles, was geschieht, kann als Lernhilfe betrachtet werden, ob es sich um Krankheit und Tod handelt oder um Übelwollen und den Verlust von Besitz, um physische Unbequemlichkeit und Schmerz oder um Liebe und Ruhm. Beziehungen zu anderen Menschen und Sorge um andere sind eine Lernsituation. Nimm nichts als gegeben hin, sondern benutze alles zum Weiterwachsen.

Entschlusskraft entsteht, wenn wir merken, dass das Leben nichts Wertvolleres zu bieten hat als das eigene spirituelle Wachstum und unsere schließliche Befreiung. Wir brauchen unseren Lebensstil nicht zu ändern, sondern unsere Auffassung, unsere Reaktionen und unser Verständnis von dem, was um uns herum und in uns passiert. Diese Art von Entschlusskraft schenkt Glück, weil sie die Freude am Pfad mit sich bringt. Entschlusskraft regeneriert sich dann von selbst. Die normale Entschlusskraft kommt und geht und benötigt viel Energie, um am Leben erhalten zu werden. Ist aber die Entschlusskraft jene des spirituellen Pfades, muss sie nicht ständig wiedererweckt werden. Sie bleibt bestehen, weil der spirituelle Weg Freude macht.

Bedingungslose Liebe und Gleichmut

Die beiden letzten Vollkommenheiten haben wir schon besprochen. Sie müssen aber noch einmal erwähnt werden: Bedingungslose Liebe und Gleichmut. Gleichmut ist die Krönung aller Emotionen. Er setzt den Verlust der Ich-Illusion voraus. Haben wir keine Ahnung davon, dass allein das Ego alles Chaos auslöst, dann können wir keinen wirklichen Gleichmut aufbringen. Wir können die Angst und die Unruhe unterdrücken, aber wir werden uns nicht ausgeglichen fühlen. Einsicht und Weisheit sind die Wurzeln des Gleichmuts.

Diese zehn Vollkommenheiten werden Leben für Leben weiterentwickelt, bis sie stark genug werden, um den Durchbruch zum Edlen Achtfachen Pfad zu schaffen, wo wir eine innere Vision der *Vier Edlen Wahrheiten* haben können.

11

Die Vier Edlen Wahrheiten und der Edle Achtfache Pfad

Als der Buddha sein Heim verließ, um die Antwort auf das Leiden der Menschen zu suchen, wandte er sich an zwei wohlbekannte Meditationslehrer.

Der erste, Ālāra Kālāma, lehrte ihn die ersten vier meditativen Vertiefungen, die sogenannten vier feinkörperlichen meditativen Vertiefungen. Er war ein begabter Schüler und lernte schnell. Bald bat ihn sein Lehrer, nun selbst zu lehren, weil er genauso fähig war wie der Lehrer selbst. Aber der Buddha, der damals noch Prinz Siddhartha Gautama war, lehnte ab, weil er sein Ziel noch nicht erreicht hatte, und wandte sich an Uddaka Rāmaputta, seinen zweiten Lehrer. Uddaka Rāmaputta lehrte ihn die vier formlosen meditativen Vertiefungen, die verfeinerter und konzentrierter sind als die vier feinkörperlichen Vertiefungen. Er war wiederum ein sehr guter Schüler, und bald wollte ihm sein Lehrer alle Schüler anvertrauen. Wieder lehnte der Prinz ab, weil er merkte, dass die Leidenssituation die Gleiche blieb, wenn er die meditative Vertiefung verließ. Es hatte sich nicht viel geändert. Als Uddaka Rāmaputta erklärte, er könne ihm nichts mehr beibringen, wusste der Prinz, dass er nun auf sich selbst gestellt war. Er verließ die fünf Asketen, die seine Freunde gewesen waren. Sie wollten ihn nicht begleiten, denn sie zogen die Sicherheit vor, die ihnen ein etablierter Lehrmeister bot.

Als der Prinz zum Bodhi-Baum kam, der in Bodh-Gayā, einem Ort im heutigen Nordindien, stand, fasste er einen Entschluss. Er würde sich hinsetzen und sich nicht mehr bewegen und nicht mehr aufstehen, selbst wenn sein Fleisch dabei verrotten würde. So saß er und benutzte die Meditationsmethoden, um eine tiefe Sammlung zu erlangen, von der ersten bis zur achten meditativen Veriefung und zurück. Währenddessen wurde er von *Māra*, der Versuchung, bedrängt, aber er widerstand erfolgreich. Als sein Geist vollkommen ruhig und gesammelt geworden war, war es ihm möglich, die tiefste Einsicht zu erlangen. Als er aus dieser tiefen Versenkung herauskam, konnte er die *Vier Edlen Wahrheiten* und den Edlen Achtfachen Pfad zweifelsfrei und klar als eine innere Realität anerkennen. Nachdem dies geschehen war, wusste er, dass er der Buddha geworden war – der Erleuchtete.

Er saß in der Glückseligkeit der Befreiung und brachte dem Bodhi-Baum, der ihm Schutz gewährt hatte, große Dankbarkeit entgegen. Einen Monat lang blieb er dort, und auf die Bitten des höchsten Gottes, Brahma Sahampati, hin, entschloss er sich zu lehren. Zuerst dachte er, dass seine Lehre zu tiefgründig und zu schwer zu verstehen sei. Dass er, beim Versuch, sie den Menschen mitzuteilen, an ihrer Verständnislosigkeit verzweifeln würde. Aus Mitgefühl heraus willigte er ein zu lehren – zum Besten der Menschen und Götter.

Als Erstes wollte er seinen eigenen Lehrern helfen. Als er sie kraft seiner gewonnenen Hellsicht suchte, stellte er fest, dass sie bereits gestorben waren. Dann beschloss er, die fünf Asketen zu unterrichten, die mit ihm studiert hatten. Er sah, dass sie sich in der Nähe von Benares aufhielten, und machte sich auf den Weg dorthin.

Er legte den weiten Weg zu Fuß zurück. Während der ganzen fünfundvierzig Jahre, die er lehrte, machte er alle Wege zu Fuß. Er benutzte nie ein Fahrzeug, weil zur damaligen Zeit alle Fahrzeuge von Tieren gezogen wurden, und er wollte diese nicht mit seinem Gewicht belasten. Darum ist es für Mönche und Nonnen eine Regel, niemals ein von Tieren gezogenes

Fahrzeug zu benutzen. Wir sind heutzutage glücklicherweise in der Lage, andere Arten von Fahrzeugen zu benutzen. Der Buddha ging immer zu Fuß.

Er lehrte jeden Tag. Darum steht uns solch ein Schatz an Lehrmaterial zur Verfügung. In den Originaltexten gibt es mehr als 17 500 Lehrreden.

Als der Buddha sich Benares näherte, sahen ihn die fünf Asketen kommen. Sie sagten zueinander: «Schaut nur, wer da kommt. Das ist Meister Gautama. Er hat das spirituelle Leben aufgegeben. Er ist wohlgenährt und glattrasiert. Wir werden ihn nicht grüßen, wenn er näher kommt.» Aber dieses Vorhaben war schnell vergessen, denn sie waren überwältigt von seinem majestätischen Auftreten und seinem strahlenden Gesicht. Sehr höflich begrüßten sie ihn.

Dann sagte der Buddha: «Ich bin der Buddha geworden, und ich will euch meine Lehre erklären.» Sie waren überrascht und antworteten: «Aber wie sollen wir wissen, dass dies die Wahrheit ist?» Der Buddha antwortete: «Seit sechs Jahren kennt ihr mich. Habe ich euch jemals getäuscht?» – «Nein», mussten sie zugeben. Der Buddha bat nun: «Hört mir zu.» Das gewährten sie ihm. Sie errichteten für ihn einen Sitz im Park von Isipatanna, außerhalb von Benares. Dort blieben sie eine Woche. Jeden Tag ging ein anderer, um Nahrung zu erbetteln.

Der Buddha hielt nun seinen ersten Vortrag nach seiner Erleuchtung, die Lehrrede «Das Rad der Lehre (*Dhamma*) in Gang setzen». Damit brachte er das Rad des *Dhamma* in Bewegung, und es dreht sich bis heute, und das ist ein großes Glück für uns. In den Weltzyklen gibt es Zeiten, wo kein *Dhamma* existiert, und seine Existenz ist häufig gefährdet. Das *Dhamma* ist immer in Gefahr zu verschwinden, weil es sich gegen den menschlichen Instinkt wendet. Es schwimmt gegen den Strom – gegen den Sog der Strömung.

Als der Buddha seinen Vortrag beendet hatte, erlangte einer

seiner Zuhörer die Erleuchtung. Buddha sagte: «Añña Kondañño sieht – Añña Kondañño weiß!» Es geht um Sehen und Wissen. Es genügt nicht zu wissen. Sehen bedeutet in diesem Zusammenhang die innere Vision, die innere Realität, die unsere ganze Sichtweise und unsere Haltung verändert. Añña Kondañño war der erste Heilige und der erste buddhistische Mönch.

Auch der Buddha wird *Arahant*, Heiliger, genannt. Er ist ein Arahant, aber er ist auch der Buddha. Der Unterschied liegt darin, dass der Buddha die *Vier Edlen Wahrheiten* und den Edlen Achtfachen Pfad selbst fand, ohne einen Lehrer zu haben, während der *Arahant* erleuchtet wird, weil er den Lehren des Buddha folgt. Existieren die Lehren des Buddha irgendwann nicht mehr, dann wird nach Äonen ein neuer Buddha erscheinen, der genau die gleichen *Vier Edlen Wahrheiten* und den Edlen Achtfachen Pfad finden wird. Ein Buddha ist jemand, der das verloren gegangene *Dhamma* wiederentdeckt und verbreiten kann. Das ist eine sehr seltene Gabe. Man kennt auch *Paccekabuddhas*. Diese sind zwar erleuchtet, verfügen aber nicht über die Gabe des Lehrens.

Liest man die Lehrreden, dann stellt man überrascht fest, wie oft der Buddha seine Worte wiederholt. Obwohl das in Pāli sehr melodiös klingt, ist es doch eine ständige Wiederholung, und man wundert sich, warum das so ist. Eigentlich ist es aber gar nicht überraschend. Das gesprochene Wort wiederholt sich oft. Außerdem wusste der Buddha auch von der Schwierigkeit, eine tiefe Wahrheit nur durch Zuhören aufzunehmen, und darum unterstrich er seine Worte durch Wiederholung.

Die Vier Edlen Wahrheiten

Die *Vier Edlen Wahrheiten* beginnen mit der Edlen Wahrheit des Leidens. Die fünf Freunde, zu denen der Buddha sprach, waren sechs Jahre lang Asketen, die ihren Körper kasteiten. Der Buddha hatte das Gleiche getan, hatte aber herausgefunden, dass dieser Weg nicht zur Erleuchtung führt. Auch die Verwöhnung, die er während seines prinzlichen Lebens im Palast genossen hatte, führte nicht zur Glückseligkeit. Er stellte nun fest, dass nur ein Weg dazu führt: Der Weg der Mitte. Extreme können nicht zum Vorteil genutzt werden. Die Asketen hatten für einige Zeit die Kasteiung des Körpers verfolgt. Sie wussten alle von den Leiden des Körpers. Der Buddha musste ihnen dazu nicht viel erklären. Sie konnten diese Wahrheit leicht erkennen.

Für uns ist das nicht so leicht. Obwohl wir das Leiden des Körpers in der Meditationspraxis spüren, wissen wir genau, dass wir zu Hause nicht so weit gehen werden. Das ist dann nur ein zeitlich begrenztes Leiden, und weil es eine deutliche Begrenzung hat, können wir gut damit umgehen. Wir sind uns noch nicht ganz im Klaren darüber, dass dieser Körper nicht nur Leiden hat, sondern Leiden ist. Allein die Tatsache, einen Körper zu haben, bedeutet Leiden. Das heißt aber nicht, dass wir andauernd irgendwelchen Tragödien unterliegen. Die Tatsache des Leidens ist etwas anderes. Der Buddha sagte:

Geburt heißt Leiden
Verfall heißt Leiden
Tod heißt Leiden
nicht zu bekommen, was man will, heißt Leiden.

Das sind die wichtigsten Aspekte. Dann gibt es noch die anderen, die zwischen Geburt, Verfall, Krankheit und Tod auftauchen. Offenbar haben wir unsere guten Tage dann, wenn wir uns nicht des Leidens in uns bewusst sind. Wir mögen Mitgefühl für jemanden empfinden, der gerade leidet, und froh sein, dass wir nicht in dieser Lage sind, und dabei total vergessen, dass das Leiden immer präsent ist. Sogar während des Genusses ist das Leiden vorhanden, weil kein Genuss von

Dauer ist. Er verschwindet, sobald wir ihn festhalten wollen. Wenn wir es versuchen, schwindet er dahin, und wir müssen ihn wiederfinden.

Unser Körper kann nicht einmal leben, wenn wir ihn nicht ständig mit Nahrung versorgen, reinigen, stärken und reparieren. Alle Arten von Reparaturen werden notwendig: Brillen, Zähne, Hörhilfen, Vitamine, Hustensaft, Shampoos, Puder und Lotionen. Millionen werden allein dafür ausgegeben, diesen Körper am Funktionieren zu halten. Man kann ihn nicht jünger machen, obwohl das viele Menschen versuchen. Wie viel Mühe, Energie, Geld und Zeit werden aufgewendet, nur um den Körper funktionieren zu lassen! Und wenn wir diese Mühen nicht aufrechterhalten, wird der Körper einfach verfallen. Womöglich können wir ihn nicht einmal mehr benutzen. Seine innewohnende Natur ist das Überhören unserer Bitten um Jugend, Gesundheit, Schönheit und langes Leben. Er tut das genaue Gegenteil, und das führt unweigerlich zum Leiden.

Das größte Leiden des Körpers sind seine vielen Ansprüche, die die meisten Menschen während ihres ganzen Lebens zu erfüllen versuchen. Alles Geld, das Menschen verdienen, alle Arbeit, die sie leisten, dienen nur dazu, den Körper intakt und zufrieden zu erhalten. Die Menschen müssen arbeiten, um sich zu ernähren, um ein Haus zu bauen, um sich zu kleiden und um Medizin zu kaufen. All dies würden wir nicht brauchen, wenn wir keinen Körper hätten. Der Großteil der Menschen verwendet eine Menge Zeit darauf, ein wenig mehr Bequemlichkeit und Befriedigung für den Körper zu erlangen. Das scheint das größte Leiden zu sein – das ganze Leben auf diese Weise zu verbringen.

Der Körper leidet nicht allein. Auch der Geist leidet, das haben wir schon bemerkt: Er gehorcht nicht. Er macht nur das, was er will, anstatt dort zu bleiben, wo wir wollen. Er fährt fort damit, über Dinge nachzudenken, die uns unglücklich machen.

Wenn das nicht Leiden ist! Töricht ist es ebenfalls – aber auch das bedeutet Leiden.

Der Geist fliegt von einem Gedanken zum anderen. Der Denkprozess als solcher bedeutet Leiden. Sogar hilfreiche und heilsame Gedanken verfügen über eine innewohnende Unruhe. Wenn irgendeine Art des Denkens existiert, gibt es keine Ruhe.

Der Geist mit seinem Denken und der Körper mit seinen vielen Teilen leiden alle beide. Die zweite Edle Wahrheit handelt von der Ursache des Leidens. Der Buddha sagte, dass die Ursache unseres Leidens einzig und allein unsere Begierden sind. Drei unserer Begierden rufen alle weiteren hervor. Diese drei Begierden sind: Die Begierde zu existieren, die Begierde der Selbstauslöschung und die Begierde nach Sinnesbefriedigung. Mit diesen drei Begierden behaftet, sind wir dem Leiden unterworfen, weil alle drei nicht erfüllt werden können. Wir können niemals gewinnen. Wir kämpfen einen aussichtslosen Kampf, und darum leiden wir tatsächlich.

Wir sind im Kampf um unsere Existenz verfangen, und dennoch wird nicht einer von uns weiterexistieren, wenn seine Zeit abgelaufen ist. Ebenso verfangen sind wir im Kampf um Sinnesfreuden. Auch das ist hoffnungslos, weil sie nur für Momente dauern kann. Sie kann nicht andauern. Der dritte Wunsch strebt nach Selbstauslöschung, ist also genau das Gegenteil des Bedürfnisses nach Existenz. Er tritt dann auf, wenn die Dinge zu schwierig werden. Er kann ebenfalls nicht in Erfüllung gehen, weil Nicht-Existenz eine Unmöglichkeit ist, außer für die Erleuchteten, die erkennen, dass niemand existiert.

Die erste und zweite Edle Wahrheit zeigen uns, dass wir ein nutzloses Leben führen. Gleichgültig, wie edel unsere Gedanken sein mögen, sie werden verschwinden. Wenn wir klar erkennen, dass unsere Begierden nicht gestillt werden können, dann naht der Augenblick, wo wir versuchen, einen Ausweg aus diesem Dilemma zu finden, das jedes menschliche Wesen betrifft. Davon bleibt niemand verschont. Diese Erkenntnis weckt Mitgefühl in unserem Herzen für alle, ganz gleich, wie unangenehm, dumm und wenig liebenswert sie sind. Es gibt kein Schlupfloch, aber es gibt einen Weg hinaus.

Der Weg hinaus führt nach innen. Wenn wir das überprüfen, werden wir nichts außerhalb von uns selbst finden. Die meisten Menschen suchen nach einer äußerlichen Lösung durch bessere Bedingungen, liebenswertere Menschen, weniger Arbeit, weniger Leiden. Erkennen wir die tatsächliche Nutzlosigkeit solchen Tuns, werden wir nicht länger im Außen suchen. Stattdessen werden wir uns nach innen wenden, und das wird uns schließlich zur dritten Edlen Wahrheit führen: Der Beendigung des Leidens durch Befreiung.

Der Buddha hat nie ausführlich erklärt, was mit dieser Befreiung gemeint ist. Er erklärte nur, was sie nicht ist. Er wusste, dass es nutzlos wäre, sie zu erklären, weil niemand sie verstehen könnte, der sie nicht erfahren hat. Es war aber wichtig zu erklären, was Befreiung nicht ist, damit die Menschen nicht in der falschen Richtung suchen.

Die folgende Geschichte erhellt das: Es waren einmal eine Schildkröte und ein Fisch, die befreundet waren. Sie lebten für einige Zeit im gleichen See. Eines Tages beschloss die Schildkröte, das den See umgebende Land zu besichtigen. Sie schaute sich um und erzählte dann ihrem Freund dem Fisch von den Wundern, die sie erblickt hatte. Den Fisch interessierte das sehr, und er fragte, wie es auf dem Land denn sei. Die Schildkröte antwortete, dass es sehr schön sei. Der Fisch wollte nun wissen, ob es durchsichtig sei, kühl, bewegt oder glatt, ob es sich zum Dahingleiten eigne und ob es nass sei. Als die Schildkröte berichtete, dass von diesen Attributen nichts vorhanden sei, meinte der Fisch: «Was kann denn dann schön daran sein?»

Der Edle Achtfache Pfad

Der Weg zur Beendigung allen Leidens, der zur Befreiung oder Freiheit führt, ist die vierte Edle Wahrheit, der Edle Achtfache Pfad. Dieser Pfad, wie alle Lehren des Buddha, ist in drei Teile gegliedert: Moralisches Verhalten, Sammlung und Weisheit. Viele Menschen denken, dass es in dieser Reihenfolge abzulaufen hat, als handle es sich um eine Leiter, auf welcher die tiefste Stufe, also das moralische Verhalten, es ermöglicht, etwas Sammlung zu erlangen, was später zu Einsicht und Weisheit führen werde.

Der Edle Achtfache Pfad beweist, dass es sich nicht so verhält. Er beginnt nicht mit dem moralischen Verhalten, sondern mit der Weisheit. Der Edle Achtfache Pfad darf nicht als Leiter betrachtet werden, sondern eher als eine achtspurige Autobahn, auf welcher jede Spur benutzt werden muss. Es handelt sich um eine Kreisbewegung, die mit der Rechten Sichtweise beginnt und endet. Obwohl die Rechte Sicht oder Ansicht nur anfangs erwähnt wird, ist das Resultat des Beschreitens des Edlen Achtfachen Pfades die absolute, die einzig Rechte Ansicht.

Rechte Ansicht

Die Rechte Ansicht zu erwerben ist deshalb der erste Schritt, weil es bedeutet, dass man erkannt hat, dass nichts anderes getan werden kann, als einen Weg aus dem Leiden zu finden mittels einer spirituellen Disziplin.

Danach wird man versuchen, die richtige Disziplin zu finden, die aufdeckt, was mit uns nicht stimmt. Unsere Probleme sind Leiden, Unzufriedenheit, Angst und ein Gefühl der Unerfülltheit. Diese Leere im Herzen versuchen wir mit einem oder mehreren Menschen auszufüllen, mit einer Idee, einem Vorhaben oder einer Hoffnung. Nichts von dem wird die Leere ausfüllen. Ist aber eine Disziplin in der Lage, diese uns erfüllende, grundlegende Unzufriedenheit zu erläutern, und kann sie dazu noch erklären, wie diese auszumerzen ist und absolute Zufriedenheit erlangt wird, dann muss es sich um eine zuverlässige Lehre handeln. Die Lehre muss aber auch die ganze Tiefe menschlicher Erfahrung erfassen. Das *Dhamma* des Buddha ist eine solche Lehre.

Die Rechte Ansicht schließt die Erkenntnis ein, dass jeder von uns über die Möglichkeiten verfügt, mit dem Praktizieren anzufangen. Rechte Ansicht heißt aber auch, ein Verständnis für das *Karma* aufzubringen und selbst die Verantwortung zu übernehmen für das, was uns geschieht. Es bedeutet, die Schuld nicht mehr anderen oder den Umständen zuzuschieben. Es heißt, volle Selbstverantwortung zu übernehmen für das, was man ist, und dafür, in welcher Situation man sich befindet. Wir müssen begreifen, dass wir der Herr unseres eigenen Schicksals sind. Man kann sich dahingehend ändern.

Zu wissen, dass wir uns ändern können, reicht nicht aus – die Veränderung muss sein. Hier handelt es sich um zwei richtige Ansichten: Das Verständnis für *Karma* und das Erkennen der Notwendigkeit, eine Veränderung unserer selbst herbeizuführen, die aus dem Leiden herausführt. Es geht hier nicht um das Verändern der Welt oder ihrer Bewohner oder der Menschen, mit denen wir leben. Es geht einzig und allein darum, uns selbst zu ändern. Wir können Probleme nicht eliminieren, aber wir können unsere eigene Reaktion darauf unterlassen. Wir können schließlich sogar zum Ende des Pfades gelangen, der in der Rechten Ansicht des Selbst gipfelt, nämlich im Nicht-Selbst.

Um eine geistige Disziplin zu verfolgen, ist Weisheit erforderlich. Ohne die Weisheit, zu erkennen, dass etwas getan werden muss, hätten wir mit der Meditationspraxis nicht angefangen.

Menschen verfügen über diese wunderbare Möglichkeit auf Grund des Leidens. Statt ständig der Unzufriedenheit zu widerstehen und sie unter den Teppich zu kehren oder darüber zu klagen, sollten wir dankbar dafür sein. Sie ist unser bester Lehrmeister. Man könnte tatsächlich sagen, dass sie unser einziger Lehrer ist. Leider ist nicht jeder in der Lage, auf diese Weise zu lernen.

Es gibt verschiedene Möglichkeiten, mit dem Leiden umzugehen. Die erste und beliebteste Reaktion ist es, andere zu beschuldigen. Das ist der einfache Weg. Alle Menschen spielen dieses kindische Spielchen. Die zweite Art, auf Schmerz und Unerfülltheit zu reagieren, ist die Depression. Man lässt sich fallen und schwelgt im Unglücklichsein. Die dritte Reaktionsweise ist das Selbstmitleid mit der Einbildung, dass alles Leid der Welt einen heimsucht: «Niemand ist so unglücklich wie ich.» Das ist offensichtlicher Unsinn. Wer sich selbst bemitleidet, erwartet von den anderen Mitgefühl. Das funktioniert aber nicht, man lernt und gewinnt nichts. Ganz im Gegenteil: Man wird den anderen eine Last. Eine weitere Art, dem Leiden zu begegnen, ist es, die Zähne zusammenzubeißen, die Reaktionen zu unterdrücken und vorzugeben, dass alles in Ordnung sei. Aber auch das bringt nichts, weil Vortäuschung nie wirkt.

Es gibt aber auch noch eine fünfte Methode: Man blickt dem Leiden ins Gesicht und grüßt es mit den Worten «Aha, da bist du wieder, alter Freund. Was soll ich denn dieses Mal lernen?» Das ist die Rechte Sichtweise. Damit haben wir dann wirklich verstanden, warum die menschliche Bewusstseinsebene die beste ist, um Erleuchtung zu erlangen. Das Leiden ist unser bester Lehrmeister, weil es uns festhält und uns fest in der Hand hat, bis wir die jeweilige Lektion begriffen haben. Erst dann lässt das Leiden uns los. Haben wir nichts gelernt, dann können wir sicher sein, dass dieselbe Lektion wieder auf uns zukommt, weil das Leben nichts anderes ist als eine Schule für Erwachsene. Sind wir in einem Fach durchgefallen, müssen wir die Prüfung einfach wiederholen. Ganz gleich, welche Lektion wir verpassen – wir müssen sie wiederholen. Deshalb reagieren wir oft auf die gleiche Art und Weise auf ähnliche Situationen. Immerhin wird die Zeit kommen, wo wir das erkennen und die Rechte Ansicht erlangen, indem wir denken: «Ich muss etwas tun, denn ich habe immer wieder das gleiche Problem.»

Die richtige Sichtweise ist ausschlaggebend für das Betreten eines spirituellen Weges. Am Anfang hat dies aber nichts mit der Rechten Ansicht des Selbst zu tun. Die kommt erst am Ende des Pfades und hat hauptsächlich mit den ersten beiden Edlen Wahrheiten zu tun. Wenn wir klar sehen, dass wir einen verlorenen Kampf kämpfen, solange wir unsere Begierden verfolgen und unser Ich beschützen, sind wir auf dem richtigen Weg. In diesem Augenblick betreten wir den Pfad, und das ist ein Augenblick der Freude. Damit erfasst uns die Gewissheit, dass wir den Ausweg gefunden haben, der uns befreit. Am Ende werden wir auch das Ziel erreichen, es ist lediglich eine Frage der Zeit. Dieses freudige Gefühl ist wesentlich für die Meditation, und die Meditation ist wesentlich, um den Pfad zu betreten.

Wir alle sind Beweis für die Worte des Buddha. Wir leiden und wir begehren, wir verfügen über ein wenig der richtigen Sichtweise, und wir erfahren *Karma* und dessen Auswirkungen. Wir können uns auch ändern, denn wir haben aus vergangenen Leiden etwas gelernt. Wir können die Worte des Buddha auf viele Arten beweisen, wenn wir nur aufmerksam genug sind. Es verschafft Selbstvertrauen, wenn man sicher ist, dass man dem Edlen Achtfachen Pfad bis zum Ende folgen kann. Dieses Vertrauen brauchen wir als einen Teil der Übungen. Selbstvertrauen ist kein Gefühl der Überlegenheit, sondern eines der Unabhängigkeit. Für unsere eigene Befreiung müssen wir unabhängig arbeiten.

Der Buddha empfahl uns, nicht einfach alles hinzunehmen, was er gesagt hat, sondern es zu prüfen und nur wahrzuhaben, was für uns richtig ist. In einer seiner berühmtesten Lehrreden, der Kālāma-Lehrrede, nannte er zehn gute Gründe, um einem geistigen Weg nicht zu folgen. Die Rede leuchtet uns modernen Menschen genauso ein, wie sie damals den Kālāmern eingeleuchtet hat. Auch für uns ist sie voller Bedeutung.

Die Leute von Kālāma suchten den Buddha auf, als er in ihrer damalige Hauptstadt Kesaputta weilte, und sie sagten zu ihm: «Herr, schon viele spirituelle Lehrer haben unsere Stadt besucht, und sie alle hatten eine sehr überzeugende Lehre für uns. Aber jeder einzelne dieser Meister lehnte die Lehren aller anderen ab. Wir sind jetzt total verunsichert. Wir wissen nicht, wem wir Glauben schenken sollen.» Der Buddha antwortete: «Es ist angemessen, dass ihr zweifelt und unsicher seid.» Er legte ihnen dann die fünf Tugendregeln dar und fragte, ob deren Einhaltung zum Glück beitragen würde und ob deren Überschreitung Unglück nach sich ziehen würde. Dem stimmten die Kālāmer zu. Daraufhin erklärte der Buddha: «Glaubt niemals einer spirituellen Lehre, nur weil sie andauernd wiederholt wird oder weil sie schriftlich niedergelegt wurde oder weil sie vom Lehrer zum Schüler weitergegeben wurde oder weil jeder in eurem Umfeld an sie glaubt oder weil sie metaphysische Qualitäten besitzt oder weil sie mit dem übereinstimmt, was ihr ohnehin glaubt, oder weil ihr Rationalisierungen dafür finden könnt. Glaubt an nichts, was ihr verteidigen zu müssen glaubt, und glaubt ebenfalls nichts, nur weil ein Meister einen guten Ruf hat und Behauptungen aufstellt.»

Als die Kālāmer gehört hatten, was der Buddha lehrte, wurden sie seine Anhänger. Sie fanden eine Richtschnur, die auch heute noch stimmt. Wir sollen nichts glauben, weil es so Tradition ist oder weil es in einem Buch steht, sondern für uns selbst alles überprüfen, und wenn wir es als richtig und nützlich befunden haben, dann können wir es glauben.

Es steht außer Frage, dass wir das Leiden in uns selbst finden können, und je mehr wir nach innen blicken, desto mehr

Unzufriedenheit werden wir finden. Wenn wir nicht länger danach trachten, unser persönliches Leiden in persönliche Befriedigung zu wandeln, wird auch das Leiden aufhören, weil der Widerstand erloschen ist. Die Akzeptanz der Dinge so, wie sie sind, verschafft die richtige Sichtweise.

Die Brahmanen, die hinduistische Priesterkaste in Indien, waren dem Buddha nicht sehr gewogen, weil er ihnen ihre Lebensgrundlage entzog. Er predigte, dass niemand einen Vermittler zwischen sich und den Göttern brauche, um Glückseligkeit zu erlangen, und dass es nicht sehr hilfreich sei, Ghee über Steingötter zu schütten und Blumen und Weihrauch zu opfern. Weil dies der Lebensunterhalt der Brahmanen war, mochten einige den Buddha gar nicht, obwohl andere zu seinen Anhängern wurden.

Eines Tages lauschte einer der gegnerischen Brahmanen einem Vortrag des Buddha und begann, während dieser noch redete, vor ihm auf und ab zu gehen. Dann beschimpfte er den Buddha mit nicht gerade feinen Ausdrücken. Er schimpfte, dass der Buddha falsche Lehren propagiere, dass er aus dem Land gejagt werden solle, weil er das Familienleben zerstöre, weil die jungen Männer ihm ins Mönchsleben folgten und dass die Menschen ihn nicht unterstützen sollten. Er beleidigte den Buddha auf jede nur denkbare Art und Weise.

Als ihm schließlich die Worte ausgingen, sagte der Buddha, der still zugehört hatte: «Brahmane, hast du jemals Gäste in deinem Haus?» Der Brahmane antwortete: «Natürlich haben wir Gäste in unserem Haus.» Darauf sagte der Buddha: «Wenn du Gäste hast, gewährst du ihnen dann Gastfreundschaft? Bietest du ihnen zu essen und zu trinken an?» Der Brahmane erwiderte: «Natürlich tun wir das.» Der Buddha fuhr fort: «Und wenn sie deine Gastfreundschaft nicht akzeptieren, wenn sie die Speisen und Getränke ablehnen, wem gehört das Ganze dann?» Eifrig antwortete der Brahmane: «Es gehört mir.» Darauf sagte der Buddha: «Das ist richtig, Brahmane. Es gehört dir.»

Diese Geschichte ist wert, sich daran zu erinnern. Jede Beleidigung, jeder Ärger und jede Drohung gehören dem, der sie äußert. Wir müssen sie nicht annehmen.

Rechte Absicht

Der zweite Schritt auf dem Achtfachen Pfad ist die Rechte Absicht. Sie beruht auf der Rechten Ansicht. Ist die Sichtweise falsch, dann muss auch die falsche Absicht folgen. Darum müssen wir unbedingt etwas für die richtige Sichtweise tun. Alle unsere Ansichten sind gefärbt von der Ich-Illusion. Unser Standpunkt, von dem aus wir alle Dinge betrachten, heißt «ich sehe», und deshalb sind selbst Ansichten, die aus weltlicher Sicht nicht falsch sind, aus spiritueller Sicht absolut unrichtig. Aber wir müssen dort anfangen, wo wir stehen. Es nützt nichts, auf den Tag des besseren Verständnisses zu warten. Der wird niemals kommen, wenn wir nichts dafür tun.

Frieden und Glück sind nicht unser Geburtsrecht. Jene, die sie errungen haben, mühten sich beständig darum. Diese Mühe richtet man darauf, die eigene Sichtweise zu berichtigen, damit auch die Absicht entsprechend richtig wird. Rechte Ansicht und Rechte Absicht weisen den weisheitlichen Aspekt des Pfades aus.

Ehe der Buddha erleuchtet wurde, als er noch ein *Bodhisattva* war, betrachtete er seine Geistestätigkeit aufmerksam und erkannte, dass auftauchende Gedanken, die mit Unbehagen, Grausamkeit oder Begierde zusammenhingen, ihm schadeten. Hatte er dagegen Gedanken der Entsagung, Liebender Güte, voller Mitgefühl und Arglosigkeit, wirkten sich diese zu seinem eigenen Nutzen aus. Nachdem er seinen Geist in dieser Weise geschult hatte, war es ihm möglich, alle unheilsamen Gedanken loszulassen.

Es gibt drei Aspekte der Rechten Absicht: Entsagung, Liebende

Güte und Nicht-schaden-Wollen. Entsagung kann weder durch Wunschdenken noch durch Unterdrückung erlangt werden. Nichts davon wird funktionieren. Sie kann nur dadurch erlangt werden, dass wir die richtige Ansicht erkennen: Begierde heißt immer Leiden. Haben wir das wirklich in uns selbst erfahren, dann wollen wir die Begierde freiwillig loslassen. Das tun wir freudig, wenn wir die Erleichterung erfahren, die das Loslassen von Leid und Begierde uns schenkt.

Begierde ist immer mit Leiden verbunden, weil sie nur dann auftritt, wenn uns etwas fehlt, das wir uns wünschen. Ob es sich dabei nur um Nahrung handelt oder gar um Erleuchtung, spielt keine Rolle. Es ist einfach etwas, das wir uns ersehnen und dessen Fehlen uns schmerzt. Wenn wir nicht bekommen, was wir uns wünschen, erfassen uns Frustration, Groll, Ablehnung und Trauer. Es ist offensichtlich, dass wir leiden, wenn wir etwas nicht bekommen.

Wird uns aber ein spezieller Wunsch erfüllt, dann löst auch das Unruhe aus, weil wir aus früheren Erfahrungen wissen, dass die Zufriedenheit nicht lange andauern wird. Wir sorgen uns dann darum, wie wir diese Wunscherfüllung verlängern können. Allein diese Sorge bedeutet wieder Leiden, und das Nicht-Andauern bewirkt ebenfalls Leiden.

Der Versuch, irgendetwas festzuhalten, bedeutet Anspannung und Angst. Wir leben andauernd in der Angst, Menschen, Lebensumstände, Besitztümer oder Gefühle zu verlieren. Auch begleitet uns ständig die Angst, nicht zu erhalten, was wir haben wollen, wie beispielsweise nach einer guten Meditation die Fragen auftauchen: «Das war aber angenehm – schade, dass es vorbei ist. Ob ich das wohl wiederholen kann? Was mache ich denn jetzt?» Hier ist Leiden entstanden, weil dies das Merkmal eines jeden Wunsches ist. Erst wenn wir diese Tatsache mit Sicherheit erkannt haben, wird es uns möglich, Entsagung zu üben. Es ist unsere Anhaftung an Menschen und Dinge, die wir besitzen wollen, die uns Leiden schafft. Nichts als Leiden und Probleme bis ans Lebensende. Wir werden es nicht aufgeben können, solange wir nicht wissen, dass es so ist.

Entsagung beginnt mit dem Aufgeben von etwas, das uns wertvoll ist. Kann man das freudig bewältigen, ohne die Zähne zusammenzubeißen und die Augen zu schließen, sozusagen leichten Herzens, dann hat man die Gefahr des Anhaftens erkannt.

Weit wichtiger aber, als irgendwelche Dinge herzugeben, ist es, die eigenen Ansichten über sich selbst, die Welt und darüber, wie andere sich verhalten sollten – besonders die uns Nahestehenden – aufzugeben. All das beinhaltet Leiden, weil wir in die Begierde des Haben- und Besitzenwollens verstrickt sind.

Auch hegen wir den Wunsch zu *sein*, geliebt zu sein beispielsweise. Oder Ehefrau und Mutter zu sein, oder berühmt zu sein, oder wenigstens geschätzt zu werden. Jeder Wunsch bedeutet Leiden und hindert uns daran, Zufriedenheit und Frieden zu empfinden. Auch der Wunsch, anders zu sein, als man ist, beschwört Leiden herauf. An sich zu arbeiten und sich sanft umzuformen ist etwas ganz anderes. Die Wünsche des Geistes sind auf etwas Fehlendes, das Gefühl eines Mangels, zurückzuführen. Das ist schmerzhaft. Nur Entsagung kann dieses Leid auflösen. Wir reagieren auf dieses Leiden oder Unerfülltsein, indem wir versuchen zu bekommen was wir uns wünschen. Das hat das Leiden noch nie aufgelöst, denn wenn das Habenwollen nicht aufgegeben wird, erinnert es uns fortwährend an das Leid.

Entsagung unterliegt der Rechten Absicht. Liebe, Mitgefühl und Nicht-schaden-Wollen im Umgang mit anderen sowie unser Verständnis der Tatsache des Leidens bringen unsere Absicht auf Vordermann. Die *Vier Edlen Wahrheiten* hängen alle eng zusammen, weil sie bis in die Tiefen unserer Psyche reichen. Verstehen wir das richtig, werden wir geschickt zu handeln wissen. Das Leiden, das wir in uns selbst spüren, ist unzählige Male in allen Wesen manifestiert.

Betrachten wir einen Vogel: Anstatt nur daran zu denken, was für schöne Federn er doch hat, was für hübsche Töne er singt und wo er überall hinfliegen kann, sollten wir einmal genauer hinsehen. Der Vogel schaut ständig nach allen Seiten. Sein Köpfchen bewegt sich unaufhörlich nach links und nach rechts, aus Angst, dass ein anderes Tier ihn oder sein Nest bedrohen könnte. Zu anderen Zeiten hat der Paarungsdrang Vorrang. Dann zeigt sich der Überlebenstrieb in der ununterbrochenen Futtersuche. Und das ist nur ein kleines Lebewesen unter vielen, vielen anderen.

Schauen wir uns andere Menschen an und beobachten ihre Gesichter. Sie brauchen kein Wort zu sagen. Und betrachten wir natürlich auch uns selbst. Der Buddha empfahl uns, unsere innere und äußere Welt genau kennenzulernen. Wach und aufmerksam sein, das ist Achtsamkeit. Wenn wir das Leiden aller Wesen in unserer Umgebung sehen, dann können wir ohne zu zweifeln annehmen, dass in Wahrheit alle Lebewesen leiden. Liebende Güte und Mitgefühl können erst dann aufblühen, wenn unser Geist von der Tatsache des Leidens durchdrungen ist. In unseren Hinterköpfen wird immer eine gewisse Skepsis vorhanden sein, wie etwa: «Ich könnte sie/ihn schon lieben, wenn sie/er anders reden oder reagieren würde. Ich könnte schon Mitgefühl entwickeln, aber sie/er hat es ja so herausgefordert.» In Wirklichkeit spielt all das keine Rolle. Leiden existiert universell in uns allen, und ehe wir das nicht begriffen haben, wird auch unser Mitgefühl nicht beständig sein können. Geht alles gut, dann kommen wir zurecht. Wenn es schwierig wird, kommen wir nicht mehr zurecht. Rechte Absicht heißt, ununterbrochen aufmerksam zu sein und demgemäß zu reagieren. Wir dürfen uns nicht davon abhängig machen, wie wir selbst uns fühlen oder ob der andere sich so verhält, dass wir es noch tolerieren können – oder ob er vielleicht unsere Toleranz überschreitet.

Die Rechte Absicht bestimmt den *Karma*-auslösenden Prozess, weil unsere Gedanken hinter unserer Absicht stehen. Die Rechte Sichtweise kann durch Einsicht und Weisheit in uns entstehen. Das wäre dann die Grundlage für unsere Absichten. Mit jeder Handlung und Reaktion steigen ständig Absichten auf. «*Karma*, das erkläre ich euch, ihr Mönche, sind die Absichten», so lauteten die Worte des Buddha. Genau so machen wir *Karma*, und wenn wir glauben, dass gutes *Karma* wichtig für unser Wohlbefinden ist, dann müssen wir unsere Absichten beobachten.

Es ist ein überaus interessanter Aspekt unserer Absichten, dass sie wie Eisberge sind: Ein Drittel sieht man, zwei Drittel bleiben unsichtbar. Wir geben etwas und sehen darin Großzügigkeit – haben wir aber die dahinterliegende Absicht erkannt? Um sich selbst kennenzulernen, muss man in unbekannte Tiefen vordringen. In unserem Inneren gibt es viele versteckte Winkel. Dahin blicken wir nicht so gern, denn dort begegnen wir den weniger angenehmen Seiten unserer Selbst. Genau darum aber sind wir Menschen, anderenfalls würden wir in den göttlichen Gefilden weilen. Wir dürfen uns unsere Irrungen und Wirrungen zugestehen, denn nur wenn wir sie betrachten, können wir etwas mit ihnen anfangen. Der Schmutz unter dem Teppich tritt erst dann zutage, wenn wir den Teppich hochheben. Der Buddha verglich unsere Verunreinigung mit nassem Heu. Wird es in einem geschlossenen Raum verwahrt, dann verrottet es. Bleibt es aber dem Licht ausgesetzt, wird es sich in nützliches Futter verwandeln. Lasst uns also unsere verborgenen Winkel betrachten und unsere Absichten sorgfältig überprüfen.

Die drei nächsten Schritte auf dem Edlen Achtfachen Pfad betreffen das moralische Verhalten: die Rechte Rede, die Rechte Handlung und die Rechte Lebensführung. Die beiden ersten beziehen sich auf die Regeln der Rede und der Tat.

Rechte Rede

Die Rede ist außerordentlich wichtig und benötigt mehr Aufmerksamkeit, als wir ihr im Allgemeinen zugestehen. Allein die Tatsache, dass wir sprechen können, heißt noch lange nicht, dass wir über die Gabe der Rede verfügen. Wir brauchen keine Redner zu werden. Das ist eine andere Art von Fertigkeit.

Der Buddha sagte etwas Interessantes und Erinnernswertes über die Rede: «Weißt du etwas, das verletzend und unwahr ist: Behalte es für dich! Weißt du etwas, das hilfreich und unwahr ist: Behalte es für dich! Weißt du etwas, das verletzend, aber wahr ist: Behalte es für dich! Weißt du aber etwas, das hilfreich und wahr ist, dann finde den richtigen Zeitpunkt, es zu sagen.» Das bedeutet, dass wir uns jeder unüberlegten Rede enthalten sollen. Bevor wir etwas sagen, müssen wir überlegen, ob es hilfreich und wahr ist und dann noch, ob der Zeitpunkt stimmt. Der richtige Zeitpunkt ist dann, wenn der andere in einer friedlichen Verfassung ist und zuhören will und kann. Vor allem aber ist es wichtig, dass man selbst dem anderen gegenüber nur liebende Gefühle hegt. Nur und ausschließlich, erst dann sollte man sich äußern. Wenn in unserem Geist Ablehnung und Widerstand gegen jemanden vorhanden sind, dann wird sich das in der Rede ausdrücken, und das wird weder hilfreich noch vorteilhaft sein. Jedem bieten sich Gelegenheiten, bei denen er anderen Menschen sagen möchte, was sie tun oder lassen sollten. Beachtet man die angegebenen Kriterien, dann ist eine gute Erfolgschance gegeben.

Die Rechte Rede wird traditionell erklärt mit: Keine üble Nachrede, kein Klatsch, kein Lästern, kein Säen von Zwietracht, kein Benutzen von grober und verletzender Rede. Der Buddha sagte, dass die Rede Familien und Freunde zusammen- oder auseinanderbringt. Sie ist die Wurzel von harmonischen Beziehungen und auch von deren Gegenteil, der Feindschaft. Der

Buddha sagte ebenfalls, dass die Rechte Rede weder tiefstapelt noch übertreibt. Das heißt, dass man weder in die eine noch in die andere Richtung übertreiben soll, denn andernfalls würde es sich um Lüge handeln. Die Grundlage solcher Lügen ist der Wunsch, sich selbst ein bisschen interessanter zu machen.

Als Rāhula, der Sohn des Buddha, sieben Jahre alt war, gab er ihm eine Ermahnung. Darin spricht er zu seinem Sohn darüber, wie wichtig es gleichermaßen für Kinder und Erwachsene ist, nicht zu lügen. Sicher hätte er seinem Sohn nicht einen solchen Vortrag gehalten, wenn er ihn nicht als ausschlaggebend für dessen Entwicklung betrachtet hätte. Er zeigte Rāhula einen Krug mit wenig Wasser darin und fragte: «Was siehst du?» Rāhula antwortete: «Ich sehe nur ein wenig Wasser.» Darauf erklärte Buddha: «So geringfügig wie dieses Wasser ist die Vertrauenswürdigkeit eines Menschen, der lügt.» Dann leerte er das Wasser aus und fragte: «Was siehst du jetzt?» Rāhula entgegnete: «Nun, jetzt ist der Krug leer.» Der Buddha sagte darauf: «Das stimmt. Ein Mensch, der lügt, ist leer.» Nun stellte er den Krug auf den Kopf und, fragte wieder: «Was siehst du jetzt, Rāhula?» – «Der Krug steht auf dem Kopf», lautete die Antwort. Der Buddha entgegnete: «Jemand, der lügt, stellt sein Leben auf den Kopf.»

Lügen ist meist der erste Schritt, um auch andere Tugendregeln zu brechen. Manchmal wird aus Selbstschutz gelogen, ein anderes Mal aus Begierde, wenn man mehr erhalten will, als einem zusteht, manchmal aus Hass, wenn man mit einer Lüge einem anderen weh tun will. Aber alle Arten von Lügen ziehen uns nach unten.

Die Grundlagen der Rede sind die Gedanken, und wenn wir Kontrolle über sie haben, haben wir auch Kontrolle über unsere Rede. Wir werden achtsam gegenüber all unseren Gedanken, und wir lernen, Unheilsames in Heilsames zu verwandeln. Bevor wir nicht gelernt haben, unsere Rede zu kontrollieren, werden wir nicht viele Freunde gewinnen.

Andererseits muss die Rede aber auch etwas aussagen. Sinnloses Geschwätz ist auch falsche Rede. Damit ist das Reden um des Redens willen gemeint, wenn wir uns über unsere Familie, das Essen, das Wetter oder unser Befinden auslassen. Das ist Reden zur Unterhaltung, um die Zeit totzuschlagen. Wenn wir nicht achtsam sind und reden, ohne zu wissen, was wir sagen, ist es besser, ruhig zu sein und die Gedanken zu beobachten.

Rechte Rede ist eine der achtunddreißig Segnungen aus der Lehrrede über die großen Segnungen. Es ist ein großer Segen, über eine höfliche und freundliche Rede zu verfügen, die mit Bedeutung und richtiger Absicht gepaart ist. Zwei Menschen können genau dasselbe sagen, ist aber ihre Absicht verschieden, dann wird sich auch ihr *Karma* voneinander unterscheiden. Unsere Absichten lernen wir nur dann kennen, wenn wir in uns hineinschauen, und das können wir nicht tun, während wir reden.

Um uns falscher Rede zu enthalten, müssen wir die vierte Tugendregel daraufhin überprüfen, was sie für unser Leben bedeutet. Wollen wir wirklich die Lehre des Buddha befolgen, muss diese Regel einen wichtigen Platz einnehmen, denn die meisten Menschen verbringen den überwiegenden Teil des Tages mit Reden. Benutzen wir tatsächlich eine Sprache, die etwas aussagt, dann wird man uns zuhören. Sagen wir etwas Freundliches, dann erfreuen sich die Menschen daran. Ist es auch höflich, werden wir viele Freunde gewinnen. Verfügen wir über Wahrhaftigkeit, dann kann man sich auf uns verlassen. Enthalten wir uns der Verleumdung und des Lästerns, wird man uns vertrauen. Wir können dann unsere Probleme und Geheimnisse mit anderen besprechen. Haben wir uns zu einem solchen Menschen entwickelt, werden wir viele Freunde haben und ein harmonisches Leben führen, weil es in unserem Geist nichts gibt, das verborgen werden muss. Wir brauchen uns dann nicht zu sorgen, wie und was wir sagen und ob wir es auch korrekt ausgedrückt haben. Unsere Rede wird flüssig, weil die Rechte Absicht dahintersteht.

Der Buddha lehrte auch die Auslegung des *Dhamma*. Sie sollte möglichst genau sein, und das bedeutet zu wissen, was man denkt und erfährt. Es ist wichtig, dass jeder, der über das *Dhamma* redet, und sei es auch nur über die eigene Meditation, sich ganz präzise ausdrückt. Ist der Geist klar, wird die Rede präzise sein. Diese Tugenden können wir lernen, indem wir achtsam sind. Mit Sprechtechnik können sie nicht erworben werden.

Rechte Handlung

Auch das Rechte Handeln baut auf der Rechten Absicht auf. Wenn auf der Grundlage der richtigen Sichtweise die Rechte Absicht entsteht, wird richtiges Handeln folgen. Jedes *Karma* wird durch Absicht ausgelöst. Rede basiert auf Absicht. Handlung basiert auf Absicht. All das macht gutes, schlechtes oder neutrales *Karma* und nicht nur für spätere Leben, sondern hauptsächlich für das jetzige. *Karma* und seine Auswirkungen geschehen in jedem Augenblick. Lenkt man nicht seine vollkommene Aufmerksamkeit auf diese Tatsache, kann man nicht erkennen, dass die Resultate direkte Auswirkungen unseres Denkens, Redens und Handelns sind.

Das Rechte Handeln bezieht sich auf das Vermeiden von Verletzungen anderer und auf das Ablegen von Grausamkeit und Gier. Grausamkeit und Gier zu unterdrücken ist nicht möglich. Sie werden einen Weg finden, uns zu übermannen. Sie müssen losgelassen werden, und das müssen wir in der Meditation üben. Lassen wir unsere Wünsche während der Meditation nicht los, dann wird es keine Meditation geben. Es wird nur Denken, Wünschen, Hoffen, Sorgen, Ängstigen und Erinnern existieren. Wir werden nicht meditieren können, wenn wir diese Geisteszustände nicht loslassen. Meditation ist Entsagung – Entsagung allem gegenüber, das in unserem Geist herumspukt und das Ego bestärken will. Gerade weil wir so wenig geübt im Verzichten sind, fällt die Meditation so schwer. Mit stetiger Hinwendung wird sie allmählich einfacher. Unterdrückung funktioniert nicht, aber den Wünschen, Gedanken und Erinnerungen zu entsagen bringt wunderbare Ergebnisse. Das Loslassen der Begierde ist der einzige Weg, um Frieden zu erlangen, und diese Erfahrung hilft uns zu verstehen, dass Wunschentsagung im Alltag glücklich macht.

Jeder kann unter allen Umständen und zu jeder Zeit richtig handeln, sei es im Haushalt, im Beruf oder in einem Kloster. Egal, wer wir sind und wo wir sind, jeder von uns führt Handlungen aus. Wir können prüfen, ob diese für uns selbst und für andere gut sind. Sogar das Kochen oder die Reinigung eines Fußbodens sollen mit der Rechten Absicht erledigt werden und nicht, weil es von uns verlangt wird und weil wir es erledigen müssen. Der hauptsächliche Grund, etwas zu tun, ist der, dass es gebraucht wird und man einem Zweck dienen kann. Durch aufmerksames und achtsames Beobachten kann man seine eigenen Absichten und Sichtweisen kennenlernen. Man erkennt die Verbindung von Körper und Geist und sucht nicht länger im Außen. Es existiert dann kein Widerstand und keine Widerwilligkeit mehr, sondern man handelt rückhaltlos mit ganzem Herzen. Und nur diese Art der Tätigkeit verschafft Nutzen.

Viele meinen, dass Arbeit eine unerfreuliche Unterbrechung der Freizeit sei. Das ist falsches Denken. Freizeit kann eine unerfreuliche Unterbrechung der Arbeit sein. Arbeit ist ein Hilfsmittel um nützlich und zielbewusst zu sein, egal was man tut. Sie hilft, die Achtsamkeit auf die Aktivitäten und Bewegungen des Körpers zu richten. Arbeit ist eine Möglichkeit, sich Geschicklichkeit zu erwerben und Liebe auszudrücken. Es gibt kaum etwas Vergleichbares als Mittel zur Läuterung. Wir sollten nicht nur irgendetwas tun, um den Unterhalt zu verdienen oder weil jemand es von uns erwartet, sondern uns mit ganzem Herzen hingeben, um unseren Klarblick zu schulen.

Rechte Lebensführung

Das Verdienen des Lebensunterhaltes ist einer der drei Aspekte moralischen Verhaltens: Rechte Lebensführung. Das heißt, dass man seinen Lebensunterhalt nicht mit etwas verdienen sollte, das anderen schaden könnte. Jeder muss damit selbst zurechtkommen. Es existieren viele Erwerbsmöglichkeiten, die überwiegend «richtig» sind viel mehr als «falsche», aber es gibt auch einige, die leidbringend sind. Diese müssen gemäß den fünf Tugendregeln überprüft werden. Wer durch seine Tätigkeit eine dieser fünf Regeln verletzt, tut offensichtlich etwas Falsches.

Die Rechte Lebensführung ist ein wichtiger Aspekt der Läuterung, denn wer dem falschen Broterwerb nachgeht, verhärtet und gewöhnt sich an unheilsames Handeln. Jemand, der Tiere tötet, beispielsweise in einem Schlachthaus, muss sein Mitgefühl abtöten, um seine Arbeit weiterhin ausführen zu können. Ein solcher Mensch würde sich der Liebe und dem Mitgefühl anderen gegenüber verhärten.

Das Töten ist ein Aspekt von falscher Lebensführung. Dazu gehören das Lügen, Alkoholismus, Drogensucht und etwas zu nehmen, was einem nicht gegeben wurde. Auch sexuelles Fehlverhalten zählt zur falschen Lebensführung. Jede dieser Eigenschaften ist dem eigenen Wohlbefinden und auch dem anderer abträglich, und basiert auf Gier. Die Menschen neigen dazu, diese Dinge zu rationalisieren, zu rechtfertigen und zu entschuldigen. Das zu tun ist jedermanns eigene Entscheidung. Jeder Schritt auf dem Pfad hängt von der Rechten Ansicht ab, und deshalb steht diese am Anfang des Weges.

Der letzte Teil des Edlen Achtfachen Pfades betrifft die Sammlung. Dazu gehören wieder drei Faktoren: Rechtes Bemühen, Rechte Achtsamkeit und Rechte Sammlung. Das alles ist nötig, damit Sammlung entstehen kann. Und alles hängt wieder eng zusammen mit der Rechten Sichtweise. Ist die richtige Ansicht vorhanden, dass Bemühen notwendig ist, wird es auch entstehen. Die Achtsamkeit braucht die Rechte Ansicht, dass diese ein wichtiger Aspekt des spirituellen Pfades ist. Die Sammlung braucht die richtige Ansicht, dass sie ein wichtiges Hilfsmittel ist.

Rechte Anstrengung

Anstrengung und Willenskraft sind symbiotische Partner. Durch die Energie der Willenskraft entsteht Anstrengung. Die beiden helfen einander. Wer nicht über Willenskraft verfügt, kann sich nicht anstrengen. Wer dagegen ständig bemüht ist, dem wird Energie zufließen. Energie ist der Antrieb für die Anstrengung und umgekehrt. Die Anstrengung geht uns gegen den Strich, weil es der Bequemlichkeit entgegenwirkt. Anstrengung und Bequemlichkeit werden allgemein als Gegensätze betrachtet. Trotzdem wird man feststellen, wenn die Meditation durch Bemühen den Punkt der meditativen Vertiefung erreicht hat, dass die eigene Anstrengung in einem großen Wohlgefühl resultiert.

Der Buddha empfahl die vier Großen Anstrengungen als hilfreiche Mittel. Sie werden «Groß» genannt, weil sie außerordentlich schwierig und außerordentlich hilfreich sind. Das wird folgendermaßen in Worte gefasst: «Keinen unheilsamen Gedanken entstehen lassen, der noch nicht entstanden ist; keinen unheilsamen Gedanken weiterführen, der schon entstanden ist; einen heilsamen Gedanken entstehen lassen, der noch nicht aufgekommen ist; einen heilsamen Gedanken weiterführen, der schon entstanden ist.»

Die eigenen Geisteszustände müssen beobachtet werden, damit man das Unheilsame vom Heilsamen unterscheiden lernt. Das ist einer der Gründe, weshalb empfohlen wird, die Gedanken zu etikettieren, wenn sie während der Meditation auftauchen. Erst wenn wir wissen, was wir denken, sind wir in der Lage, etwas damit anzufangen. Wenn uns nicht klar ist, ob unser Geist sich mit unheilsamen oder mit heilsamen Gedanken befasst, und wenn wir die Gedanken nicht ganz genau einordnen können, wie wollen wir dann der Anweisung des Buddha folgen, unheilsame Gedanken gar nicht erst entstehen zu lassen und sie nicht weiterzuführen, dagegen heilsame Gedanken entstehen zu lassen und sie weiterzuführen?

Keine unheilsamen Gedanken zu denken setzt ein gutes Teil an Achtsamkeit voraus, weil man sich die Absicht der Gedanken klarmachen muss. Es ist viel einfacher festzustellen, was schon da ist. Deswegen müssen wir mit den bereits aufgestiegenen Gedanken anfangen; bis wir die Geschicklichkeit entwickeln, zu merken, wenn etwas Unheilsames auf uns zukommt, um ihm dann den Eintritt zu verwehren.

Während der Meditation ist jeder Gedanke nutzlos, weil wir ja nicht denken wollen, sondern meditieren. Im täglichen Leben ist das anders. Da sind es die unheilsamen Gedanken, die wir ausmerzen sollen. Es nützt nichts, sie zu unterdrücken. Wir müssen sie entweder loslassen oder sie durch heilsame Gedanken ersetzen. In der Meditationspraxis lernen wir, den Gedanken durch Aufmerksamkeit auf das Meditationsobjekt zu ersetzen. Wie gut wir das in der Meditation fertigbringen, wird direkte Auswirkungen darauf haben, wie wir im Alltag mit den vier Großen Anstrengungen umgehen können. Umgekehrt wird auch unsere Meditationspraxis davon beeinflusst, wie gut wir in unserem Alltagsleben mit den vier Großen Anstrengungen arbeiten können. Unheilsame Gedanken im Alltag machen sich als Unruhe in der Meditation bemerkbar. Werden heilsame Gedanken stets bewahrt und weitergeführt, wird sich das in der Ruhe und im Frieden des Geistes widerspiegeln.

Wenn wir uns von den Lehren des Buddha an nichts anderes erinnern als die vier Großen Anstrengungen, genügt das vollkommen. Alles andere mag erhebend und interessant sein, aber diese vier bedeuten die Praxis der Läuterung.

Wir benötigen die Rechte Ansicht, um einzusehen, dass eine Menge Arbeit in diese Richtung gelenkt werden muss. Es gibt nur ganz wenige Menschen auf der Welt, die nicht hin und wieder unheilsame Gedanken haben. Und wegen dieser unheilsamen Gedanken leben wir in einer unheilsamen Welt. Es sind nicht die Gebäude, die Fahrzeuge oder die Regierungen, die diese Welt ausmachen. Es sind einzig und allein die Gedankenprozesse, die wir haben und denen wir begegnen, die den Unterschied machen zwischen Krieg und Frieden – innerhalb und außerhalb unserer selbst.

Wenn wir unsere Gedanken etikettieren, wissen wir, was wir denken. Wir müssen schließlich irgendwo anfangen, und am besten tun wir das in der Meditationspraxis, wo wir das ununterbrochene Geschwätz in unserem Geist deutlich erfahren. Gedanken können heilsam, unheilsam oder neutral sein. Sie können ablenkend und ruhelos sein, ängstlich, neidisch, voller Hass oder total nebulös. Wenn wir dem nicht eine Grenze setzen, können wir niemals herausfinden, warum wir so fühlen und handeln, wie wir es tun.

Die vier Großen Anstrengungen sind die Essenz des geistigen Weges. Blumen und Weihrauch, Kerzen und Glocken, Tempel und Kirchen sind nur gefällige Verzierungen. «Keinen unheilsamen Gedanken aufkommen lassen, der noch nicht entstanden ist; ihn nicht weiterführen, wenn er schon entstanden ist; einen heilsamen Gedanken entstehen lassen, der noch nicht aufgekommen ist; ihn weiterführen, wenn er schon entstanden ist» – so sieht der Läuterungsprozess der Gedanken aus, der die Läuterung der Rede und der Handlungen nach sich zieht. Wenn das geschieht, wird man klarer sehen, wie in einem klaren Spiegel mit einer sauberen Oberfläche, frei von Staub und Schmutz, der ein reines Bild wiedergibt.

Man braucht die Anstrengungen für alles, was man tut, ganz besonders für die Meditation. Die Mühe der Meditation scheint oft keine unmittelbaren Resultate zu erzielen. Deshalb ist der Geist nicht in der Lage, die Bemühung zu verstärken, weil er immer Resultate sehen will. Hier handelt es sich um Anhaften und Wünschen, um Begierde und darum um Leiden.

Das gilt für alles, was wir tun. Wir erwarten Resultate, und wenn sie nicht auftreten, dann machen sich Depression und Niedergeschlagenheit breit. Die Anstrengung wird um ihrer selbst willen unternommen, nicht um Resultate zu erzielen. Die Rechte Anstrengung ist heilsam und wohltuend in sich selbst. Geht die Bemühung in die richtige Richtung, dann ist das gutes *Karma* und braucht keine besonderen Resultate. Gibt es keine sichtbaren und unmittelbaren Erfolge durch die Meditation, so wird doch auf jeden Fall gutes *Karma* damit geschaffen, weil eine heilsame Absicht vorhanden ist.

Die Rechte Anstrengung wird seine eigene Belohnung zeigen, aber das erkennen wir selten. Wir erwarten etwas Fassbares: «Ich habe so angestrengt geübt, und ich kann mich immer noch nicht konzentrieren.» Oder: «Ich bin so liebevoll zu meinen Kindern, aber sie schätzen es gar nicht.» Oder: «Jetzt pflege ich meine kranke Tante schon so lange, aber sie hat nie ein gutes Wort für mich.» Das ist eine falsche Sichtweise. Die Bemühung selbst ist gutes *Karma*, und das ist das Ergebnis. Was andere Menschen sagen oder welche anderen Ergebnisse sich zeigen, ist zweitrangig. Manchmal erlangt man tatsächlich Sammlung. Manchmal schätzt jemand wirklich, was man getan hat. Das hat aber nichts mit der Effizienz unserer Anstrengung zu tun. Betrachten wir es nicht auf diese Weise, dann wird unser Bemühen immer von den Ergebnissen abhängig sein. Es wird kommen und gehen, weil die Resultate kommen und gehen. Bleibt das Bemühen nicht konstant, dann wird es auch weniger effektiv sein. Rechte Anstrengung muss beständig geübt werden.

Rechte Achtsamkeit

Der nächste Schritt ist die rechte Achtsamkeit. Immer wenn man Achtsamkeit übt, kann man ihrer Bedeutung gewahr werden. Setzt man einen Fuß auf den Boden und weiß nichts anderes als das, dann handelt es sich um Achtsamkeit. Steckt man einen Löffel in den Mund und weiß lediglich, dass man einen Löffel in den Mund steckt, ist das Achtsamkeit. Das unterscheidet sich erheblich von der normalen Art des Alltagslebens, und ehe man diesen Unterschied nicht erkannt hat, hat man noch keine Achtsamkeit praktiziert. Im Augenblick totaler Achtsamkeit wird alles andere in den Hintergrund treten. Achtsamkeit wird daher einspitzig genannt. Diese Qualität führt dazu, dass Probleme losgelassen werden, denn man kann nicht an zwei Dinge gleichzeitig denken. Wird diese Einspitzigkeit in der Meditation angewendet, dann wird sie schließlich glückselige meditative Vertiefung entstehen lassen. Im Alltagsleben führt die Achtsamkeit dazu, dass die Probleme nicht andauernd im Vordergrund stehen, und in der Meditation lässt sie Glückseligkeit entstehen. Was könnte es Besseres geben?

Die Achtsamkeit trägt auch zur Läuterung bei. Wer wirklich weiß, was er sagt, tut und denkt, wird sehr vorsichtig sein, dass alles heilsam ist und dass er nicht von heftigen, unheilsamen Reaktionen überrollt wird. Auf diese Art findet Läuterung statt.

Manchmal wird nicht ganz klar erkannt, was Rechte Achtsamkeit bedeutet. Ich habe Behauptungen gehört, die aussagen, dass die Rechte Achtsamkeit nur auf das gerichtet wird, was gerecht und anständig ist. Das ist unlogisch. Rechte Achtsamkeit heißt, jederzeit achtsam zu sein. Wie könnte man je das ändern, was nicht heilsam ist, wenn man dem nie Aufmerksamkeit geschenkt hätte und sich seiner Existenz gar nicht bewusst wäre?

Die vier Grundlagen der Achtsamkeit sind: Die Achtsamkeit auf den Körper, auf dessen Handlungen und Bewegungen, seinen Atem, seine 32 Teile, das Skelett und den Leib; die Achtsamkeit auf die Gefühle, auf die physischen und emotionalen Empfindungen; die Achtsamkeit auf den Geist, auf den Denkprozess, das Wissen darum, dass der Geist unaufhörlich denkt; die Achtsamkeit auf die Geistesobjekte, das heißt das Wahrnehmen, ob ein Gedanke heilsam oder unheilsam ist.

Im traditionellen Sinne wird die Achtsamkeit auf die Geistesobjekte als Wissen um die fünf Hindernisse, die sieben Faktoren der Erleuchtung, um alle Faktoren des Edlen Achtfachen Pfades und um die sechs Sinneskontakte erklärt. Als praktische Erklärung und für den Gebrauch im Alltag ist das etwas kompliziert. Die meisten Menschen können sich nicht alle Punkte merken, die sie ständig prüfen sollen. So wird es genügen zu erkennen, ob ein Gedanke heilsam oder unheilsam ist. Natürlich kann man nicht alle vier Grundlagen auf einmal üben. In der Meditation haben wir die Wahl. Entweder beobachten wir das Ein- und Ausatmen, oder wir machen eine Gehmeditation. Beides gehört zur Achtsamkeit auf den Körper. Wir können die Achtsamkeit auch auf Gefühle und Empfindungen lenken. Wenn wir erkennen, dass das Denken uns gestört hat, dann ist das Achtsamkeit auf den Geist. Geben wir dem Gedanken einen Namen und stellen fest, ob er mit Hass und Ablehnung oder mit Liebe und Mitgefühl zu tun hat, dann handelt es sich um die Achtsamkeit auf die Geistesobjekte. So haben wir während der Meditation die Wahl, wohin wir unsere Aufmerksamkeit richten.

Im Alltagsleben sieht es anders aus. Da müssen wir unsere Achtsamkeit auf das lenken, was gerade anliegt. Überqueren wir eine belebte Straße und richten unsere Achtsamkeit strikt auf unsere Füße, dann haben wir keine große Überlebenschance. Wir müssen in diesem Falle die Autos beobachten. Wir müssen uns bewusstmachen, was um uns herum geschieht. Unterhalten wir uns am Telefon, ist es unsinnig, darauf zu achten, wie wir den Hörer halten. Würden wir das tun, wüssten wir nichts zu sagen. So müssen wir unsere Aufmerksamkeit auf den Denkprozess richten und auf die Rede, die daraus resultiert. Immer dorthin, wo es gerade nötig ist, lenken wir unsere Achtsamkeit.

Achtsamkeit ist der Geistesfaktor, den wir in jedem wachen Augenblick üben können und müssen. Der Tag hat vierundzwanzig Stunden, und wenn alles glattgeht, meditieren wir vielleicht eine Stunde am Morgen und eine Stunde am Abend. Wir schlafen etwa sechs bis sieben Stunden, es bleiben also mindestens fünfzehn Tagesstunden. Vergessen wir während dieser Zeit achtsam zu sein, dann können wir gleich die ganze Meditation und das Befolgen der Lehren des Buddha vergessen. Dann geht es nur um Lippenbekenntnisse.

Wird die Achtsamkeit als ständige Übung betrieben, wird sie schließlich zur Gewohnheit, die das Leben erleichtert, weil man in der Lage ist, Fallgruben zu umgehen. Die Achtsamkeit ist vergleichbar mit einer Motorbremse. Einen Wagen ohne Bremsen zu fahren ist gefährlich. Leben wir ohne die Achtsamkeit, dann ist das genauso gefährlich, weil wir dann ständig in Gefahr sind, mit jemandem zusammenzustoßen, und das tut uns selbst und anderen weh.

Wird die Achtsamkeit praktiziert, dann heißt das nicht, dass wir uns unterordnen und so reagieren, wie es von anderen erwartet wird. Das wäre keine Achtsamkeit, sondern Unterwürfigkeit. Achtsam sein heißt zu wissen, was wir denken, fühlen und tun. Wenn wir das wissen, werden wir uns auch unserer Reaktionen bewusst. Wir bemühen uns dann nicht mehr darum, so zu handeln, wie es die Erwartungen vorschreiben, weil wir mit unserer Läuterung befasst sind.

Rechte Anstrengung – die vier Großen Anstrengungen – wird ausschließlich dann erfolgreich sein, wenn sie mit Achtsamkeit gepaart ist. Alle Faktoren des Pfades benötigen Achtsamkeit als Unterstützung. Achtsamkeit hat viel mit klarem Verständnis zu tun. Achtsamkeit ist der Faktor des Wissens, wie er deutlich in folgendem japanischen Gedicht zutage tritt:

Der alte Brunnen.
Der Frosch hüpft hinein –
Plumps.

Hüpft ein Frosch in einen Brunnen, dann geschieht Vieles: Das Wasser spritzt, der Frosch verschwindet, und vielleicht lässt die Sonne die Wassertropfen glitzern. Das sind Äußerlichkeiten. Achtsamkeit sieht die Essenz, kommt auf den Punkt, und das ist in diesem Falle «Plumps». Das beschreibt alles, was tatsächlich geschieht. Das ist die Essenz.

Das ist ausschließlich Wissen, gepaart mit klarem Verständnis. Klares Verständnis begreift, was geschehen ist und wie man damit umgeht. Dieses klare Verständnis besteht wiederum aus vier Teilen: Wissen um die Absicht; Wissen darum, ob die eingesetzten Hilfsmittel wirksam sind; Wissen, ob Absicht und Hilfsmittel mit dem *Dhamma* vereinbar sind; und schließlich das Wissen, ob man seine Absicht verwirklicht hat.

Immer dann, wenn wir etwas ohne Absicht sagen, fehlen klares Verständnis und Achtsamkeit. Sprechen wir dagegen mit einer bestimmten Absicht, wissen aber nicht, wie wir uns ausdrücken sollen, steht uns kein wirkungsvolles Hilfsmittel zur Verfügung. Unsere unterscheidende Achtsamkeit hilft uns zu erkennen, ob wir gemäß der Wahrheit des *Dhamma* denken, reden und handeln. Erhalten wir nicht die gewünschten Ergebnisse, dann haben wir offensichtlich nicht die richtigen

Mittel eingesetzt. Achtsamkeit der Rede und des Handelns benötigt klares Verständnis als Partner: Wissen um die Absicht, die wirksamen Hilfsmittel, das Bewusstsein von *Dhamma* und die Ergebnisse. Leben wir mit Achtsamkeit, macht das einen markanten Unterschied in unserem Gewahrsein aus. Wir wissen genau, was mit uns geschieht, aber wir lassen uns nicht darauf ein. Wenn Wut hochkommt, dann wissen wir darum, aber wir müssen deshalb nicht wütend werden. Dabei handelt es sich um eine große Tugend. Langweilen wir uns, dann wissen wir, dass Langeweile aufgetaucht ist, aber wir müssen dem nicht nachgeben. Wir wissen um das Entstehen und auch um das Vergehen aller geistigen Zustände.

Achtsamkeit ist für jedermann verfügbar und wird auch von allen zum Überleben benutzt. Da aber das Überlebenwollen verlorene Liebesmühe ist, sollten wir unsere Achtsamkeit besser zum Zweck der Befreiung und Freiheit einsetzen. Achtsamkeit ist das wirkungsvolle Hilfsmittel, und klares Verständnis ist die Weisheit, die unterscheiden kann. Achtsamkeit urteilt nicht, aber klares Verständnis macht unterscheidungsfähig. Somit können wir jederzeit die Richtung ändern, wenn es nötig wird.

Rechte Sammlung

Rechte Sammlung wird in den meditativen Vertiefungen gefunden, und der Buddha hat sie in zahlreichen Lehrreden als Weg und als wirksames Mittel empfohlen – aber nicht als das endgültige Ziel. Sie schenken uns ein angenehmes Verweilen, so sagt er, eine angenehme Lebensweise und eine Möglichkeit zur Einsicht. Haftet man jedoch an ihnen, dann hat man lediglich eine Anhaftung mehr zu den anderen, die man ohnehin schon hat. Dennoch sind die meditativen Vertiefungen das geeignete Mittel, um den Geist in die Verfassung zu bringen, endlich klar zu sehen.

Rechte Sammlung benötigt als Grundlage alle anderen Faktoren des Edlen Achtfachen Pfades. Ohne moralisches Verhalten, Rechte Absicht und Rechte Sichtweise, Rechte Anstrengung und Rechte Achtsamkeit kann sie nicht erreicht werden. Weil sie alle diese Voraussetzungen braucht, wird sie am Ende erörtert. Aber auch deshalb, weil sie uns zur Abwendung vom Weltlichen und zur Hinwendung zum Edlen Achtfachen Pfad führen kann. Die Rechte Ansicht steht deshalb am Anfang, weil ohne sie gar nichts geschieht. Die Rechte Sammlung dagegen steht am Ende, weil sie alle anderen Faktoren benötigt, um zu funktionieren, und weil sie zur Einsicht führt.

Ist die Rechte Sammlung erlangt und auch Einsicht bis zu einem gewissen Maße, dann entsteht die Rechte Ansicht. Es ist die Sicht der Befreiung. Schließlich gelangen wir zur Rechten Sichtweise des eigenen Selbst, das bedeutet, das Nicht-Selbst. Wir können dieses Nicht-Selbst nicht finden. Wir können nicht finden, was nicht vorhanden ist. Deshalb hinterfragen wir immer wieder, was wir für das Selbst halten. Wir glauben, dass der Körper, die Gefühle, die Absichten, geistige Anlagen und unser Sinnesbewusstsein unser Selbst sind. Wir untersuchen alles, das als «Ich» erscheint. Solange wir dieses Selbst nicht völlig beherrschen und verstehen, können wir es nicht loslassen. Habe ich etwas nicht in der Hand, weiß ich nicht, wo es ist, kann ich es nicht weggeben. Nur dann, wenn ich ganz genau weiß, was und wo etwas ist, kann ich es auch loslassen. Das gilt auch für das Selbst.

Die Überprüfung betrifft das Selbst. Was ist dieser Körper? Ist das wirklich «meiner»? Wenn er ein Leichnam geworden ist, gehört er dann noch immer zu «mir»? Werde ich sagen können: Das ist «mein» Leichnam? Wer könnte eine solche Aussage machen? So müssen wir bei der Überprüfung vorgehen. Sind das tatsächlich «meine» Gefühle? Warum habe ich auch welche, die ich gar nicht haben will? Wer löst sie aus? Warum tut mir mein rechtes Knie weh? Warum muss ich all diese Gedanken denken, die ich nicht denken will? Warum habe ich Gedanken, die mich unglücklich machen? Wer wird da eigentlich unglücklich? Wer ist dieses Ich? Befindet sich das Ich im Gestern, im Heute oder im Morgen? Diese Fragen dienen alle zum Überprüfen, wo und was das Ich ist. Wenn ich es schließlich finde, kann ich alle Täuschungen loslassen.

Mit der Suche nach dem Selbst muss gleichzeitig nach dem Nicht-Selbst gefahndet werden. Und indem es immer offensichtlicher wird, dass ein großes Missverständnis vorliegt, was das Selbst angeht, wird gleichzeitig auch klarer, dass der Denkprozess in verschiedenen Kanälen verlaufen kann.

Alle besprochenen Faktoren zeigen Möglichkeiten auf, das Ich zu vermindern – es etwas kleiner zu machen. Sammlung ist dabei ein wichtiger Aspekt, denn während unser Geist vollständig gesammelt ist, gibt es kein: «Ich bin, ich kann, ich will, ich wünsche, ich lehne ab.» Werden die meditativen Vertiefungen regelmäßig geübt, wird das Ich oft vermindert, und wir sehen ein wenig klarer. Solange wir aber weder Sammlung noch Achtsamkeit geübt haben, hält das Ego seine Existenz für ungefährdet und bleibt so groß, wie es unsere Mitmenschen zulassen. Durch Achtsamkeit und Sammlung wird sich das ändern.

Der Edle Achtfache Pfad entfaltet sich von der relativ Rechten Ansicht zur absolut Rechten Ansicht, und schließlich wird man zu dem Edlen Achtfachen Pfad. Dazu braucht man nicht noch etwas Besonderes zu üben oder sich daran zu erinnern versuchen. Es bedarf dann keiner Bemühung mehr für jeden Schritt, weil der Edle Achtfache Pfad die natürliche Form des Seins geworden ist. Der *Arahant* hat gleichbleibend die Rechte Ansicht und die Rechte Absicht. Es kann keine falsche Rede, kein falsches Handeln oder keine falsche Lebensführung mehr geben. Rechtes Bemühen, Rechte Achtsamkeit und Rechte Sammlung sind selbstverständlich geworden. Wir müssen kleine Schritte machen. Die Vollkommenheit wird aus der Praxis erwachsen.

12

Ein neuer Anfang

Ihr seid jetzt zehn Tage hier gewesen und kehrt nach Hause zurück, in eine völlig neue Situation. Eure Meditation hat sich merklich verbessert, so auch euer Verständnis für die Lehren des Buddha. Daheim werdet ihr vielleicht denken, dass sich die Menschen dort während eurer Abwesenheit verändert hätten, weil sie auf einmal nicht mehr zu verstehen scheinen, was ihr sagt. Sie geben sich mit Dingen ab, die einfach nicht sehr wichtig zu sein scheinen. Ihr könnt versichert sein, es sind nicht die anderen, die sich verändert haben – ihr seid es.

Wenn ihr in der Stadt die Menschen und den Verkehr beobachtet, mag euch der Gedanke kommen: «Wohin hetzen die denn alle? Warum sind sie denn so in Eile?» Man steht da und denkt: «Ich verstehe diese Hetze nicht.» Nach drei Wochen oder Monaten, je nachdem, wie man übt, wird einem alles wieder völlig normal erscheinen. Alle tun das Gleiche, und wir tun es auch. Das ist ein sicherer Hinweis darauf, dass man mit seinen Übungen nachgelassen hat. Die Selbstbeobachtung ist verschwunden, und man braucht ein neues Retreat.

Was sollten wir also tun? Am Morgen und am Abend je eine Stunde meditieren, das ist eine allgemeine Empfehlung. Können wir mehr Zeit für die Meditation aufwenden – um so besser.

In praktischer Hinsicht kann man mehrere Dinge tun. Wir haben zu Hause einen Platz zum Kochen, Schlafen, Essen und Baden. Wir sollten für die Meditation ebenfalls einen Platz bestimmen und dabeibleiben. Schließlich verändern wir weder unseren Essplatz noch unseren Schlafplatz ständig. Die Meditationsecke muss Platz bieten für euch und für ein Sitzkissen. Legt ein Kissen oder eine Matte hin und lasst sie dort liegen. Wenn man erst danach suchen muss, bedeutet das bereits eine Ablenkung. Vielleicht stellt man ein Bild oder eine Buddhastatue in diese Ecke, um ihr die richtige Atmosphäre zu verleihen. Eine Essecke verfügt über einen Tisch und Stühle und die Küche über einen Herd. So sollte die Meditationsecke über ein Kissen und vielleicht über einen kleinen Altar oder ein paar Blumen und eine Kerze verfügen.

Diese Ecke sucht man jeden Tag zur genau gleichen Zeit auf. Man nimmt einen Wecker mit, der nicht tickt. Er wird auf eine Stunde eingestellt, damit man nicht dasitzt und denkt: «Ich sitze jetzt mindestens eine Stunde» und später feststellt, dass erst zehn Minuten vergangen sind. Hat man die Meditation abgebrochen, um auf die Uhr zu sehen, fängt man nicht wieder an. Das tut niemand. So stellt man den Wecker, damit man sicher sein kann, dass die Stunde nicht vorüber sein kann, wenn es noch nicht geläutet hat. Wir haben das hier gemeinsam geübt. Auch wenn man viel lieber aufstehen würde: Alle anderen b1eiben sitzen, also tut man es auch. Schließlich kommt eine Meditation zustande.

Wir brauchen jede Hilfe, die wir bekommen können. Wir suchen stets nach dem einfachsten Weg. Das tun alle Menschen. Erkennt den einfachsten Weg! Keiner von uns hier wäre so oft und so lange sitzen geblieben, wenn wir es nicht gemeinsam getan hätten. Es ist sehr hilfreich, in einer Gruppe zu meditieren, selbst wenn es nur zwei Freunde sind. Zwei bilden eine Gruppe. Wenn jemand nichts über Meditation weiß, erzählt man von der Meditation der Liebenden Güte und vom Beobachten des Atems und setzt sich dann gemeinsam hin.

Man sollte aber nicht versuchen, die eigene Familie von der Notwendigkeit des Meditierens zu überzeugen. Das wäre der sicherste Weg, sie zur Ablehnung zu bringen. Man kann sagen, dass es einem gefällt und dass man es tun wird. Das reicht. Wer kann darüber diskutieren? Und wenn man dazu eine Stunde früher aufsteht, ist das großartig. Man steht ruhig auf, ohne jemanden zu wecken, weil man ja ungestört meditieren will. Was könnte einfacher sein? Am Abend sucht man die Meditationsecke dann auf, wenn es möglich ist. Man wartet aber, bis der Fernseher ausgeschaltet ist.

Unser Geist kann sich an vieles gewöhnen. Als wir Kinder waren, sagte uns die Mutter: «Putz dir die Zähne.» Meist erwiderten wir: «Ich hab' aber keine Lust dazu – ich hab's schon getan – ich mach's später.» Oder wir fragten: «Warum soll ich das machen?» Mutter blieb dabei: «Putz dir die Zähne!» Schließlich gehorchten wir, und sie blieb viele Jahre bei dieser Aufforderung, und heute putzen wir unsere Zähne immer noch jeden Abend. Hier müssen wir unsere eigene Mutter sein. Wenn der Geist meutert mit seinen vielen Ausreden, hören wir einfach nicht hin. Wir sagen uns selbst: «Setz dich hin und meditiere. Es ist das Einzige, was sich wirklich zu tun lohnt.»

Als wir klein waren, wussten wir noch nicht, warum wir unsere Zähne putzen müssen. Mutter erzählte uns zwar, dass sie uns ausfallen würden, aber damit wussten wir auch nichts anzufangen. Jetzt wird uns erklärt, dass der Geist nur dann ordentlich funktionieren kann, wenn wir meditieren. Nun, möglicherweise können wir uns jetzt auch nicht vorstellen, wie es ist, wenn ein Geist nicht ordentlich funktioniert. Also sagen wir uns selbst wie eine Mutter: «Los, mach's jetzt, das ist gut für dich!» Wir müssen auf unseren Geist aufpassen, sonst passt er nicht auf uns auf.

Diese Gewohnheit ist segensreich und heilsam und bringt uns auf den Weg der Läuterung. Unser gewohnheitsmäßiges Denken formt unseren Charakter und weist uns auf spirituelle Bemühungen und Wege hin.

Benutzen wir jeden Tag nur dazu, zu überleben und uns zu unterhalten, dann verschwenden wir die Zeit. Sicher müssen wir am Leben bleiben, um meditieren zu können, aber das sollte nicht unsere vollständige Aufmerksamkeit auf sich ziehen. Wir müssen Achtsamkeit hinzufügen und sie in jeder wachen Minute üben. Alles, was wir tun, kann eine Lektion in Achtsamkeit werden. Spülen wir das Geschirr, sollten wir dabei nicht überlegen, was als Nächstes dran ist, sondern unsere ganze Aufmerksamkeit dieser Tätigkeit zuwenden. Beim Putzen nicht zu überlegen, wie wir es uns ersparen könnten, sondern aufmerksam jede Bewegung ausführen – das ist Achtsamkeit.

Alle negativen Gedanken sind dem Geist abträglich. Wie sich der Körper abnutzt, so nutzt sich auch der Geist ab. Mit jedem schädlichen Gedanken wird er ein bisschen weniger heil: «Ich mag nicht. Ich möchte da raus. Ich hasse das. Ich bin neidisch. Ich bin stolz darauf.» Immer, wenn solche Gedanken auftauchen, werden wir ein wenig schwächer, und unsere Achtsamkeit und das klare Verständnis gehen wieder einmal verloren.

Achtsamkeit kann auf unsere körperlichen Handlungen, zu unseren Gefühlen, zu unseren Gedanken oder zu den Inhalten unserer Gedanken gelenkt werden, je nachdem, was der Augenblick erfordert. Bemerken wir zum Beispiel ein Gefühl der Traurigkeit, dann richten wir die Aufmerksamkeit darauf mit der Feststellung, dass dieses Gefühl niemandem Nutzen bringt. Wir lernen so, Gedanken und Gefühle entweder zu ersetzen oder loszulassen. Ist unser Denken in vollem Gange, dann sind wir uns des Denkprozesses bewusst und machen uns dessen Inhalt klar. Damit lernen wir zu erkennen, was heilsam und was schädlich ist.

Auch das wird schließlich zur Gewohnheit und hält uns davon ab, anderen Schuld zuzuweisen. Es entfernt die Spinnweben aus dem Denkprozess und macht diesen klar. Wir wissen, was in uns und um uns herum vorgeht.

Es ist ein 15-Stunden-Job, je nachdem, wieviel wir schlafen. Füllen wir diesen Job nicht in allen wachen Stunden aus, dann gibt es keine Hoffnung auf eine erfolgreiche Meditation. Und wenn wir nicht meditieren, werden wir nie Achtsamkeit erlangen. Das eine ist vom anderen total abhängig. Meditation muss verfolgt werden, ob wir sie als erfolgreich betrachten oder nicht. Es ist eine Sache der Geduld, der Ausdauer, der Entschlossenheit und Beharrlichkeit. Man muss sich einfach hinsetzen und meditieren.

Während der zehn Tage hier habt ihr ausgezeichnete Möglichkeiten gehabt, euch hinzusetzen und zu meditieren, und das hat Resultate erzielt. Daheim habt ihr viel weniger Zeit, darum werden die Ergebnisse nicht die Gleichen sein können. Sammlung ist eine zerbrechliche Errungenschaft. Sie muss gehegt und gepflegt werden, wie sie es verdient. Wirkliche Sammlung ist ein seltenes Juwel, das nur wenige Menschen auf dieser Welt kennenlernen. Wir mögen von ihr lesen oder hören. Das lässt uns aber nicht an ihrem Segen teilhaben. Sie ist ohne Bedeutung, wenn man sie nicht selbst erfährt. Diese seltene Errungenschaft muss mit aller Ehrfurcht und stetigem Bemühen behandelt werden, damit sie erhalten werden kann.

Konzentrierte Meditation wird die Achtsamkeit im Alltag erleichtern. Für jeden, der noch nicht die fortgeschrittene Ebene des sogenannten Stromeintritts erlangt hat, ist etwa die Hälfte dessen, was im Geist auftaucht, unheilsam. Wenn man sich dieser Tatsache bewusst wird, kann man es einfach loslassen, weil man das in der Meditation gelernt hat.

Wir müssen aufpassen, dass wir kein umnebeltes, unaufmerksames Leben führen. Das Wunder des Wachseins ist durchaus nicht das Gegenteil von Schlaf. Es ist das Gegenteil von Unaufmerksamkeit. Viele Menschen haben keinerlei Verständnis davon, was sie denken, tun und fühlen. Sie gehen den leichten Weg, sozusagen im Halbschlaf. Das ist eine Flucht vor dem Leiden.

Das Leiden erkennen bedeutet, die Wahrheit erkennen, die erste Edle Wahrheit des Buddha. Jeder, der das Leiden loswerden will, muss es zuerst erforschen. Das Leiden kennen und ihm nicht entrinnen wollen, wäre Torheit. Es existiert kein äußerer Fluchtweg und auch keiner durch Unachtsamkeit oder Unbewusstheit. Das einzige Entrinnen bietet die Einsicht, die vollkommene Klarheit schafft. Jeder andere Fluchtweg ist blockiert.

Meditiert einmal in der Woche mit Freunden. Das unterstützt die Bemühung des Einzelnen. Gruppenenergie verfügt über eine gewisse Triebkraft. Was uns das Leben erschwert, sind unsere Verunreinigungen, die Fünf Hindernisse. Es gibt ein Gegenmittel, das für alle fünf gilt: Edle Freunde und Edle Gespräche. Wir würden nichts Giftiges essen, so sollten wir auch nichts in unseren Geist aufnehmen, das schädlich ist, wie etwa: Klatsch, leeres Gerede oder Verleumdung. Diese Dinge verbreiten die Medien üblicherweise in Form von billigen Romanen, von Reden um des Redens willen. Das vergiftet den Geist und führt uns in die falsche Richtung.

Eine andere Möglichkeit, vom *Dhamma* durchdrungen zu werden ist es, jeden Vorfall, sei er noch so unbedeutend, im Licht des *Dhamma* zu betrachten. Sieht man einen Busch mit herrlichen Blüten, von denen einige bereits verblüht sind, sollte der Geist sich auf Geburt, Krankheit, Verfall und Tod besinnen. Vielleicht beobachtet man Vögel, die ein Nest bauen und die viel Sorgfalt und Mühe aufwenden, um es weich und gemütlich zu gestalten. Im Baum daneben sieht man ein verlassenes Nest. Ständige Bewegung, ewiges Fließen: Nichts ist von Dauer. Es gibt mein Haus – mein Nest. Eine Menge Geld, Energie und Zeit wird auf dieses Haus verwendet. Eines Tages wird es leer sein – und von mir verlassen.

Alles Äußere um uns herum kann mit den Augen des *Dhamma* betrachtet werden. Nichts von alldem verfügt über Beständigkeit oder Stabilität, es hat keine Essenz, und darum bleibt alles unbefriedigend. Das ruft aber keine Traurigkeit hervor. Es lindert im Gegenteil Kummer und Schmerz, indem aus allem, was geschieht, die Schwere herausgenommen wird. Die Begierde lässt allmählich nach, weil man erkennt, dass befriedigte Wünsche keine Erfüllung bringen, da sich ohnehin alles stetig wandelt.

Wirkliches *Dhamma* lebt im Herzen. Es kann nicht in Tempeln, Gewändern oder Bodhi-Bäumen leben. Es gibt nur einen Ort, an dem *Dhamma* leben kann. Jene, die sich das *Dhamma* zu Herzen genommen haben und beständig üben, *sind* die Tempel des *Dhamma.* Tempel sind aus Steinen und Mörtel gemacht. Der Bodhi-Baum ist kein lebendiges Beispiel, er ist ein Symbol, ebenso wie eine Statue. Wir brauchen Symbole, weil wir immerzu vergessen – sie dienen der Erinnerung. Aber das wirkliche *Dhamma* muss im Herzen sein, wo es zum Leben erwachen kann.

Der Buddha sagte: «Wer mich sieht, sieht das *Dhamma.* Wer das *Dhamma* sieht, sieht mich.» Zu unserer Zeit gibt es keine Gelegenheit, einen lebenden Buddha zu sehen. Das ist auch nicht notwendig – »Wer das *Dhamma* sieht, sieht mich». Entdecken wir das *Dhamma* in unseren Herzen, dann entdecken wir den Buddha. Buddha heißt nichts anderes als Erleuchtung. Es bedeutet: Der Erwachte. Können wir das *Dhamma* in unseren eigenen Herzen erkennen, werden wir ihn sehen, und das haben wir uns schon immer gewünscht: Den lebendigen Buddha zu sehen. Er ist uns so nahe wie unser eigenes Herz. Er könnte uns gar nicht näher sein. Wir brauchen nirgendwohin zu gehen, um ihn zu finden. Wir brauchen auch nichts Besonderes dazu zu tun. Wir müssen nur achtsam sein und das Unheilsame in das Heilsame verwandeln. So einfach ist das. Aber gerade weil es so einfach ist, ist es nicht leicht. Es bedeutet harte Arbeit, aber diese Art Arbeit bringt höchsten Gewinn. Es gibt nichts Vergleichbares. Ihr verfügt über alle nötigen Werkzeuge. Jetzt müsst ihr sie nur noch benutzen.

Meditation der Liebenden Güte

Bitte lenke deine Aufmerksamkeit auf deinen Atem, damit du dich zentrierst.

~ * ~

Schaue in dein Herz und betrachte, was du darin findest: Sorge, Angst, Trauer, Ablehnung, Groll, Zurückweisung oder Unbehagen. Lass sie los wie die schwarzen Wolken, die sie darstellen. Lass dann Wärme und Freundschaft für dich selbst in deinem Herzen erstehen, im Bewusstsein, dass du dein eigener Freund sein solltest. Umgib dich mit liebevollen Gedanken an dich selbst und mit einem Gefühl der Zufriedenheit mit dir selbst.

~ * ~

Umgib nun die Person, die dir in diesem Raum am nächsten ist, mit liebenden Gedanken, wünsche ihr Frieden und Glück.

~ * ~

Dann schließe alle, die hier sind, in diese Gedanken ein.
Lass das Gefühl von Frieden ausstrahlen, und betrachte dich selbst als einen guten Freund aller, die hier sind.

~ * ~

Denke an deine Eltern – egal, ob sie noch leben oder nicht. Umgib auch sie mit Liebe. Erfülle sie mit Frieden und Dankbarkeit für alles, was sie für dich getan haben. Sei ihnen ein guter Freund.

~ * ~

Denke an alle jene Menschen, die dir am liebsten und nächsten sind. Umarme sie voller Liebe. Erfülle sie mit Frieden als einem Geschenk von dir, ohne etwas dafür zu erwarten.

~ * ~

Denke an deine Freunde. Öffne ihnen dein Herz, um deine Freundschaft zu beweisen, und gib ihnen deine Fürsorge, deine Liebe, ohne etwas dafür zu erwarten.

~ * ~

Denke an deine Nachbarn, an deine Kollegen, an alle Menschen, die dir begegnen, und gewähre ihnen ohne Vorbehalte Einlass in dein Herz. Zeige ihnen Liebe.

~ * ~

Denke auch an jene, die du ablehnst, mit denen du Streit hattest, die dir irgendwie Schwierigkeiten machen, kurz an all jene, die du nicht als deine Freunde betrachtest. Denke an sie in Dankbarkeit, sie sind deine Lehrer, die dich etwas über deine eigenen Reaktionen lehren. Denke daran, dass auch diese Menschen leiden, und vergib ihnen. Mache auch sie zu deinen Freunden.

~ * ~

Denke an all die Menschen, die es viel schwerer haben als du, weil sie vielleicht krank sind oder in einem Waisenhaus leben müssen oder in einem Land, in dem Krieg herrscht. Denke an jene, die hungern, blind sind, verkrüppelt sind, ohne Freunde und ohne Heim leben müssen. Öffne ihnen allen dein Herz. Mache sie zu deinen Freunden, zeige ihnen Liebe und wünsche ihnen Glück.

~ * ~

Dann hole deine Aufmerksamkeit wieder zu dir selbst zurück. Merke, wie Zufriedenheit entsteht, weil du die richtige Bemühung unternommen hast. Empfinde das Glück, das vom Geben kommt. Werde dir dieser Gefühle bewusst und erfahre die Wärme, die sie um dich herum verbreiten.

~ * ~

Mögen alle Lebewesen glücklich sein

Index

A

Abhängigkeit 55, 72

Ablehnung 20, 50, 52, 68, 71, 90, 113, 127, 146, 152, 208, 212, 223, 231, 236

Absicht 34, 59, 87, 91, 107f., 142, 207, 209ff., 214ff., 219, 221, 225f., 228

Achtfache Pfad 187, 193, 201, 228

Achtsamkeit 18, 27, 38ff., 83, 85, 108, 127, 140, 145, 148, 161–164, 167, 177, 181, 187, 210, 217ff., 222–226, 228, 232f.

Alkohol 135, 144, 217

Ānanda (Vetter des Buddha und sein Schüler) 79

Angst 48, 50ff., 55, 57ff., 71, 75, 100, 124, 133f., 146, 148, 165, 171, 191, 201, 208, 210, 236

Anhaften 48f., 221

Anteilnahme 45, 63, 138

Antrieb 173, 218

Arahants (Heilige) 13, 37, 62, 132, 139

Ariya 183

Ärger 81ff., 85f., 88, 121f., 126, 130, 135, 165, 207

Asketen 193–197

Atem 15ff., 25, 32, 34, 36, 43, 67, 222, 236

B

Bedürfnisse 95, 160f., 168

Befreiung 7, 12, 18, 25, 57, 61, 66, 79f., 87, 96, 115, 140, 146, 152, 155, 161, 164, 169, 183, 187, 190, 194, 200f., 204, 226f.

Begierde 71, 74–77, 91, 114, 150, 155, 167, 174f., 187, 199, 207ff., 213, 216, 221, 235

Bemühen 128, 142, 217f., 221, 224, 226, 228, 233

Bemühungen 218–221, 224, 231

Besitztümer 57, 125, 177, 208

Betäubungsmittel 175

Betriebsamkeit 129

Bewegung 10, 15, 20, 25ff., 32, 43, 175, 181, 189, 195, 232, 234

Bewusstsein 19, 26, 62, 106, 138, 181f., 225, 236

Bodhi-Baum 33, 69, 193f.

Bodhisattva 174, 207

Brahmanen 125, 206

Buddha 7, 11, 13, 18, 21, 25–28, 32f., 38f., 41, 43, 46f., 52, 54,

56, 59f., 62, 64f., 68ff., 74–117, 123–127, 130f., 133, 135, 137f., 140–143, 145, 149, 153, 157, 159, 161–164, 168f., 171–174, 178f., 181, 193–207, 210–215, 218f., 224, 226, 229, 234f.
Buddhismus 81

D

Dankbarkeit 8, 53, 172, 194, 236f.
Daseinsmerkmale 21, 185
Daseinszweck 53
Denken 13, 15, 17, 39, 89, 96, 98, 101, 108, 113, 137, 142, 167, 171f., 175, 177, 199, 213, 215f., 223, 231f.
Denkprozess 18, 32, 35, 44, 108, 131, 166, 199, 223, 228, 232
Depression 13, 63, 66, 82, 93, 203, 221
Devas 54
Dhamma 33, 38, 51, 70, 72, 76, 79, 86, 89, 102f., 106, 110, 117, 138, 173, 175, 180, 187, 195f., 202, 215, 225, 234f.
Dienen 154
Drogen 73, 135, 144, 175, 217
Dukkha 37, 129, 187
Dumpfheit 91ff.

E

Ego 13, 15, 33, 37, 42f., 49, 53, 57, 59, 62, 65f., 125, 129, 134, 151f., 175ff., 183, 186f., 191, 216, 228
Egoismus 86, 103, 174
Ehrlichkeit 60f.
Eifersucht 75
Eigendünkel 37
Einsicht 15, 20, 24f., 28, 31, 34, 36f., 39, 43f., 65ff., 128, 132, 140, 142, 146, 152–155, 161, 163, 184f., 191, 194, 201, 211, 226f., 234
Emotionen 24, 46, 53, 65, 97, 104, 191
Energie 49, 60, 92–96, 114, 145, 171, 179–188, 191, 198, 218, 234
Energieverlust 82
Entsagung 13, 175, 177, 207ff., 215
Entschlossenheit 7, 32, 50, 63, 66, 158, 183, 186, 233
Erdelement 27
Erleuchtung 12, 26, 33, 67, 69, 76, 92, 114f., 123, 130f., 139ff., 174, 180, 195ff., 203, 208, 223, 235

F

Fähigkeiten, fünf spirituelle 13f., 61, 63f., 98, 103, 110, 124f., 132, 134, 173, 181, 185, 188
Fehlverhalten, sexuelles 134, 175, 217
Feindschaft 75, 122, 138f., 212
Feuerelement 27
Freude 62ff., 70f., 73, 100, 102, 112, 144, 147, 150, 164, 168, 191, 204, 222
Freunde 45, 48f., 63, 65, 68, 79, 91, 102f., 129, 176, 190, 193, 196, 212ff., 230, 234, 237
Freundschaft 48f., 236f.,
Frieden 8, 15, 24, 28, 31, 46, 51, 55,

57, 60f., 68, 80f., 86f., 96, 98ff., 108, 121, 124f., 128ff., 132f., 136, 139, 142, 146, 151, 154f., 164, 207, 209, 216, 219f., 236f.
Friedfertigkeit 81, 121, 123f., 129, 155
Frustration 13, 208

G

Gedanke 18, 32, 34, 112f., 167, 176, 219, 223, 229
Gedankenprozesse 154, 169, 220
Geduld 32, 50, 83ff., 128, 171, 183–186, 233
Gefühle 24f., 39f., 48–51, 61, 66, 71, 90, 97, 104, 115, 132, 134f., 139, 144, 149, 151, 154, 157, 164ff., 168f., 208, 212, 223, 227, 232, 237
Gehmeditation 44, 223
Geist 7, 10–19, 23f., 27, 32–39, 42–46, 50f., 54f., 65, 67, 73, 76, 79, 85, 87–104, 111–118, 125, 130, 133, 138f., 142, 144–160, 164–168, 171, 177, 187, 189f., 194, 198f., 207, 210, 212, 214ff., 219ff., 223, 226, 228, 231–234
Genügsamkeit 129
Gespräche 79, 91, 103, 234
Gewissen 101, 135
Gier 44, 71, 91, 175, 186, 215, 217
Glaube 178ff.
Gleichgültigkeit 52, 65
Gleichmut 45, 62, 65–68, 145, 150f., 161, 163, 171, 191
Glück 7, 14f., 53, 62ff., 73, 79, 86f., 98ff., 136, 142f., 145–148, 150ff., 155, 164, 173, 191, 195, 205, 207, 236f.
Glückseligkeit 145, 147, 151, 154, 194, 197, 206
Grausamkeit 58, 207, 215
Großzügigkeit 55, 84, 92, 147, 171–174, 211
Güte 45–57, 61, 65, 84, 88–92, 100, 108, 121ff., 129, 135, 137–142, 145ff., 154, 171, 173, 191, 207f., 210, 230, 236

H

Habenwollen 73, 209
Handeln 108, 115, 171f., 215, 217, 228
Handlung 107ff., 135ff., 211, 215
Hass 44, 48, 50f., 59, 86, 90ff., 122, 138, 174f., 186, 213, 220, 223
Heilige 196
Heilmittel 38, 189
Herzens 7, 47, 52, 146f., 160, 173, 209
Herzensgüte 45–49, 52–58, 62
Heuchelei 63
Hindernisse 11, 45, 69f., 79, 106, 150, 163, 178, 223, 234
Hochmut 125
Hoffnung 60, 74, 87f., 113, 143, 202, 233

I

Ich-Bestärkung 53
Ich-Bezogenheit 37
Ich-Illusion 152, 164, 166, 187, 191, 207
Ich-Standpunkt 37

Ich-Täuschung 42, 174
Individualität 188
Intelligenz 133, 146

J
Jataka-Legenden 174

K
Kālāma-Lehrrede 205
Karma 32, 54, 64, 73, 81, 83, 88, 94, 107–118, 123, 137, 144, 167, 176, 187, 202, 204, 210f., 214f., 221
Karma-Macher 167
Karma-Yoga 107
Khandhas, fünf 169
Konzentration 14, 34, 139, 147, 149, 181
Körper und Geist 37, 118, 152, 216
Kosmos 53
Krankheit 66, 82, 159, 190, 197, 234
Kreislauf von Geburt, Tod und Wiedergeburt (Samsāra) 19, 106

L
Läuterungsprozess 23, 154, 220
Leben 9, 11, 14ff., 18, 23ff., 31, 40f., 46f., 49, 53, 54, 62f., 66, 69, 72, 76, 79, 82, 84f., 87, 92, 94, 97f., 100, 106f., 109f., 112, 114f., 118, 121, 123, 129ff., 137, 139f., 144f., 149, 151–154, 161ff., 174, 178, 180, 182ff., 190f., 195, 198f., 203, 213ff., 219, 224f., 232–235
Lebensführung 211, 217, 228
Lehre(n) des Buddha 7, 13, 27, 33, 43, 89, 125f., 133, 153, 164, 169, 174, 179, 196, 201, 219, 224, 229
Leid 18, 20, 33f., 58, 62, 63, 87, 118f., 158, 168, 175, 184, 188, 203, 208
Leidens 44, 65, 76, 96, 182, 187, 196f., 199ff., 203, 209f.
Lernen 44, 179
Lernhilfe 190
Liebe 7, 46–60, 91, 116, 122, 124, 127, 135, 137, 139, 142, 146, 154, 171, 178, 190, 209, 216f., 223, 236f.
Liebende Güte 46, 50ff., 55, 65, 84, 88f., 92, 100, 135, 138ff., 147, 171, 207
Loslassen 13, 15, 96, 151, 208, 216
Lügen 213, 217

M
Māra (Versuchung) 69, 76, 194
Meditation 9, 12–28, 31f., 34f., 37f., 41f., 44, 55, 61, 67, 71f., 90–100, 104, 108, 117, 122f., 129, 133, 138, 140, 147, 149, 151, 153f., 158, 161, 163, 167–171, 175, 177f., 182, 189, 204, 208, 215–224, 229f., 233, 236
Meditationsecke 230f.
Mildsein 127
Mitfreude 63, 145
Mitgefühl 7, 45, 58–65, 89, 116, 126, 138, 145f., 154, 173, 197, 200, 203, 207, 209f., 217, 223
Mitleid 58

Müdigkeit 95
Mutterliebe 139, 142

N

Nachgiebigkeit 55, 224
Naturgesetz 25, 37, 40
Neid 63, 75
Nibbāna 63, 75
Nicht-Besitz 36
Nicht-reagieren 24
Nicht-schaden-Wollen 208ff.
Nicht-Selbst 20, 37, 62, 152, 174, 202, 227ff.
Niedergeschlagenheit 88, 93, 221

P

Paccekabuddhas 196
Pāramīs (Vollkommenheiten) 171

R

Rad des Dhamma 195
Rahula (Sohn des Buddha) 56
Raumelement 28
Rechte Rede 212, 214
Rechte Sammlung 226
Reichtum 53
Reinheit 14, 31, 48, 73, 146, 151
Ruhe 8, 10, 14f., 31f., 34, 43f., 55, 72, 95, 98f., 146, 148, 152, 163f., 175, 199, 219
Ruhelosigkeit 96f., 99, 106, 132
Ruhm 53, 190

S

Samsāra 106, 241f.
Sangha 103, 179
Scheinheiligkeit 63
Schlaf 14, 19, 70, 92ff., 111, 160, 185, 233
Schläfrigkeit 17, 181
Schmerz 19, 25, 68, 75, 81f., 129, 132, 136, 184, 190, 203, 235
Schuld 25, 40, 86, 90, 202, 232
Seele 27
Selbst 10, 19f., 27, 37, 40f., 60, 62, 66, 98, 127, 152, 157, 161f., 169, 174, 202, 204, 211, 227f.
Selbstdisziplin 177
Selbsteinsicht 127, 129
Selbsterkenntnis 44
Selbstgefälligkeit 128, 185ff., 190
Selbstmitleid 203
Selbstvertrauen 104, 124, 133, 204
Selbstwertgefühl 185
Sentimentalität 46
Sex 73, 144
Sicht 24, 33, 43, 146, 182, 201f., 204, 206ff., 217, 221, 227f.
Siddhartha Gautama, Prinz 193
Sinne 13, 16, 28, 39, 70, 72f., 117, 130–133, 143, 145f., 152, 158, 168, 223
Sinnesbewusstsein 157, 168f., 227
Sinnesfreuden 73, 145
Sinneskontakte 39, 143f., 168, 223
Sinneswahrnehmungen 143f., 166
Sorge 10, 11, 52, 96, 98f., 106, 133, 146, 148, 152, 190, 208, 236
Sterben 163
Sterbenden helfen 116
Sutta-Nipāta 122

T

Tod 19, 37, 40f., 50, 57, 66, 94,

106, 114, 116f., 131, 161, 163, 178, 190, 197, 234
Töten 217
Trägheit 17, 91ff.
Trauer 165, 208, 236
Tugenden 140, 158, 171–175, 184, 189, 191, 215

U

Übelwollen 71, 80, 121, 190
Unbeständigkeit der Gedanken 36
Unerfülltheit 20, 37, 63, 74, 152, 201, 203
Ungeduld 183f.
Unglücklichsein 149f., 203
Universum 10f., 26, 28, 65, 109, 138, 155, 182
Unreinheiten 77, 85, 149
Unruhe 65, 74, 97, 191, 199, 208, 219
Unwohlsein 148, 160
Unzufriedenheit 18, 48, 73, 75, 128, 150, 201ff., 206
Upekkhā 65, 241

V

Veränderung 19, 67, 80, 85, 91, 129, 184, 202
Vergänglichkeit 20, 24f., 27, 33, 37, 65f., 152f.
Verhalten 45, 52, 55, 59, 71, 74, 82, 84, 90ff., 100, 133, 135, 137, 139, 147f., 153, 158, 171, 174, 201, 211, 226
Versenkung 34, 104, 129, 147f., 193f., 218, 222
Versuchung 69f., 80, 194
Verteidigung 60, 152f.
Verunreinigungen 11, 69, 88, 152, 234
Verweilungszustände 68, 145
Verzärtelung 55
Verzicht 151, 171, 176f., 184
Vollkommenheit 147, 228

W

Wachstum 103, 118, 135, 181f., 186, 190
Wahrhaftigkeit 214
Wahrheiten 7, 125, 139, 143, 187, 191, 193f., 196, 204, 209
Wahrnehmung 16, 157, 165, 169
Wasserelement 28
Weisheit 55f., 65, 108f., 122, 139f., 171, 178ff., 184ff., 188, 190f., 201f., 211, 226
Weltverbesserung 53
Wiedergeburt 19, 32, 41, 57, 106ff., 113f., 116ff., 136, 140, 147, 169
Wohlstand 53, 173
Wohlwollen 48, 124, 171, 173
Wünsche 15, 61, 63, 70–77, 95, 129f., 132, 135, 140, 150f., 177f., 209, 215, 235
Wunschlosigkeit 151

Z

Zielgerichtetheit 92
Zorn 51ff., 71, 80–91, 126, 134, 184
Zufriedenheit 7, 15, 31, 63, 128, 133, 139, 173, 202, 208f., 236f.
Zuneigung 48
Zweifel 103–106

Glossar

Die folgenden Pāli-Wörter enthalten Konzepte und Ideen, für die es im Deutschen keine entsprechenden Synonyme gibt. Die Erklärungen dieser Ausdrücke sind dem „Buddhistischen Wörterbuch" von Nyāṇatiloka Mahāthera entnommen.

Achtfacher Pfad: Der zur Erlösung vom Leiden führende Pfad, d.i. die vierte der → Vier Edlen Wahrheiten, nämlich:
1. Rechte Ansicht/Erkenntnis (*sammā-diṭṭhi*)
2. Rechte Absicht (*sammā-sankappa*)
3. Rechte Rede (*sammā-vācā*)
4. Rechte Handlung (*sammā-kammanta*)
5. Rechter Lebenserwerb (*sammā-ājīva*)
6. Rechte Anstrengung (*sammā-vāyāma*)
7. Rechte Achtsamkeit (*sammā-sati*)
8. Rechte Sammlung (*sammā-samādhi*).

Anattā: Nicht-Selbst, Nicht-Ich oder Substanzlosigkeit von allem, was existiert. – Die Lehre von *Anattā* besagt, dass es weder innerhalb noch außerhalb der körperlichen und geistigen Daseinserscheinungen irgendetwas gibt, das man als eine für sich bestehende unabhängige Persönlichkeit bezeichnen könnte. – Eines der drei Daseinsmerkmale.

Anicca: Vergänglichkeit, ist eine Grundeigenschaft aller bedingten Vorgänge, seien sie körperlich oder geistig, grob oder fein, in der Innen- oder Außenwelt. – Eines der drei Daseinsmerkmale.

Arahat/Arahant: Der Vollkommen Erleuchtete, der von allen Fesseln frei ist. Die höchste Stufe der Heiligkeit.

Ariya: Edle Menschen, das sind solche, die mindestens die erste der vier Stufen der Heiligkeit auf dem Weg zu → *Nibbāna* erreicht haben.

Bodhisattva: Erleuchtungswesen, ein zur Buddhaschaft bestimmtes Wesen, ein zukünftiger Buddha.

Dhamma: Die Lehre des Buddha, Naturgesetz, Gesetz, Wahrheit, Erscheinungen. – Das *Dhamma* als das vom Buddha erkannte und verkündete Gesetz ist zusammengefasst in den → vier Edlen Wahrheiten.

Dukkha: Leiden, Leidunterworfensein, Unbefriedigtsein, Unzulänglichkeit. – Eines der drei Daseinsmerkmale und die erste der vier Edlen Wahrheiten.

Hindernisse, fünf: 1. Begierde nach Sinnesbefriedigung, 2. Übelwollen, 3. Lässigkeit und Trägkeit, 4. Unruhe und Rastlosigkeit, 5. Zweifelsucht.

Jhāna: Vertiefung, meditative Vertiefung. Bezeichnung für die vier feinkörperlichen und die vier formlosen Vertiefungen.

Karma (skrt.)/Kamma: Wörtl. Wirken, Tat; bezeichnet die heilsame oder unheilsame Absicht, die hinter unseren Gedanken, Worten und Taten steht. *Karma* bedeutet also keineswegs das Ergebnis des Wirkens oder das Schicksal von Menschen oder ganzen Völkern.

Karuṇā: Mitgefühl.

Khandhas: Die Daseins- oder Anhaftungsgruppen, nennt man die fünf Gruppen, aus denen ein Mensch besteht: Körper, Gefühl, Wahrnehmung, Geistesformationen und Sinnesbewusstsein, d.h. der Körper und die vier Teile des Geistes.

Mettā: Liebende Güte, bedingungslose Liebe, ist eine der vier Göttlichen Verweilungsstätten → *Brahmavihāras.* Die anderen drei sind: Mitgefühl, Mitfreude und Gleichmut.

Muditā: Mitfreude.

Nibbāna: Wörtl. nicht-brennen; ist das höchste Ziel allen buddhistischen Strebens, die endgültige, restlose Befreiung aus der Daseinsrunde, von allem künftigen Wiedergeborenwerden, Altern und Sterben, Leiden und Elend.

Saṁsāra: Kreislauf des Daseins oder der Wiedergeburten, der scheinbar unauflösliche Prozess des immer wieder und wieder Geborenwerdens, Alterns, Leidens und Sterbens.

Sangha: Wörtl. „Schar". Bezeichnung für die Mönchs- und Nonnengemeinschaft sowie für die Gefährten auf dem spirituellen Weg.

Upekkhā: Gleichmut.

Vipassanā: Einsicht; das aufblitzende, intuitive Erkennen der Vergänglichkeit, des Leidens und der Unpersönlichkeit aller körperlichen und geistigen Erscheinungen.

Virāga: Gierlosigkeit.

Wahrheiten, Vier Edle: 1. Existenz ist *Dukkha.* 2. Der Grund dafür ist Begierde. 3. Es gibt ein Ende von *Dukkha*, das → *Nibbāna* heißt. 4. Der Weg, der dorthin führt, ist der Edle Achtfache Pfad.

Das Buddha-Haus ist ein buddhistisches Zentrum der Theravada-Tradition und liegt etwa 130 km südwestlich von München in den Allgäuer Voralpen. Hier finden Meditationskurse für Anfänger und Geübte statt, die von erfahrenen LehrerInnen geleitet werden, insbesondere von langjährigen SchülerInnen von Ayya Khema.